U0519827

西政文库·青年篇

刑事审判与笔录中心主义

李 滨 著

商务印书馆
创于1897
The Commercial Press

图书在版编目（CIP）数据

刑事审判与笔录中心主义 / 李滨著. — 北京：商务印书馆，2022
（西政文库）
ISBN 978-7-100-21530-5

Ⅰ.①刑… Ⅱ.①李… Ⅲ.①刑事诉讼－审判－记录－制作－研究－中国 Ⅳ.①D925.218.4

中国版本图书馆CIP数据核字（2022）第142176号

权利保留，侵权必究。

西政文库
刑事审判与笔录中心主义
李　滨　著

商　务　印　书　馆　出　版
（北京王府井大街36号　邮政编码 100710）
商　务　印　书　馆　发　行
三河市尚艺印装有限公司印刷
ISBN 978-7-100-21530-5

2022年10月第1版	开本 680×960　1/16
2022年10月第1次印刷	印张 17　1/4

定价：88.00元

西政文库编委会

主　任：付子堂
副主任：唐　力　周尚君
委　员：（按姓氏笔画排序）
　　　　龙大轩　卢代富　付子堂　孙长永　李　珮
　　　　李雨峰　余劲松　邹东升　张永和　张晓君
　　　　陈　亮　岳彩申　周尚君　周祖成　周振超
　　　　胡尔贵　唐　力　黄胜忠　梅传强　盛学军
　　　　谭宗泽

总　序

"群山逶迤，两江回环；巍巍学府，屹立西南……"

2020年9月，西南政法大学将迎来建校七十周年华诞。孕育于烟雨山城的西政一路爬坡过坎，拾阶而上，演绎出而今的枝繁叶茂、欣欣向荣。

西政文库以集中出版的方式体现了我校学术的传承与创新。它既展示了西政从原来的法学单科性院校转型为"以法学为主，多学科协调发展"的大学后所积累的多元化学科成果，又反映了学有所成的西政校友心系天下、回馈母校的拳拳之心，还表达了承前启后、学以成人的年轻西政人对国家发展、社会进步、人民福祉的关切与探寻。

我们衷心地希望，西政文库的出版能够获得学术界对于西政学术研究的检视与指引，能够获得教育界对于西政人才培养的考评与建言，能够获得社会各界对于西政长期发展的关注与支持。

六十九年前，在重庆红岩村的一个大操场，西南人民革命大学的开学典礼隆重举行。西南人民革命大学是西政的前身，1950年在重庆红岩村八路军办事处旧址挂牌并开始招生，出生于重庆开州的西南军政委员会主席刘伯承兼任校长。1953年，以西南人民革命大学政法系为基础，在合并当时的四川大学法学院、贵州大学法律系、云南大学法律系、重庆大学法学院和重庆财经学院法律系的基础上，西南政法学院正式成立。中央任命抗日民族英雄，东北抗日联军第二路军总指挥、西南军政委员会政法委员会主任周保中将军为西南政法学院首任院长。1958年，中央公安学院重庆分院并入西南政法学院，使西政既会聚了法学名流，又吸纳了实务精英；既秉承了法学传统，又融入了公安特色。由此，学校获誉为新中国法学教育的"西南联大"。

20世纪60年代后期至70年代，西南政法学院于"文革"期间一度停办，老一辈西政人奔走呼号，反对撤校，为保留西政家园不屈斗争并终获胜利，为后来的"西政现象"奠定了基础。

20世纪70年代末，面对"文革"等带来的种种冲击与波折，西南政法学院全体师生和衷共济，逆境奋发。1977年，经中央批准，西南政法学院率先恢复招生。1978年，经国务院批准，西南政法学院成为全国重点大学，是司法部部属政法院校中唯一的重点大学。也是在70年代末，刚从"牛棚"返归讲坛不久的老师们，怀着对国家命运的忧患意识和对学术事业的执着虔诚，将只争朝夕的激情转化为传道授业的热心，学生们则为了弥补失去的青春，与时间赛跑，共同创造了"西政现象"。

20世纪80年代，中国的法制建设速度明显加快。在此背景下，满怀着憧憬和理想的西政师生励精图治，奋力推进第二次创业。学成于80年代的西政毕业生们，成为今日我国法治建设的重要力量。

20世纪90年代，西南政法学院于1995年更名为西南政法大学，这标志着西政开始由单科性的政法院校逐步转型为"以法学为主，多学科协调发展"的大学。

21世纪的第一个十年，西政师生以渝北校区建设的第三次创业为契机，克服各种困难和不利因素，凝心聚力，与时俱进。2003年，西政获得全国首批法学一级学科博士学位授予权；同年，我校法学以外的所有学科全部获得硕士学位授予权。2004年，我校在西部地区首先设立法学博士后科研流动站。2005年，我校获得国家社科基金重大项目（A级）"改革发展成果分享法律机制研究"，成为重庆市第一所承担此类项目的高校。2007年，我校在教育部本科教学工作水平评估中获得"优秀"的成绩，办学成就和办学特色受到教育部专家的高度评价。2008年，学校成为教育部和重庆市重点建设高校。2010年，学校在"转型升格"中喜迎六十周年校庆，全面开启创建研究型高水平大学的新征程。

21世纪的第二个十年，西政人恪守"博学、笃行、厚德、重法"的西政校训，弘扬"心系天下，自强不息，和衷共济，严谨求实"的西政精神，坚持"教学立校，人才兴校，科研强校，依法治校"的办学理念，推进学校发展取得新成绩：学校成为重庆市第一所教育部和重庆市共建高校，入选首批卓越法律人才教育培养基地（2012年）；获批与英国考文垂大学合作举办法学专业本科教育项目，6门课程获评"国家级精品资源共享课"，两门课程获评"国家级精品视频公开课"（2014年）；入选国家"中西部高校基础能力建设工程"院校，与美国凯斯西储大学合作举办法律硕士研究生教育项目（2016年）；法学学科在全国第四轮学科评估中获评A级，新闻传播学一级学科喜获博士学位授权点，法律专业硕士学位授权点在全国首次专业学位水平评估中获评A级，经济法教师团队入选教育部"全国高校黄大年式教师团队"（2018年）；喜获第九届世界华语辩论锦标赛总冠军（2019年）……

不断变迁的西政发展历程，既是一部披荆斩棘、攻坚克难的拓荒史，也是一部百折不回、逆境崛起的励志片。历代西政人薪火相传，以昂扬的浩然正气和强烈的家国情怀，共同书写着中国高等教育史上的传奇篇章。

如果对西政发展至今的历史加以挖掘和梳理，不难发现，学校在教学、科研上的成绩源自西政精神。"心系天下，自强不息，和衷共济,严谨求实"的西政精神,是西政的文化内核,是西政的镇校之宝,是西政的核心竞争力;是西政人特有的文化品格,是西政人共同的价值选择,也是西政人分享的心灵密码!

西政精神,首重"心系天下"。所谓"天下"者,不仅是八荒六合、四海九州,更是一种情怀、一种气质、一种境界、一种使命、一种梦想。"心系天下"的西政人始终以有大担当、大眼界、大格局作为自己的人生坐标。在西南人民革命大学的开学典礼上,刘伯承校长曾对学子们寄予厚望,他说:"我们打破旧世界之目的,就是要建设一个人民的新世界……"而后,从化龙桥披荆斩棘,到歌乐山破土开荒,再到渝北校区新建校园,几代西政人为推进国家的民主法治进程矢志前行。正是在不断的成长和发展过程中,西政见证了新中国法学教育的涅槃,有人因此称西政为"法学黄埔军校"。其实,这并非仅仅是一个称号,西政人之于共和国的法治建设,好比黄埔军人之于那场轰轰烈烈的北伐革命,这个美称更在于它恰如其分地描绘了西政为共和国的法治建设贡献了自己应尽的力量。岁月经年,西政人无论是位居"庙堂",还是远遁"江湖",无论是身在海外华都,还是立足塞外边关,都在用自己的豪气、勇气、锐气,立心修德,奋进争先。及至当下,正有愈来愈多的西政人,凭借家国情怀和全球视野,在国外高校的讲堂上,在外交事务的斡旋中,在国际经贸的商场上,在海外维和的军营里,实现着西政人胸怀世界的美好愿景,在各自的人生舞台上诠释着"心系天下"的西政精神。

西政精神,秉持"自强不息"。"自强不息"乃是西政精神的核心。西政师生从来不缺乏自强传统。在20世纪七八十年代,面对"文革"等带来的发展阻碍,西政人同心协力,战胜各种艰难困苦,玉汝于成,打造了响当当的"西政品牌",这正是自强精神的展现。随着时代的变迁,西政精神中"自强不息"的内涵不断丰富:修身乃自强之本——尽管地处西南,偏于一隅,西政人仍然脚踏实地,以埋头苦读、静心治学来消解地域因素对学校人才培养和科学研究带来的限制。西政人相信,"自强不息"会涵养我们的品性,锻造我们的风骨,是西政人安身立命、修身养德之本。坚持乃自强之基——在西政,常常可以遇见在校园里晨读的同学,也常常可以在学术报告厅里看到因没有座位而坐在地上或站在过道中专心听讲的学子,他们的身影折射出西政学子内心的坚守。西政人相信,"自强不息"是坚持的力量,任凭时光的冲刷,依然能聚合成巨大动能,所向披靡。担当乃自强之道——当今中国正处于一个深刻变革和快速转型的大时代,无论是在校期间的志愿扶贫,还是步入社会的承担重任,西政人都以强烈的责任感和实际的行动力一次次证明自身无愧于时代的期盼。西政人相信,"自强不息"是坚韧的种子,即使在坚硬贫瘠的岩石上,依然能生根发芽,绽放出倔强的花朵。

西政精神,倡导"和衷共济"。中国司法史上第一人,"上古四圣"之一的皋陶,最早提倡"和衷",即有才者团结如钢;春秋时期以正直和才识见称于世的晋国大夫叔向,倾心砥砺"共济",即有德者不离不弃。"和衷共济"的西政精神,指引我们与家人美美与共:西政人深知,大事业从小家起步,修身齐家,方可治国平天下。"和衷共济"的西政精神指引我们与团队甘苦与共:在身处困境时,西政举师生、校友之力,攻坚克难。"和衷共济"的西政精神指引我们与母校荣辱与共:沙坪坝校区历史厚重的壮志路、继业岛、东山大楼、七十二家,渝北校区郁郁葱葱的"七九香樟""八零花园""八一桂苑",竞相争艳的"岭红樱"、"齐鲁丹若"、"豫园"月季,无不见证着西政的人和、心齐。"和衷共济"的西政精神指引我们与天下忧乐与共:西政人为实现中华民族伟大复兴的"中国梦"而万众一心;西政人身在大国,胸有大爱,遵循大道;西政人心系天下,志存高远,对国家、对社会、对民族始终怀着强烈的责任感和使命感。西政人将始终牢记:以"和衷共济"的人生态度,以人类命运共同体的思维高度,为民族复兴,为人类进步贡献西政人的智慧和力量。这是西政人应有的大格局。

西政精神，着力"严谨求实"。一切伟大的理想和高远的志向，都需要务实严谨、艰苦奋斗才能最终实现。东汉王符在《潜夫论》中写道："大人不华，君子务实。"就是说，卓越的人不追求虚有其表，有修养、有名望的人致力于实际。所谓"务实"，简而言之就是讲究实际，实事求是。它排斥虚妄，鄙视浮华。西政人历来保持着精思睿智、严谨求实的优良学风、教风。"严谨求实"的西政精神激励着西政人穷学术之浩瀚，致力于对知识掌握的弄通弄懂，致力于诚实、扎实的学术训练，致力于对学习、对生活的精益求精。"严谨求实"的西政精神提醒西政人在任何岗位上都秉持认真负责的耐劳态度，一丝不苟的耐烦性格，把每一件事都做精做细，在处理各种小事中练就干大事的本领，于精细之处见高水平，见大境界。"严谨求实"的西政精神，要求西政人厚爱、厚道、厚德、厚善，以严谨求实的生活态度助推严谨求实的生活实践。"严谨求实"的西政人以学业上的刻苦勤奋、学问中的厚积薄发、工作中的恪尽职守赢得了教育界、学术界和实务界的广泛好评。正是"严谨求实"的西政精神，感召着一代又一代西政人举大体不忘积微，务实效不图虚名，博学笃行，厚德重法，历经创业之艰辛，终成西政之美誉！

"心系天下，自强不息，和衷共济，严谨求实"的西政精神，乃是西政人文历史的积淀和凝练，见证着西政的春华秋实。西政精神，在西政人的血液里流淌，在西政人的骨子里生长，激励着一代代西政学子无问西东，勇敢前行。

西政文库的推出，寓意着对既往办学印记的总结，寓意着对可贵西政精神的阐释，而即将到来的下一个十年更蕴含着新的机遇、挑战和希望。当前，学校正处在改革发展的关键时期，学校将坚定不移地以教学为中心，以学科建设为龙头，以师资队伍建设为抓手，以"双

"一流"建设为契机,全面深化改革,促进学校内涵式发展。

世纪之交,中国法律法学界产生了一个特别的溢美之词——"西政现象"。应当讲,随着"西政精神"不断深入人心,这一现象的内涵正在不断得到丰富和完善;一代代西政校友,不断弘扬西政精神,传承西政文化,为经济社会发展,为法治中国建设,贡献出西政智慧。

是为序。

西南政法大学校长,教授、博士生导师
教育部高等学校法学类专业教学指导委员会副主任委员
2019年7月1日

目 录

绪论 问题与方法 1

第一章 刑事诉讼中的笔录资料概述 10

第一节 笔录资料的一般性问题 10
一、笔录资料的解读 10
二、笔录资料的派生性和非直接性 19
三、笔录资料的重要性和必要性 22

第二节 笔录资料的形成特点 24
一、笔录资料形成的官方性和单向性 24
二、笔录资料形成的规范性和程序性 26
三、笔录资料形成的指向性与合目的性 28

第三节 笔录资料的移送方式 32
一、全案移送主义 33
二、起诉状一本主义 34
三、我国的卷宗移送方式 36

本章小结 43

第二章 笔录资料限制与运用的境外考察..................46

第一节 英美法系国家的传闻规则及其例外..................46
一、传闻规则及其例外规定..................47
二、对质诘问权..................55
三、传闻规则与对质诘问权..................58
四、对传闻规则规制方法的思考..................62

第二节 大陆法系国家规制笔录资料的方法..................65
一、大陆法系国家处理笔录资料的方法..................66
二、德国的立法和实践..................78
三、法国的立法和实践..................89
四、对大陆法系国家规制笔录资料方法的思考..................99

第三节 "混合式"诉讼模式下笔录资料的处理方式..................102
一、日本的立法和经验..................102
二、意大利的立法和经验..................114
三、我国台湾地区的规定与实践..................122
四、对"混合式"诉讼模式下笔录资料规制方法的思考..................136

本章小结..................137

第三章 笔录资料在我国庭审中运用的立法、实践及其问题..................139

第一节 笔录资料的立法规制..................139
一、书面证言的规制方法..................140
二、被告人庭前供述笔录的规制方法..................146
三、笔录类证据及其他书面材料的规制方法..................147
四、笔录资料立法规制的特点..................148

第二节 笔录资料运用的现实状况..................150
一、法庭调查的笔录化..................151

二、判决依据的笔录化 156

　　三、上诉审查的笔录化 160

第三节　笔录中心主义的本质和问题 161

　　一、笔录中心主义的本质 162

　　二、笔录中心主义与控辩式庭审方式 164

　　三、笔录中心主义与程序的公正性 167

　　四、笔录中心主义与事实认定的准确性 168

本章小结 172

第四章　笔录中心主义的成因 174

第一节　司法的科层式结构及其一体化倾向 174

　　一、司法的科层式结构 174

　　二、司法的一体化倾向 177

第二节　客观真实的诉讼观与必罚主义理念 180

　　一、客观真实与必罚主义 180

　　二、控辩式庭审下法官承继着事实真相查明的职责 182

　　三、必罚主义对证据能力概念的漠视和边缘化态度 184

第三节　立法规范的不完善 185

　　一、庭前笔录资料的证据能力不受限制 185

　　二、被告人对质诘问权制度性保障的缺失 187

第四节　实践中的证人出庭作证难 189

　　一、证人出庭率概念的重新界定 189

　　二、必要性证人出庭作证问题 191

　　三、证人出庭作证难与笔录中心主义 195

本章小结 196

第五章 理想与现实：笔录资料在刑事审判中的合理规制............199
第一节 走向理想：审判中心主义的推进..................199
一、审判中心主义的理想......................199
二、笔录中心主义的变革......................202
三、司法体制与观念的转变....................204
第二节 承继传统：笔录资料规制方法的选择..............207
一、直接言词原则与传闻规则..................208
二、规制庭前笔录的基本方法..................209
第三节 立足现实：对质诘问权的保障与证人庭前笔录的规制..........................214
一、被告人对质诘问权模式的选择..............214
二、被告人对质诘问权的实现途径..............215
三、以被告人对质诘问权的保障规制证人庭前笔录.....221
第四节 其他类型笔录资料的规制....................232
一、被告人庭前供述的运用与规制..............232
二、笔录类证据的运用与规制..................236
三、行政执法机关收集的笔录资料的运用与规制......238
四、其他类型笔录资料的运用与规制............241
本章小结..242

结语 回顾与展望....................................245
参考文献..247

绪论　问题与方法

一、写作动机和目的

　　凡是熟悉刑事司法运作的人，都会了解我们的刑事诉讼离不开刑事卷宗。卷宗的存在非常普遍，专业人士天天翻看、整理，埋首于其间，以至于几乎很少有人去思考，如果没有卷宗，我们的刑事诉讼还可以进行吗？当笔者刚刚走上刑事法官的审判岗位时，看到一摞摞高高隆起的卷宗，几乎困惑于这样一个想法——我们的刑事诉讼是围绕案件事实和被告人进行呢，还是围绕卷宗进行？前辈法官语重心长的话语经常萦绕在耳边：不管丢了什么，卷宗可万万不能丢！于是，在工作和学习之余，我也不断地思索，我们如此重视的卷宗，是否真的如此重要？当法庭上的被告人面对案卷笔录的指控发出大声的反驳，直斥其虚假、伪造之时，我们还能像往常一样，以这样的笔录来定案吗？如果我们以这样的笔录定罪，这样的程序对被告人来说还是公平的吗？也许当你埋首于厚厚的案卷材料之中，千辛万苦终于从卷宗里找到真凭实据，确定了被告人是在做虚张声势的表演之后，你原本紧张的心情就平复了下来，告诉自己，只要笔录记述的事实是准确的，程序欠妥无伤大雅，更不会有责任临头，于是该判的照样判，一切按部就班。可是某一天，当你面对相互矛盾而又无法决疑的案卷笔录时，问题可能又冒了出来。找证人核实？可能根本就找不到这个人了。找检察院补充材料？检察院和公安机关可能几个月都不会有新的进展，最后放在你的案头的"补充侦查材料"可能会让你的希望回到起点——公安也找不到证人，无法核实。这时候，作为裁判者的法官可能要陷入两难了：无罪？这样判需要勇气；有罪？这样判要冒着风险；最后的选择可能只有层层上报。笔者的这个假设，并不是凭空臆想，而是一个负责任的法官的真实生活写照。那么，引发这一现象的根源在哪里呢？在我们不断经手的案卷笔录。本书的写作即起始于这样的思考。

如果更深切地进入司法实践工作之中来考察，我们会发现，案卷笔录深刻影响着刑事司法的过程和结果。首先，案卷笔录主要形成于侦查阶段，然而，侦查机关制作笔录时并不是把它作为一个备忘录或者工作记录来对待。相反，侦查机关制作笔录之初就有明确的目标，即收集和固定犯罪证据，用记录下来的"证据"把案件办成"铁案"。因此，作为证明信息载体的案卷笔录，在形成之初便有了作为证据使用的目的；形成之后便披上了"证据材料"的外衣，打上了证据的标签。

其次，案卷笔录的审查主要由检察机关完成。这项工作包括两个方面：一为逮捕审查，二为审查起诉。在逮捕审查中，检察人员的工作基本上围绕案卷笔录展开，法律规范并不要求检察人员在所有案件的审查过程中都讯问犯罪嫌疑人，办案检察官也少有听取证人陈述、辩护人意见的主观意愿，其逮捕审查往往意味着对笔录材料的审查。①在审查起诉过程中，2012年《中华人民共和国刑事诉讼法》(以下简称《刑事诉讼法》)要求检察人员"应当讯问犯罪嫌疑人，听取辩护人、被害人及其诉讼代理人的意见，并记录在案"。不过，检察人员审查的核心仍然是侦查案卷笔录，而且是否作出审查起诉的决定也是以

---

① 检察机关传统的审查逮捕程序为书面审查，并不听取犯罪嫌疑人及其律师的意见，这种行政化的审查方式剥夺了辩护权。参见刘计划：《逮捕审查制度的中国模式及其改革》，《法学研究》2012年第2期，第131页。

侦查案卷笔录为主要依据，这一做法也与世界上主要的法治成熟国家检察官起诉决定的作出方式相一致。①

最后，一旦案件进入审判程序，案卷笔录的影响与作用更为凸显，甚至可以左右规范意义上的审判程序，而且也对案件事实的认定和裁判的结果产生深远影响。这表现在以下几个方面。其一，全案移送刑事案卷使得审判法官在开庭以前可以充分研究案卷材料和信息，从中初步勾勒出案件的面貌和框架，归结出案件的争议点，以保证案件的审理工作可以在有准备的条件下进行。其二，在案件审理过程中，笔录材料的运用极为普遍。各种庭前笔录可以毫无障碍地作为指控犯罪的证据和最终定案的根据，以至于在不少专业人士看来，案卷笔录就等于证据。具体来说，公诉人的指控往往以简略式的笔录宣读为表现形式，如果被告人的陈述与笔录记载不相符合，常常以笔录的记载为反驳被告人陈述的依据。庭审时证人很少出庭作证，被告人在听取公诉人"简略式"的证人证言宣读之后，被要求对该项证据质证。相应地，辩护人的质证也是以笔录材料为基础，至于提出的质询和疑问，书面的笔录却是无法回答的。其三，在庭审结束以后，如果诸多的难题与疑问在庭审中并没有得到释疑，那么这些问题只有留诸法官于庭审之后再度慢慢"咀嚼"笔录材料进而化解。在这里，卷宗似乎就是一个蕴含着宝藏的丛林，法官只有在其中不断披荆斩棘，才能"去伪存真"，找到对定案来说最有用的部分。

案卷笔录对刑事司法程序和结果的影响一直以来都为学者和实务

---

① 比如，美国检察官形成起诉决定的基础是警察提供的各种有关侦查的警察报告（police reports）；在英格兰与威尔士，基于警察调查形成的档案材料是公诉决定的基础材料；德国的检察官也是通过审查侦查卷宗与侦查终结报告来决定是否提起公诉；法国检察官提起公诉的依据是在侦查阶段形成的各种文件卷宗材料。这表明，检察官依靠警方移送的各种书面性卷宗材料形成公诉决定是世界范围内较为普遍的做法，检察官庭前的公诉活动在很大程度上围绕侦查案卷而展开。在这一意义上，可以将现代刑事诉讼的审查起诉理解成是以侦查案卷为中心的审查起诉。参见郭松：《透视"以侦查案卷为中心的审查起诉"》，《法学论坛》2010年第4期，第137页。

工作者所关注,其中具有代表性的人物是陈瑞华教授,他将这一现象归结为案卷笔录中心主义①,指出"中国刑事审判中存在着一种'以案卷笔录为中心'的审判方式。在这一审理方式下,公诉方通过宣读案卷笔录来主导和控制法庭调查过程,法庭审判成为对案卷笔录的审查和确认程序,不仅各项控方证据的可采性是不受审查的,而且其证明力也被作出了优先选择"②。这一论断准确揭示了我国刑事审判程序的典型特征,即侦查卷宗的中心地位和庭审程序的虚化问题,这一特征与法治成熟国家刑事司法以审判为中心的取向是相悖的。③

如果我们把关注的目光聚焦在境外刑事司法程序上,就不难发现,庭前笔录不仅同样重要而且贯穿着刑事司法程序的始终。在大陆法系学者看来,"任何案件,只有以案卷的形式才能提交(审判)法庭开庭审理"④。不仅如此,比较法学者Langbein教授还认为卷宗是被精心制作并用于裁判的部分证据基础(evidential basis),即使在直接原则要求下,卷宗中的证据材料不能被用作庭审裁判的依据,但事实上卷宗仍旧是刑事程序的支柱或者骨干(backbone of criminal proceedings)。⑤英国学者杰奎琳·霍奇森(Jacqueline Hodgson)从国外学者的视角,对法国刑事司法的实践进行了长期观察,尤其对审前程序的实践以及

---

① 孙长永教授将这一现象归结为"书证中心主义",指出"书证中心主义"乃是我国刑事审判的突出特点,法院的审判在一定意义上不过是对于侦查结果的确认。参见孙长永:《审判中心主义及其对刑事程序的影响》,《现代法学》1999年第4期,第93页。

② 陈瑞华:《案卷笔录中心主义——对中国刑事审判方式的重新思考》,《法学研究》2006年第4期,第63页。

③ 审判中心主义是法治国家公认的一条基本刑事司法原则,它是民主社会公正彻底地解决政府与个人之间利益冲突的客观需要,对于两大法系的侦查、起诉、法庭审理和上诉程序以及刑事证据法则都有重要的影响。参见孙长永:《审判中心主义及其对刑事程序的影响》,《现代法学》1999年第4期,第93页。

④ 贝尔纳·布洛克:《法国刑事诉讼法》,罗结珍译,中国政法大学出版社2009年版,第357页。

⑤ John H. Langbein, "Continental Criminal Procedure: 'Myth' and 'Reality'", *Yale Law Journal*, July 87, 1978, p. 1554.

司法官监督模式进行了深入研究，其中部分研究也涉及案卷笔录的问题。比如霍奇森教授就指出法国刑事侦查中对证据材料的收集活动并非像法律规定的那样，让无罪证据和有罪证据都受到重视。在实务中，证据的收集活动总是向着支持官方事实版本的方向，甚至还存在事实被添加或者被完全遗漏的情形。①而澳大利亚学者布龙·麦基洛普（Bron McKillop）对法国刑事司法的实证研究则更多集中在庭审程序上。他在研究中对法国庭审程序的书面笔录影响进行了毫不留情的批判，在对围绕1991年3月发生的一起谋杀案展开的刑事侦查、起诉和审判活动（审判于1993年4月进行）进行全过程观察后，麦基洛普指出侦查在法国刑事司法中起着决定性的重要作用，而审判无非是把侦查的结果公开展现出来。然而，我们不能据此就认定当前的法国刑事审判程序是以案卷笔录为中心的，因为随着欧洲人权法院不断强化对被告人对质权的保障，在有争议的案件中，法庭为了查明事实真相，也会基于公正审判权的最低保障，要求指控被告人的不利证人出席接受对质，庭前笔录的法庭运用事实上受到了严格规制，刑事程序从本质上而言仍是以审判为中心的。

那么，我国的庭审程序"不以审判为中心，而以庭前笔录为中心"这一现象的原因究竟何在呢？在笔录中心主义的背后，又存在着怎样的经验和逻辑呢？应该说，我国刑事诉讼制度的历次变革是在不断强化刑事庭审的中心地位。1996年修改《刑事诉讼法》，引入了控辩式审判方式，在刑事审判中，通过确立控辩举证与辩论的法庭审判方式，对抗与判定的格局得到基本确立。②与此相应，刑事案卷的移送方式也由全案移送转变为"有限"的案卷移送，即对于普通程序审理的案

---

① 杰奎琳·霍奇森：《法国刑事司法——侦查与起诉的比较研究》，张小玲、汪海燕译，中国政法大学出版社2012年版，第269—271页。

② 龙宗智：《徘徊于传统与现代之间——论中国刑事诉讼法的再修改》，《政法论坛》2004年第5期，第81页。

件，法院开庭审理的条件由以往的"犯罪事实清楚、证据充分"转变为"起诉书中有明确指控的犯罪事实并且附有证据目录、证人名单和主要证据复印件或照片"，这一移送方式也被称之为"主要证据复印件主义"。刑事庭审方式以及案卷移送方式的转变在一定程度上取得了庭审实质化的实效性进展，但是并没有改变笔录中心主义这一根本特点，而且还滋生了诸如主审法官无法有效进行法庭询问、律师阅卷困难等新问题。鉴于此，2012年修改《刑事诉讼法》初步建立了证人、鉴定人出庭作证制度，进一步推动庭审实质化进程，同时又恢复了刑事案卷全案移送模式。应该说，从立法的态度来看，我国对刑事司法的现实问题是有准确认识的，而且由立法推动的刑事程序的演进方向也在不断推动庭审的实质化。从2012年以及2018年《刑事诉讼法》的施行来看，个别重大案件的审判较好地实现了关键证人出庭作证，庭审实质化有了一定程度的体现，但是这些个别重大案件尚不具有代表性，且庭前笔录在庭审中的可采性仍是不受审查的，甚至于证明力也被作出了优先选择，法官在庭后仍要对案卷笔录进行深入研究。在这种情形下庭审实质化是否确有进步还有待研究。至于其他大部分刑事案件的审判，关键证人的出庭仍旧困难，以庭前笔录为中心的审判方式依旧盛行，如何破解笔录中心主义的问题仍待解决。

二、本书的研究思路与方法

以笔录为中心的审判方式是我国刑事司法实践中显著存在的现象，该现象不仅危及案件事实认定的准确性，也不符合定罪程序的公正性要求，同时从民众听审的视角来看，也不符合实质意义上的审判公开。在境外国家和地区的司法制度下，无论是采全案移送主义的德、法等国，还是采起诉状一本主义的日本，虽然案卷笔录在特定情形下可以作为证据运用，且日本刑事司法中还存在"笔录裁判"的质疑，但是这些国家并没有形成我国特有的笔录中心主义的现象。那么为何会有这样的差异呢？庭前笔录到底可否运用、如何运用、在何种程度上运用，规制庭前笔录的基本方法和具体路径是什么、其合理限度又在哪里，这些问题的研究现实意义重大。

（一）基本的研究思路

本书由绪论、结语和主体的五章组成，在绪论部分阐述了本书研究的目的和动机，在结语部分对本书的研究进行总结，并对将来的研究进行展望。本书主体由五章构成，第一章首先对刑事笔录资料的概念进行解读，明确其内涵和外延，讨论笔录的重要性和必要性，考察笔录的形成特点和移送方式，为后文的研究奠定一般性的基础。

第二章对境外司法制度下笔录资料的规制方法进行全面和深入研究。从诉讼模式上对英美法系、大陆法系以及"混合式"诉讼模式进行了广泛考察，从研究层面上深入到基本方法、立法规范以及实务运作等多个层面，分析不同司法制度下的国家和地区限制和运用笔录资料的传统因素、制度逻辑和实现途径，并进行一定程度的比较，为我国如何实现对庭前笔录资料的合理规制提供借鉴依据。

第三章对我国刑事庭审中的笔录中心主义现象进行全方位描述和深入分析。首先对立法规范进行文本性的分析，考察笔录资料在规范意义上的证据能力问题，进而以个案分析的形式对实务中的笔录中心主义现象予以描绘，并以一定的实证调研为支撑，最后深入分析笔录中心主义与刑事司法的制度与理念之间的不一致，并指出其核心问题所在。

第四章对形成笔录中心主义这一现象背后的经验与逻辑进行深入探讨，以期揭示笔录中心主义在我国刑事程序中长期且显著存在的多重原因，包括体制、观念、立法制度以及司法困难等多个层面。

第五章探讨在审判中心主义的理想下，我国规制庭前笔录资料的方法与合理限度。首先，应当注重体制与观念的转变，而在方法的选择上，应结合传统因素并立足实际情况，以提出具有现实可操作性的方案。其次，对证人证言笔录的规制，在借鉴境外司法之经验与方法的同时，也应统筹新《刑事诉讼法》所初步构建的证人出庭作证制度，以合理的方法和程度规制证人证言笔录的法庭运用。再者，在制度和方法之逻辑一致性的前提下，提出对被告人供述笔录、笔录类证据、行政机关收集的笔录资料、情况说明以及其他与案件事实相关的笔录材料的合理规制方法。

（二）主要的研究方法

本书的研究以现实问题为导向①，提出合理的、可行的方法对庭前笔录的证据运用予以规制，以期逐步改变司法现实中普遍存在的笔录中心主义现象。因此，需要从理论层面和实践层面对这一问题进行分析，与此同时，鉴于境外司法制度也存在庭前笔录的限制和运用问题，比较研究也就必不可少。综上，本书的研究方法主要有比较研究方法和实证研究方法两种。

在比较研究方面，笔者通过对英美法系当事人主义、大陆法系职权主义以及"混合式"诉讼程序下不同国家和地区的立法规范和司法实践的梳理，通过对它们各自所遵循的制度理念与方法的分析，以这些比较研究的资料，来重新审视我国当前案卷笔录运用缺乏限制的现实状况，并为我国如何解决这一问题提供借鉴和参考。

在实证方法方面，笔者就案卷笔录的法庭运用问题向法官群体作

---

① 根据陈瑞华教授的观点，"问题意识"的"问题"必须满足三个要素：第一个要素，是要想构成社会科学研究中的"问题"，它必须是一个长时间、普遍发生的疑问；第二个要素，是这个疑问不是一般的疑问，而必须是用本学科最前沿的理论也难以解释和解决的问题；第三个要素，是要对一个"问题"之成为理论问题进行必要的验证。本书研究的笔录中心主义现象至少满足了前两个要素的要求，因此，本书研究的最起码也是一个"准问题"。参见陈瑞华：《论法学研究方法》，北京大学出版社2009年版，第113—115页。

了问卷调查①,以 2011—2012 年度笔者在广东 D 市所承办刑事案件作为统计对象,就必要证人出庭情况进行分析②,除此之外以个别访谈的方法,向警察、检察官以及法官群体进行了相当数量的个别访谈。

---

① 调查问卷共发放 150 份,收回 116 份,其中有效问卷 94 份。在级别上面向基层法院、中级法院,地域上主要是西部 C 市、中部 L 市以及东部 D 市。
② 该 87 件刑事案件为笔者所承办,基本是从 2011 年 10 月至 2012 年 3 月期间由立案庭随机分配的刑事案件。

第一章 刑事诉讼中的笔录资料概述

第一节 笔录资料的一般性问题

一、笔录资料的解读

（一）笔录资料是什么？

在刑事诉讼中，笔录并不令人陌生，是我们在司法实务中可以实实在在看到、听到并且用到的各种文字材料或者记录材料，它展现在我们面前的方式不是"口头的"，而是"书面的"。比如一份由证人口述、侦查人员记录的材料，就是一份笔录资料，因为作出陈述的主体是证人，在法律上也称为证人证言笔录（《刑事诉讼法》第195条）。再比如，侦查人员对案发现场进行了勘验，同时也把勘验的过程和结果记录下来，经由这种书面化的记载，勘验这一侦查的行为和结果就固定了下来，而不是即时逝去，那么这一记载下来的"生成物"就是我们所熟悉的勘验笔录（《刑事诉讼法》第133条）。当然还有一种记载的形式即侦查人员大脑中储存的记忆，这种方式当然是最好的证据方法，因为基于侦查人员的亲历性，其出庭作证最具有说服力，而且还可以当庭接受质疑并向质疑者释惑，但是人的记忆总有一个消退的过程，故而单纯依靠自然人的记忆对过往事件进行固定和储存也是不现实的。

"笔录"作为一个法律用语，并不是我国《刑事诉讼法》所独有的。在德国《刑事诉讼法》中，德语 Protokoll 即意指笔录，相应地，Protokollverlesung 意指对笔录的朗读①，Richterliches Protokoll 则指的是法官笔录②，而如果对《德国刑事诉讼法》德文版进行检索，Protokoll 一词出现的频率高达 78 次③，由此可见笔录在德国《刑事诉讼法》中也是常见的。在法国《刑事诉讼法》中，法语 procès-verbal 也是指笔录④，而且由于法律要求对刑事程序中的各项活动都予以准确记载，故而各种类型的笔录在法国刑事诉讼中也极为常见，比如 audition de témoin 意指证人听取的笔录，interrogatoire par la police 指警察讯问的笔录，transport sur les lieux 指现场勘验笔录⑤，等等。事实上，在大陆法系国家以及传统上深受其影响的国家和地区，如意大利和日本，审前程序中的笔录都是极为常见的。⑥ 这是因为在这些国家里，传统上都是以官方主导诉讼活动的进程，尤其是在侦查程序，官方在调查的同时也将其所收集的证据资料固定下来，并汇入卷宗（dossier），以备将来在审判过程中使用。正如比较法学者 Langbein 教授指出的，在大陆法系纠问式或者非对抗式刑事诉讼中，官方主导程序的进程并以真实发现为目的在诉讼活动的每一个阶段进行详细记录，最终形成全面和内容完整的卷宗，既包括指控有罪的证据，同时也包括可能无罪的证据。⑦

---

①　参见 Claus Roxin：《德国刑事诉讼法》，吴丽琪译，台湾三民书局 1998 年版，第 781 页。
②　参见《德国刑事诉讼法典》，宗玉琨译注，知识产权出版社 2013 年版，第 202 页。
③　Die Deutsche Strafprozeßordnung, 资料来源于：http://www.gesetze-im-internet.de/Teilliste_S.html, 2019 年 1 月 15 日最后访问。
④　贝尔纳·布洛克：《法国刑事诉讼法》，罗结珍译，中国政法大学出版社 2009 年版，第 598 页。
⑤　贝尔纳·布洛克：《法国刑事诉讼法》，罗结珍译，中国政法大学出版社 2009 年版，第 598 页。
⑥　尽管意大利和日本的刑事诉讼程序经历了当事人主义的改造，已远离大陆法系职权主义的方向，但是在审前程序中官方活动的笔录记载仍得以保留。只是这些记载下来的笔录资料在检察官提起公诉时是否可以提交法庭受到了不同程度的限制。详细的分析见第二章的论述。
⑦　John H. Langbein, "Continental Criminal Procedure: 'Myth' and 'Reality'", *Yale Law Journal*, July 87, 1978, p. 1554.

不过，这并不是说在英美法系国家的刑事程序中没有笔录资料。尽管在典型的当事人对抗式刑事诉讼模式下，侦查程序中没有对笔录记载的一般性要求，但是这并不影响在某些情形下的笔录记载。比如，无论是英国的刑事程序，还是美国的刑事程序，基于某些特定的情形，都允许在庭前提取证人证言并形成笔录。又比如，警察在侦查活动中对刑事犯罪和逮捕所作出的书面报告也是笔录：这些报告通常是对如下细节的如实记录或者描述，包括事件发生的时间、地点，犯罪行为的性质，被害人和目击者的姓名和住址，作案人或者被逮捕人的身体特征，犯罪使用的武器，逮捕中扣押的财物以及犯罪造成的人身和财产损害。[1]

由此可见，笔录资料在其他国家和地区的刑事程序中具有一定的普遍性，并非为一国之刑事程序所独有。如果进一步审视这些不同国家和地区刑事程序中的笔录资料可见，这些笔录资料作为对先前事件或行为的一种"书面"记载，其主要指向的是侦查活动的书面记录。总体而言，对笔录资料的理解需要注意以下几个方面：

第一，笔录资料可理解为一项记录的资料（record）。其实，德语 Protokoll 以及法语 procès-verbal 的英文解释都为 record，即记录，而且查阅德国《刑事诉讼法》的英文版以及法国《刑事诉讼法》的英文版，Protokoll 以及 procès-verbal 也都被译为 record[2]，这足以见到笔录是被当作记录资料来对待的。

第二，笔录资料是一种"书面"资料（written materials）。笔录资料是以"书面"的形式将证据信息呈现出来，而不是"口头"的方

---

[1] Stanley Z. Fisher, "'Just the Facts, Ma'am': Lying and the Omission of Exculpatory Evidence in Police Reports", *New England Law Review*, Fall, 28, 1993, p. 4.

[2] THE GERMAN CODE OF CRIMINAL PROCEDURE, 资料来源于：http://www.gesetze-im-internet.de/englisch_stpo/englisch_stpo.html，2021 年 7 月 15 日最后访问；THE FRENCH CODE OF CRIMINAL PROCEDURE, 资料来源于：http://www.docin.com/p-541646995.html，2021 年 7 月 15 日最后访问。

式。比如，同样是对案件事实的描述，证人证言笔录是以"书面"的记录将此证据信息展现出来，而证人作证则是以"口头"的方式将证据信息展现出来。不过，需要注意的是，"笔录"不是单纯意义上的以"笔"而录。也许在古代和近代的司法过程中，笔录还只是以"笔"而录的文字资料，那么近现代随着科技水平的提高和新技术手段的运用，记录方法已经多元化，特别是在刑事诉讼中录音录像方法已广为运用，并且在证据能力的认定方面发挥着文字性笔录材料难以比拟的功效。因此，应当承认"笔录"记载方法的多元化，其所生成的"书面"记录并非传统意义上的"纸上的"记录，而是可以包含录音录像、电子记录等方法下形成的资料和数据。

第三，笔录是对过往事件或行为的记录，是对即时性事件、再现困难事件或者再现可能改变原貌事件的一种储存和固定的方法。比如，被告人的供述笔录，是对被告人曾经作出的供述及其内容的记载，同时也是在审判前对被告人供述的固定，以防被告人在审判中改变口供，当然以录音录像形式记载的被告人供述，还可以用来证明取供方法的合法性以及被告人供述的自愿性等。再比如，证人可能在审判前即将出国并在审判时难以回返，如不提前录取证言，那么在审判时证人作证就是再现困难的事件，因此需及早记录并固定其证言。当然录取证言可能还存在其他目的，比如担心证人审判时记忆衰退无法作证，或因为被威胁、受贿赂等原因改变证言。

第四，笔录作为一项书面记录资料，从其内容上看是一项书面的陈述（statement）或者声明（declaration）。笔录资料作为对先前事件或者行为的记载，并非泛泛而述，而是有一定的内容和思想，并对待证事实而言具有一定的证明价值。比如，证人证言笔录是对案件相关事实的书面陈述，鉴定意见是对专门性问题的书面声明，这些书面材料在内容上或者是对所见所闻的如实记述，或者是对专门事项的书面主张。在德国，对文书证据的解释也表达了相似的意义，认为"文书"

（document）意味着一项有着确定性内容的书面声明。①

第五，笔录资料是庭前或者说审判外合法取得之书面材料。一方面，笔录资料运用的制度背景是法庭，在这一"场域"下，证人当庭陈述是理想的方案，而以笔录资料替代证人当庭陈述则是其次的选择，并因此而生成本书需要研究之问题。不过，证人在当庭口头作证后，其证言当然也被记录下并构成庭审笔录，这一笔录是在证人当庭陈述下形成的，故不生成本书研究之问题。因此，本书所指的笔录，一般而言是庭前或者说审判外所搜集之资料，以区别于当庭陈述之笔录。另一方面，本书所指的笔录系合法取得之书面材料，本身不涉及证据之合法性的问题，因此笔录资料的规制问题不涉及非法证据排除之事项，二者系不同诉讼范畴的问题。

第六，我们所述及的各种笔录资料是分散的、个体的，如证人证言笔录、被告人讯问笔录、勘验笔录、辨认笔录等，但是在刑事诉讼中，这些笔录资料往往被收集起来并汇入卷宗之中，因此在实践中，我们往往也称呼笔录资料为案卷笔录。②而且，汇集了各种类型笔录资料所形成的案卷在刑事程序中也是非常重要的，这些笔录资料的内在一致性和共同指向性构筑了一个案件事实的"版本"，当案卷被提交给事实的认定者——法官的时候，它们所预先建构的"事实"无疑会影响法官心证活动的形成。

（二）笔录资料有哪些？

如果说笔录资料是什么的问题讲的是笔录资料之内涵的话，那么笔录资料的外延问题就涉及笔录资料由哪些类型所构成。从我国《刑

---

① 参见 Michael Bohlander, *Principles of German Criminal Procedure*, Hart Publishing, Oxford and Portland, 2012, p. 157.

② "案卷笔录"这一用语饱含着大陆法系刑事诉讼的色彩，作为类型化的概念其实并不合适，至少在描述英美法国家笔录证据资料或者说书面传闻资料的时候就不大妥当，因为在这些国家并不存在一个可以包含一切诉讼活动记录资料的案卷或卷宗（dossier）。

事诉讼法》的立法和实践来看，主要存在以下几种类型的笔录资料。

1. 言词证据之笔录。言词证据之笔录是刑事司法活动中最常见的一种笔录资料。从我国《刑事诉讼法》对证据的类型划分来看，这些笔录资料包括证人证言笔录、被害人陈述笔录以及被告人供述笔录，即公安、检察、审判机关以及辩护人对证人、被害人以及被告人陈述的笔录。

在司法实践中，言词证据之笔录还存在三种特殊的形式。其一为证人、被害人以及被告人等在诉讼过程中的自书材料。这些自书材料虽然是证人、被害人以及被告人亲自书写，而不是由公安、检察、审判机关以及辩护人所录取的，但是如果这些材料是在诉讼这一环境中生成的，其形成过程也同样受到《刑事诉讼法》关于言词证据收集之一般性要求的规范，故而也应当认定为言词证据之笔录。其二为录音录像形式所记录之言词证据。在我们承认"笔录"记载方法多元化的前提下，庭前以录音录像方式所记录之言词证据也具有笔录资料的一般特征，可按照笔录资料处理。因此，我国《刑事诉讼法》所列举证据种类之视听资料，在一定条件下也属于笔录资料。其三为与待证事实相关的情况说明资料。在实务中，情况说明资料，特别是侦查机关所出具的情况说明，是极为普遍的。① 而情况说明的内容又五花八门，例如关于未刑讯逼供的、查找未果的、案件来源的、抓获经过的、通话记录的、自首和立功的等等，在这些情况说明中，不乏与案件待证事实相关的情况说明资料，侦查人员是以证人的身份作出的书面陈述，如关于抓获经过的说明、未刑讯逼供的说明等资料，故从本质上而言其仍属于言词证据之笔录的范畴，只不过司法实务中是以一种特殊的方式予以对待。

---

① 比如，实证研究指出，在从某市人民检察院公诉处 2006 年办理的刑事案件中随机抽查的 98 件案件中，有情况说明 170 份，每个案件平均就有 1.8 个情况说明。参见黄维智：《刑事案件中"情况说明"的适当定位》，《法学》2007 年第 7 期，第 153—159 页。

2. 警察、检察官或者法官所采取的调查行为和结果之笔录。这些笔录资料主要是由警察、检察官对侦查活动和结果的记录而形成的笔录。比如我国《刑事诉讼法》关于证据种类明确列举的勘验、检查、辨认、侦查实验等笔录，当然也包括没有在法律条文中明确列明的各种侦查行为笔录，如搜查、查封、扣押笔录等。除了警察和检察官以外，根据《刑事诉讼法》的规定，法官为核实证据，也有权采取调查行为并形成相应之笔录。

3. 鉴定人所出具之书面鉴定意见。鉴定意见是我国《刑事诉讼法》所明确列举的证据种类，是由具备专门性知识的鉴定人对特定问题进行分析后所出具的意见，在英美法系国家属于专家证言。根据法律要求，鉴定人之鉴定意见应当由鉴定人出庭并以言词方式提供，在形式上与言词证据相类似，不过言词证据之陈述是对事件或行为的如实描述，而鉴定人则是提供了一种见解或意见，故而与言词证据相区别。如果鉴定人不以言词方式提供鉴定意见，而只是出具书面的鉴定意见，那么这也是一种笔录资料。

4. 行政机关所收集之笔录。我国《刑事诉讼法》第54条第2款规定，行政机关在行政执法和查办案件过程中所收集的证据资料在刑事诉讼中可以作为证据，这些证据资料包括物证、书证、视听资料、电子数据等，并不包括笔录资料。2019年《人民检察院刑事诉讼规则》（以下简称《规则》）则将行政机关收集证据之类型进一步拓宽，该《规则》第64条第2款规定："行政机关在行政执法和查办案件过程中收集的鉴定意见、勘验、检查笔录，经人民检察院审查符合法定要求的，可以作为证据使用。"因此，行政机关所收集之笔录资料在一定条件下也可以在刑事诉讼中作为证据。

（三）笔录资料与书证

笔录资料从形式上来看是一种书面记录资料，与书证或者文书证据（documetary evidence）在形式上具有共同的特征，即都是书面性的资料。那么，如何理解二者之间的关系呢？

其实，从境外司法证据制度的视角来看，书证是一个相对宽泛化的证据类型，一般是包括笔录资料在内的。比如，在德国《刑事诉讼法》中，尽管法律用语的确对"文件或契约"（Urkunden）与"书面材料"（Schriftstücke）进行了区分，但是将二者视为相同意义的观点也是被接受的，统一称之为"文书证据"（documetary evidence），并作为法定的证据方法之一。①

在我国台湾地区，有关书证之规定见于其刑事诉讼相关规定，即所谓的"《刑事诉讼法》"第165条关于普通书证之调查，该条款要求"卷宗内之笔录及其它文书可为证据者，'审判长'应向当事人、代理人、辩护人或辅佐人宣读或告以要旨。前项文书，有关风化、公安或有毁损他人名誉之虞者，应交当事人、代理人、辩护人或辅佐人阅览，不得宣读；如被告不解其意义者，应告以要旨"。对于这一条款，陈朴生教授解释道："称书证，本有广狭二义。广义书证，凡以文书之存在及意义，供证明之作用者兼属之，即为证物之文书亦包括在内；狭义书证，则专指物证以外之文书……一般所称书证，系指狭义，即证据书类是。台湾地区现制，亦采此标准，依第一百六十五条规定卷宗内之笔录与文书可为证据者，即证据书类。"② 可见，即使是狭义的书证，其外延也是包括了卷宗笔录在内的。林山田教授也认为："书证则指以文书之内容为证据方法之证据，又可称为证据书类，例如司法警察之警讯笔录、证人之陈述笔录、法院因审理案件所作成之文书、鉴定人之鉴定报告书等，系以笔录或文书内容之'宣读'，而行调查。"③ 由此

---

① Michael Bohlander, *Principles of German Criminal Procedure*, Hart Publishing, Oxford and Portland, 2012, p.157.
② 陈朴生：《刑事证据法》，台湾三民书局1979年版，第127—128页。
③ 林山田：《刑事诉讼法》（第五版），台湾五南图书出版公司2002年版，第226页。

可见，在台湾地区的刑事诉讼相关规定中，书证是包括各类笔录性资料的，至于第 165 条所提及笔录外之其他文书，陈朴生教授认为，包括供述者作成之文书，如被害始末书，日记，信件，寄交被告或辩护人之邮件电报，被告之自首书、自白书、悔过书等，鉴定报告，公文书如户口本、公证书等，业务文书如商业账簿、医院诊疗簿、旅客名册、航海记事簿等，以及其他日历、族谱、墓碑、定期刊行之市场价格表等具有共识性之文书。①

与这些境外司法制度下的书证理解相比较，我国大陆学者对书证的内涵认识虽然与境外司法并无不同②，但在书证之外延上却相差甚远。比如，如上所述，台湾地区学者一般认为书证是以文书之内容为证据方法之证据，我国大陆学者对书证之表述尽管在细节上有所不同，但基本上认为"书证是指以文字、符号、图画等记载的内容和表达的思想来证明案件事实的书面文件或者其他物品"③。可见，在书证之内涵认识上大陆学者的解释与台湾地区学者的认识基本是一致的。但是在书证之外延上，大陆学者一般都进行了限缩性的解释。陈一云教授就指出，"必须把书证同民事诉讼当事人、第三人所作的书面陈述，证人所提供的书面证言、鉴定人所提交的鉴定意见书以及刑事被害人所提交的书面供述区分开来。如果把后面所列举的书面表现形式也看成是书证，是不对的，因为这些大都是上述诉讼参与人受司法机关的询问或讯问时作出的"，因此，"一般地说，书证是在诉讼开始以前就形成的，是对案件事实的历史记载，只要确认了它不是伪造的，确认了它的内容未被篡改，其真实可靠性就无可辩驳"。④ 与之类似，也有学者

---

① 陈朴生：《刑事证据法》，台湾三民书局 1979 年版，第 432 页。
② 参见张永泉：《书证制度的内在机理及外在化规则研究》，《中国法学》2008 年第 5 期，第 109 页。
③ 龙宗智、杨建广：《刑事诉讼法》，高等教育出版社 2004 年版，第 132 页。
④ 陈一云：《证据学》（第三版），中国人民大学出版社 2007 年版，第 223—226 页。

认为,"勘验、检查笔录是固定勘验、检查内容的文字形式,是一种书面材料,但不是书证。书证是司法人员收集到的客观存在的以其内容证明案件真实情况的书面材料;而勘验、检查笔录则是司法人员依法制作的有关勘验、检查情况的书面材料,这是书证和勘验、检查笔录的明显区别"①,因此有学者提出,"书证通常是在诉讼前或诉讼外形成的,这便要求书证必须是事先业已存在的证据形式。与诉讼期间当事人的陈述或诉讼笔录、鉴定书存在区别"②。

综合以上的引述可见,我国学者对书证的外延解释是限缩性的,认为书证是在诉讼前或诉讼外形成的,而非专门为诉讼所制作的、真实性相对较高的文书资料。如此看来,在我国,书证不包括各类笔录资料,书证与笔录资料之间的区分是明确的。尽管行政机关所收集的鉴定意见、勘验检查笔录乃至于各类询问笔录等书面材料系于诉讼之前形成,不过这些笔录资料也是为行政执法和查办案件所制作的,并非形成于行政机关介入案件调查之前,仍旧与书证有着较为明确的区分,故而应当作为笔录资料来对待。

二、笔录资料的派生性和非直接性

笔录资料是由对先前事件或行为的记录而形成的书面材料,这一书面材料承载着关于待证事实的证据信息,相对于该事件或行为的亲历者而言,记录的资料一般并不是证据信息的直接来源,比如,证人在法庭上转述他人具有证明价值的先前陈述,或者向法庭提交的一份文字材料——该材料记载了某人对待证事实的所见所闻,在这两种情形下,证人或者文字材料所承载的有证明价值的信息,均来自间接

---

① 袁红兵、张丽岐:《刑事诉讼法学》,时事出版社1987年版,第116页。
② 陈卫东、谢佑平:《证据法学》,复旦大学出版社2005年版,第124页。

的信息来源,在这个意义上,无论是转述的证人还是文字材料,两者都不是"第一手"的资料,而是派生性的资料(derivative means of proof)。① 也正是在这个意义上,笔录资料在英美法系国家一般被作为传闻证据来对待,即它们不是原始的证据方法,而是派生性的证据方法。

在大陆法系国家,庭前收集的笔录资料与原始的证据方法之间也是相区别开来的,比如在德国的证据理论中,证人、鉴定人以及共同被告人在警察、检察官和法官面前的先前陈述笔录(records of previous statements),与其当庭陈述相比较,是被视为原始证据方法的"替代品"(replacement of live testimony)。② 只不过,与英美法系国家关注的视角不同,在大陆法系国家更注重庭前笔录的非直接性问题,即相对于证人、鉴定人以及共同被告人在法庭上的当庭陈述,无论是他们在庭前向警察、检察官和法官作出的陈述笔录,还是他们提交的文字材料,对于庭审的法官而言,都不是直接的证据方法,而是间接的证据方法,故而这些笔录资料在大陆法系国家里的特征体现在其非直接性。

那么,为何笔录资料在两大法系国家里的关注点不同呢? 笔者以为,这与不同法系国家庭审证据调查方法的不同相关。英美法系国家奉行当事人主义的对抗制诉讼模式,排斥法官对案件事实的职权调查,

---

① 派生性的资料(derivative means of proof),也可称为"派生性证据手段"(证据方法),在此处考虑的着眼点是证据信息的"形式或者说载体",而非"证据的内容或者承载的信息"。参见米尔吉安·R. 达马斯卡:《比较法视野中的证据制度》,吴宏耀等译,中国人民公安大学出版社2006年版,第250页。这一将证据信息(内容)与证据手段(载体)相分离的方法,也类似于德日证据法学中常用的证据资料与证据方法这一组概念。参见林钰雄:《严格证明与刑事证据》,台湾学林文化事业有限公司2002年版,第8页。

需要说明的是,本书中米尔吉安·R. 达马斯卡和米尔建·R. 达马斯卡,以及米尔伊安·R. 达玛什卡,是国内对美国学者 Mirjan R. Damaška 的三个略有出入的翻译。译名不同,实是一人。本书正文称作达马斯卡,注释和参考文献中各引用文献译本本身的译名。

② Michael Bohlander, *Principles of German Criminal Procedure*, Hart Publishing, Oxford and Portland, 2012, p. 158.

当事人分别主张自己的案件事实，各自证明自己的"一面之词"（one's own case）。① 因此，在这一当事人主导下的证据调查方法中，事实真相的查明有赖于交叉询问机制（cross-examination）的有效运作，而派生性的证据方法使得交叉询问在事实上成为不可能，这将严重影响对抗式诉讼程序的正常运作，故而笔录资料的派生性问题值得予以关注，并由此而形成传闻证据规则。② 与此形成鲜明对比的是，在大陆法系国家，法官主导证据调查并负有查明事实的义务，根据《德国刑事诉讼法》第244条第2款的规定，"为查清真相，法官应当依职权将证据调查涵盖所有对裁判具有意义的事实和证据材料"。依照该条款，法院有义务获得尽可能好的证据。③ 因此，那些可以为法官直接进行调查的证据方法，如证人出庭作证，就比仅仅是提供书面证言更为可取。可见，在大陆法国家，证据材料运用是以庭审法官为核心的，而不是以双方当事人为着眼点的，因此，证据材料是不是直接性的证据方法，是不是可以为法官所直接调查、观察其举止，并得到直接询问，这才是问题的关键。④

　　笔录资料不是原始的证据来源，是原始证据方法的替代品，具有一定的派生性和非直接性。因此，达马斯卡教授指出，在司法审判中，以这些派生性的资料作为证据，将会潜在地危及事实认定的准确性。基于"这一古老的洞见"⑤，庭前笔录资料作为证据使用在绝大多数的

---

① 参见何家弘主编：《证据法学研究》，中国人民大学出版社2007年版，第267—269页。
② 关于传闻证据规则的形成及其理论，详见本书第二章的论述。
③ 参见《德国刑事诉讼法典》，宗玉琨译注，知识产权出版社2013年版，第193—194页。
④ 当然，这并不是说在大陆法系国家就不出现传闻证据的概念，只是在理解上与英美法之传闻证据有所差异。以德国为例，德国证据法关于传闻证据的概念不同于英美法传闻证据植根于法庭外和法庭内（in-court/out of court）的区分，而仅是意味着就他人所知作证，因此传闻的界定主要是依据信息的来源（source of information），而不是作证之人。典型的传闻证人往往是被传唤就被告人或其他人庭前陈述进行作证者，如警察、侦查法官等。参见 Michael Bohlander, *Principles of German Criminal Procedure*, Hart Publishing, Oxford and Portland, 2012, pp. 145-146。
⑤ 米尔吉安·R. 达马斯卡：《比较法视野中的证据制度》，吴宏耀等译，中国人民公安大学出版社2006年版，第250页。

司法制度下都存在一定的障碍。而且，随着认识的深入和司法制度的进化，人们发现，对这些笔录资料作为证据运用所危及的还不仅仅是事实认定的准确性，因为庭前笔录资料作为原始证据方法（比如证人）的"替代品"出现在法庭上，作为指控刑事被告人的有力证据，并置被告人于一种危险境地，可是原始的证据方法（证人）并不在法庭上出现，被告人面对指控却无法与之对质，以这样的书面材料作为定罪的事实基础，是对被告人最根本感情和最基本要求的伤害和背离，定罪程序的正当性令人质疑。因此，庭前收集的笔录资料应当受到限制的见解在大多数的司法制度下取得了共识。

三、笔录资料的重要性和必要性

笔录资料因具有一定的派生性和非直接性，故而对其作为证据使用予以限制为各个司法制度下的普遍做法，具有一定的共识性。但是，笔录资料又承载着丰富的证明信息，在案件事实的证明价值上仍有很大的意义，完全抛弃笔录资料不仅不可行，而且在现实司法的立法例中也找不到其代表。

首先，笔录资料是极为重要的。笔录资料的重要性来自两个方面：其一，在英美法系国家，笔录资料虽然具有一定的派生性，作为证据可能危及事实认定的准确性，但是这并不妨碍笔录资料可作为弹劾性证据，以质疑陈述人的可信性。比如，被告人在审判以前曾经供述的内容，在审判阶段被他矢口否认，在这种情况下，被告人的庭前供述虽然不能作为定罪根据，但可以用它来质疑当庭作证被告人的可信性。其二，笔录资料作为证明信息的载体，其派生性的特征并非意味着它是不真实的，而是它可能不真实。故而，对笔录资料作为证据使用普遍要求其在具备了证据能力之后即可作为事实证明的实质性证据。比如证人在案发之后向警方作了陈述并制作成证人证言笔录，当审判开始的时候，证人出庭作证，但是在面对被告人的时候，证人迫于被告人的压力而不敢如实陈述，由此造成了庭前陈述与当庭陈述的矛盾。法庭在调查之后，如果能够确认庭前陈述更具有真实性保障，那么就可以以庭前的陈述笔录作为案件事实证明的实质证据，而不仅仅是在质疑证人之可信性。

其次，笔录资料的运用也是极为必要的。我们知道，笔录资料承载着丰富的证明信息，在案件事实的证明价值上有很大的意义，在原始的证据方法可以获得的条件下，使用这种原始的而不是替代的证据方法肯定是最好的。但是，在实践中，当原始的证据方法并不一定可以再现或者再现存在巨大困难时，那么这种"替代品"的运用就成为必然了。在实践中，这样的情形非常多，比如证人死亡、失踪，或者无法回忆、拒绝作证，也就是证人出庭不能或者作证不能的情形，尽管各个国家规定不尽一致，但都有与此相关的例外情形。在这些情形下，如果庭前的证言笔录不能使用，那么对整个刑事程序而言将会造成巨大的障碍。笔录资料运用的必要性还体现在大陆法系国家职权主义的庭审方式上，因为法官主导庭审的证据调查，如果法官在调查之前不能对案件的基本事实和相关证据有总体的把握与认识，那么其所主导的证据调查就不可能深入下去，也无法在庭审中消除对证据和事实的疑虑，故而在庭审以前法官接触和研究笔录资料有其必要性。正如学者所言："在非对抗式模式下，法官如何进行有效的询问呢？有效询问基于如下假定：除非询问者对案件有些基本的了解，并对证人在其中的地位有些大概的认识，否则便不能进行有效询问。因此，在非对抗式的证据调查模式下，法官通常在审判前就获得卷宗，该卷宗包含了潜在证人所了解的案件事实的摘要。"①

---

① 米尔吉安·R. 达马斯卡：《比较法视野中的证据制度》，吴宏耀等译，中国人民公安大学出版社 2006 年版，第 194 页。

正是因为笔录资料所具有的重要性和必要性，现代法治国家除了持有对其进行限制的共识之外，也非常重视以合理的方法运用这些庭前的笔录资料。

第二节 笔录资料的形成特点

一、笔录资料形成的官方性和单向性

一般来说，笔录资料的制作主体有其特定的身份性要求，从目前各国笔录的形成来看，主要是由侦查、检察和审判人员制作，少数笔录也可以由辩护律师制作。

首先来看大陆法系国家笔录资料的形成过程，我们以法国刑事笔录资料的形成为例。在侦查阶段，司法警察经常担负起查证犯罪、收集犯罪证据以及追查犯罪行为人的责任。根据法国《刑事诉讼法》第14条的规定，司法警察查证犯罪，并查证、勘验围绕犯罪的各种情节以及犯罪留下的各种痕迹，且有权以笔录勘验、查证和确认犯罪。在对当事人进行身份检查和身份审核后也应当在笔录里写明这样做的理由。在进行搜查和扣押的过程中，也应当制作搜查笔录和扣押笔录。不过，最重要的调查仍是听取证人证言和犯罪嫌疑人的陈述，所有的声明事项均应记入笔录。如果案件调查有必要，司法警察可以对听取陈述的人实行拘留并记入笔录。[①] 在这一阶段，辩护律师也有权利形成书面笔录并附于卷宗。受法国1993年1月4日法律修订增加的63—4条规定的影响，自当事人被拘留始，律师即可参与。受指定的律师，

[①] 贝尔纳·布洛克：《法国刑事诉讼法》，罗结珍译，中国政法大学出版社2009年版，第219、224、230、232页。

在保证谈话秘密的条件下，可以与被拘留人交谈。律师有权被告知受到追查的犯罪性质，在与被拘留人谈话之后可以提出书面辩解意见，并附于诉讼案卷。① 重罪案件并不会像其他案件一样直接提交审判法庭审理，而是首先需要经过预审法庭的预审。预审法官的职责一方面是查找证据，另一方面是以司法裁判权性质的决定对证据作出判断。预审法官一经受理案件，即可作为侦查人员实施所有必要的侦查行动，例如讯问受审查人、听取证人证言以及听取有律师协助的证人的证词，责令进行对质、进行搜查、扣押物证、实行电话监听等，这些侦查活动都应当以笔录的方式予以详尽记载。除此之外，预审法官还应当亲自或者委托司法警察警官等人对受审查人的人格及其家庭情况、物质与社会状况进行调查，并形成受指控人的人格案卷。

可见，笔录资料的制作主体有其身份性，主要是官方的代理人，如警察、检察官和法官，辩护律师也会制作个别的书面意见，以附卷形式提交官方，但是这种情形的数量几乎可以忽略不计，这就意味着笔录资料的形成既体现了制作主体的身份性，也体现了形成结构上的单向性。这一特征在典型的大陆法系国家的刑事诉讼中都有所体现，而且，我国刑事笔录资料的形成也同样具备这样的特点。尽管现行《刑事诉讼法》在侦查、审查起诉等阶段都规定了律师提出书面意见的权利，但是这样的书面意见相对于官方制作的笔录而言，不仅从数量上可以忽略不计，而且在对案件实体裁判的影响上来看也是可有可无的，更不用说在实践中更多的辩护人"明智地"对这一权利选择沉默。②

---

① 贝尔纳·布洛克：《法国刑事诉讼法》，罗结珍译，中国政法大学出版社 2009 年版，第 234 页。

② 关于辩护律师是否会提交书面意见并附卷的问题，笔者对多名长期从事刑事辩护工作的律师进行了访谈。大部分律师对增设这一权利表示欢迎，但对行使这一权利表示迟疑。其中原因可能是多方面的，既有认为提出书面意见附卷意义不大的，也有基于律师办案技巧考量，选择留待法庭审理期间提意见以期出其不意而套取诉讼利益的。不过，无论如何，在个别案件中，辩护律师提交书面意见并附卷的规定仍是有意义的。

二、笔录资料形成的规范性和程序性

笔录资料的制作有着严格的规范要求。一般来说，重视审前笔录资料收集的司法区，对笔录资料制作都有着严格的规范性要求。以法国刑事司法为例，为了能够真实并准确反映庭前调查的各种情况，法国现行《刑事诉讼法》对笔录制作的方法、制作主体资格、制作时间和地点等都有严格规定。比如，在司法警察中，助理警员没有权力制作具有特别证明效力的笔录，其所起草的"笔录"实际上只是一份向其长官提供一般情况的报告；司法警察警员才可以查证与勘验犯罪并制作确认（勘验）犯罪的笔录，以笔录接受（有关人员）作出的声明。司法警察所制作的笔录应当在特定时间内完成，或者至少应当在相当短的时间里送交共和国检察官或预审法官。而且，尽管在录音录像技术发达的现代社会，法律也要求预审法官在听取证人口头表述后应归纳证人提供的证言，并口述给书记员，由书记员作成笔录。①

笔录记载如果不符合要求，还可能引起诉讼行为无效。比如，司法警察认为有必要对陈述的当事人实行拘留的，应该将实行拘留的理由以及拘留开始与结束的日期和时间，均在听取当事人陈述的笔录中写明，并且要在拘留地点的警务场所的专门登记簿上进行登记，以及可能还要在有关声明事项的登记簿上进行登记。每次对当事人进行讯问的时间，以及各次讯问之间的休息时间、当事人进食的时间，都应当在相同的登记簿上写明，笔录还应写明当事人对行使其权利提出的请求以及对这些请求所作的答复与处理。所有这些应载事项均应当经当事人旁注签字，在当事人拒绝旁注签字的情况下，笔录应当载明。不遵守这些规则时，如果能确认其对查找事实真相的行动不会产生瑕

---

① 贝尔纳·布洛克：《法国刑事诉讼法》，罗结珍译，中国政法大学出版社2009年版，第212、213、220、367、370页。

疵，则不会引起诉讼行为无效①；反之，也就是说，如果对查找案件事实真相有影响的话，就会引起诉讼行为无效。又比如，凡是包含有证人证言的笔录，每一页都应当书写，不留空白，不得在笔录中增添字句。凡是加字之处，都要有证人本人的签字。同样，凡是有划去的字迹或者提示，也都应当经法官、书记员、证人以及必要时经翻译同意并签字。否则，与此相关的内容不能发生效力。② 这些对笔录规范性的要求不仅是法律对笔录真实性和准确性的考虑，同时也可以发现法国刑事司法中对笔录的传统性偏爱。③

不仅在法国，在德国、意大利、日本和我国台湾地区以及我国大陆的刑事程序中，笔录资料的制作从法律规范上来看都存在极为严格的要求，如果不能符合这些规范性要求，往往也会引起所收集的笔录资料不具有证据能力的后果。而对于被告人的庭前供述，各国各地区的刑事程序所作的要求也不只是为了保障其准确性，而是要求从程序上保障其自愿性。

在英美法系国家，关于庭前采集之证言笔录，也有严格的程序性要求。比如，供述录取（deposition）的提前收集和固定。在美国，当事人双方在审判前可以在不需要任何理由的情况下提出传唤包括当事

---

① 贝尔纳·布洛克：《法国刑事诉讼法》，罗结珍译，中国政法大学出版社2009年版，第233—234页。

② 贝尔纳·布洛克：《法国刑事诉讼法》，罗结珍译，中国政法大学出版社2009年版，第371页。

③ 对笔录制作的规范性要求可以追溯到路易十四于1670年颁布的有关刑事诉讼的法令中。该法令要求，应当在官方报告材料中说明对诉讼各项手续的遵守情况，还进一步要求书写材料应当规范和精确，禁止在书写的行间留下空白，对修改之处要求进行强制性鉴别，以及在记录的每一步骤都要求官员与当事人签名确认。法令的目的在于避免因记录的不规范而造成事实认定的错误。不过，这样的愿望也只是停留在纸面上，法国学者埃斯曼（A. Esmein）就观察到书记官在被追诉人被讯问的记录中表达含混不清甚至颠倒事实的案例，而且也经常发生书记官仅在现场做笔记，而后在闲暇时间才予以转录的情形，实践中他们也总能找到让被追诉人与证人签名的方法。更有甚者，低级别的法庭提交给上诉法官审查的案卷也不乏伪造的情形。参见 A. Esmein, *A History of Continental Criminal Procedure with Special Reference to France*, Little, Brown, and Company, 1913, pp. 274, 281。

人在内之任何相关人,要求被传唤人于特定时间在特定场所接受询问。此一情形下证人必须宣誓,传唤之一方可以询问问题,对方当事人对于所提出的询问可以提出异议。通常有速记员记录全部的程序,甚至可以录像。①

在我国刑事诉讼程序中,对于笔录资料的收集也有严格的规范要求。比如《刑事诉讼法》第122条针对讯问笔录就要求:"讯问笔录应当交犯罪嫌疑人核对,对于没有阅读能力的,应当向他宣读。如果记载有遗漏或者差错,犯罪嫌疑人可以提出补充或者改正。犯罪嫌疑人承认笔录没有错误后,应当签名或者盖章。侦查人员也应当在笔录上签名。"第133条针对勘验、检查笔录也要求:"勘验、检查的情况应当写成笔录,由参加勘验、检查的人和见证人签名或者盖章。"2021年《最高人民法院关于适用〈中华人民共和国刑事诉讼法〉的解释》(以下简称《解释》)第90条、第95条对笔录制作不符合规范的,还规定:"经补正或者作出合理解释的,可以采用;不能补正或者作出合理解释的,不得作为定案的根据。"

三、笔录资料形成的指向性与合目的性

(一)发现真相还是为了定罪的目的?

笔录资料的制作总是服务于一定的目的。在大陆法系国家,刑事程序要求官方主导程序的进程,并以真实发现为目的在诉讼活动的每一个阶段进行详细记录,最终形成全面和内容完整的卷宗,其中既包括指控有罪的证据,同时也包括可能无罪的证据。②也就是说,从立法者的态度来看,他们并不希望看到官方的调查在主观和动机上是向

---

① 王兆鹏:《美国刑事诉讼法》(第二版),北京大学出版社2014年版,第531页。
② John H. Langbein, "Continental Criminal Procedure: 'Myth' and 'Reality'", *Yale Law Journal*, July 87, 1978, p. 1554.

着定罪的方向的，而是应当以客观的义务和中立的态度去记录每一个活动或者事件，由此形成的卷宗，应当同时也包括可能证明无罪的证据。这一立法者的愿望体现了大陆法系对其官方调查者的充分信任态度。不过，这毕竟是立法上的美好愿望，在实务中，被告人的陈述、证人的证言等均被转向支持官方关于事件的版本，对辩方有利的材料通常因为被认为与案件无关而被尽量缩减或者忽视。一些警察实务的观察者也对警察和宪兵构建书面证据以消除疑问并巩固案件的方式进行了描述。而且在一些案件中，事实会被添加或者被完全遗漏，从而改变刑事责任的性质。长期观察法国刑事司法实务的英国学者霍奇森（Jacqueline Hodgson）教授曾提及一个例子。在一起盗窃案中，D 被怀疑盗窃商店而被羁押。在讯问中，D 承认实施了盗窃，说他从商店外面的人行道上偷了一些衣服，而他的朋友则破门进入商店。警察问他是否进入商店去拿商品，D 确定地回答说没有。在讯问结束时，D 说他不会阅读，但他相信警察作了真实的记录。当霍奇森教授后来阅读已经打印好的记录时，涉案警察已经加入了他自己更为青睐的版本。对此，霍奇森教授与警察进行了交涉：

研究人员：但是他说，他发现衣服在地上。

警察：这并不是很清楚。

研究人员：但是他说，他在地上发现这些衣服，而不是在商店里。

警察：好……是的，但是我让他阅读了。

研究人员：他不会阅读。

警察：但是当他签字时，我认为他会注意到。[1]

---

[1] 杰奎琳·霍奇森：《法国刑事司法——侦查与起诉的比较研究》，张小玲、汪海燕译，中国政法大学出版社 2012 年版，第 269—271 页。

可见，在官方主导下的证据材料收集过程中，指向性与合目的性是非常显著的特点。这种情形即便在以事实真相的发现为目的的大陆法系国家也会出现，那么在英美法系国家，警察在调查阶段所制作的警察报告就更难以保障其真实性了。

警察报告的形成经由三个步骤：调查、记录和报告，报告应当是警察对其调查活动所查明相关事实的如实记载。在一份完整和可靠的标准报告中，警察应当调查和记录所有相关证据，无论这些信息是与有罪相关还是与无罪相关，并保存好记录信息，且予以清晰和客观地汇报。这一要求与大陆法系国家对卷宗的要求几乎是一致的，但是，警察报告在英美法系国家缺少更多的规范和制约，从而造成实践中报告未能完整反映事实、不忠于事实甚至脱离事实的案例比比皆是。学者 Stanley Z. Fisher 在实务研究中指出，基于警方的资源节约（resource conservation）与自我保护（self-protection）这两个利害关系[①]，警察不会花费更多时间去调查更为全面的信息，也缺乏积极的激励因素鼓励他去报告可能涉及无罪的事实。而且，在有的场合，警察在报告中也可能说谎。警察说谎主要存在两个动机：一个是为了实现自我保护，比如逃避错误逮捕或者过度使用暴力的民事责任；另一个是确保实现定罪。观察者也在最后总结道，警察欺骗在实践中广泛存在，不过更多的情况则是警察在报告中忽略掉与无罪相关的事实材料。根据"明示规则"（announced rules），警察应当报告一切与案件有关的信息，而在实践中，警察遵守"工作惯例"（working rules），更愿意花费尽可能少的时间来调查，并且在报告中仅记录与入罪相关的事实。如果

[①] 在一些繁忙的警察局，警察们忙于各种呼救，以至于只有很少的时间进行调查和书写报告。一份完整的报告要求警察进行更为广泛而耗时的调查，并记录更多的信息，而为此花费的时间本可以用来执行警方看来是优先度更高的任务。另一方面，详细的调查和报告，尤其是当其揭示了可能无罪的事实时，可能将被逮捕人的罪责置于受怀疑的处境中，甚至会致使警方承担错误逮捕的民事责任。这两个方面的因素导致了警方的调查可能并不完整，而且即使获得了有利犯罪嫌疑人的证据也可能未录入警察报告中。

从警方制作报告是为了满足其自身所需，而不需考虑刑事司法程序中其他角色所需的事实来看，这种片面性的、对录入可能无罪证据充满敌意的警察报告也是可以理解的，但是在这种情况下，如果其他角色以报告对事实进行了客观描述的态度接受警察报告，那么无辜的被告人就要遭受痛苦了。[①] 此外，其他社科学者对警察行为的研究也表明，对嫌疑人、法官、公众成员乃至自己的上级主管说谎是城市警察工作中不可缺少的一个特征，是一种亚文化，而非个体警察的越轨行为。[②]

（二）收集和固定证据的目的

在审前阶段收集笔录的目的，在很大程度上是为了收集和固定证据。在大陆法系国家，在诉讼活动中要求把每一个细节都记录和固定下来，因此形成众多笔录性资料，比如证人的证言，被告人的供述，警察进行勘验、检查的笔录，被告人人格的调查记录，等等，其目的十分明确，即对证据的收集和固定，证人可能在庭审中不出庭，被告人也可能改变口供，因此，非常有必要在审前阶段即固定下来这些证据材料。

在英美法系国家，也存在庭前收集和固定证据的情形。在英国刑事诉讼程序中，预审阶段所取得的供述录取（deposition）能够在庭审中使用。但是，与大陆法系国家相比，在英国此类供述录取用作法庭证据的条件更为苛刻。例如，必须先行证明：证人作证时被告人在场且有机会对证人证言进行交叉询问。[③] 美国联邦和各州的刑事诉讼规定都有相类似于供述录取的制度，绝大多数州都对使用供述录取的条件

[①] Stanley Z. Fisher, "'Just the Facts, Ma'am': Lying and the Omission of Exculpatory Evidence in Police Reports", *New England Law Review*, Fall, 28, 1993, pp. 7-13.
[②] Jerome H. Skolnick, "Deception By Police", *CRIM JUST ETHICS*, 1982, pp. 42-43.
[③] 米尔吉安·R. 达马斯卡：《比较法视野中的证据制度》，吴宏耀等译，中国人民公安大学出版社 2006 年版，第 104 页。

有相当的限制。大多数州的规定为：如重要证人可能不能于审判中出席，当事人一方可向法院申请，并在取得命令后进行供述录取。供述录取在民事诉讼中的作用主要是证据开示，但是在刑事诉讼中则主要为保存证据。①这是因为在刑事诉讼中，证人大多已经在警察、检察官面前作过陈述，如被告想获悉证人于侦查中的陈述，完全可以通过证据开示等程序进行，故供述录取在刑事诉讼中乃是为了事先保存证据，以待开庭审理中证人不能到庭作证时作为证据使用。而且，根据美国《联邦刑事诉讼规则》第15 e 条的规定，如证人有不能作证的情形，供述录取之全部或者一部，可以成为实质证据（substantive evidence）；如证人在审判中的证词与供述录取中不一致时，任何供述录取之陈述可作为反驳（contradicting）或者弹劾（impeaching）该证人之证词。

笔录资料的形成有其官方性和单向性的特点，这是与官方拥有强大的侦查权力相关的，同时，立法规范也对笔录资料的形成有着严格的规范性和程序性要求，力图确保能够真实反映原始证据方法的面貌，但是从实效来看，这种愿望可能难以实现，无论是在规范性要求严格并以真实发现为目的的大陆法系刑事程序中，还是在奉行当事人主义的英美法系刑事程序中，官方在笔录的形成过程中并不是完全中立的，而是有其内在动因促使他们使笔录资料的形成朝向支持他们关于事实之理解的版本方向，从而具有强烈的指向性和合目的性。这种情况为我们严格限制和谨慎规制笔录资料提供了现实依据。

第三节　笔录资料的移送方式

卷宗及其笔录等材料的移送从诉讼程序上来讲，涉及的是公诉提

---

① 王兆鹏：《美国刑事诉讼法》（第二版），北京大学出版社2014年版，第531页。

起的方式问题。从两大法系国家刑事公诉提起的不同模式来看，主要存在着全案移送主义和起诉状一本主义两种方式。

一、全案移送主义

全案移送主义是大陆法系国家公诉提起的基本方式，其典型代表为德国和法国的刑事程序。在德国，侦查终结时检察官如果认为已经具备了提起公诉的理由，原则上就应当按照德国《刑事诉讼法》第170条第1款的规定向对案件有管辖权的法院递交起诉书。第199条第2款规定起诉书应当包括要求开始审判程序的申请，同时，还应将完整的卷宗一并移送给法院。[①]

在法国，如果是轻罪或者违警罪案件，根据法国《刑事诉讼法》第176条、178条、179条以及180条第1款的规定，预审法官应将卷宗连同有关裁定移送给检察官，由检察官将收到的裁定和卷宗向有管辖权的轻罪法院或违警罪法院的书记室移送。[②] 如果是重罪案件，因为法国在2000年之后废除了重罪案件的两级预审，根据法国《刑事诉讼法》第181条的规定，对于预审后认为受审查人的犯罪事实已构成法律规定罪名的重罪案件，预审法官应当作出裁定，命令直接向重罪法庭提出控告，并向检察官移送卷宗及其所作的裁定；如果重罪法庭位于预审法官所属法院以外的其他法院，检察官还应当立即将卷宗和裁定移送给该重罪法庭书记室。[③]

全案移送主义与德国、法国等大陆法系国家奉行庭审证据调查中的职权主义相一致。德国《刑事诉讼法》第238条第1款规定："审判长主持审理、询问被告人和调查证据。"第244条第2款规定："为查

[①]《德国刑事诉讼法典》，宗玉琨译注，知识产权出版社2013年版，第171、176页。
[②]《法国刑事诉讼法典》，罗结珍译，中国法制出版社2006年版，第180页。
[③]《法国刑事诉讼法典》，罗结珍译，中国法制出版社2006年版，第180—182页。

清真相，法院依职权应当将证据调查涵盖所有对裁判具有意义的事实和证据材料。"① 这就要求法官在庭审过程中不仅主导证据调查，并需依职权将证据调查深入到所有的证据材料上来。因此法官必须在开庭以前深入阅读卷宗，熟悉各项证据材料及其证明的事项，只有如此方能在庭审过程中对各项证据进行充分和有效的调查，否则，一个对案件相关证据材料没有基本认知的法官，是无论如何也无法主导调查程序的，更不可能经由证据调查释明事实与证据之疑。

需要指出的是，在全案移送主义之下，大陆法系国家在刑事审判中，虽然法官可以直接接触卷宗中的笔录资料等书面性材料，但并不意味着这些书面资料就可以直接作为证据并成为心证形成之基础。因为刑事程序仍然应当受到直接原则和言词原则的制约，法官作出事实认定的基础应当是直接来源于庭审调查的原始证据方法，而不是其派生出的"替代品"，因此，笔录资料等卷宗材料的全案移送本身并不必然形成笔录裁判的问题，全案移送所涉及者是预断防止问题，而笔录裁判乃至程序虚化等问题所涉及者是直接原则和言词原则的贯彻问题。

二、起诉状一本主义

起诉状一本主义是英美法系国家公诉提起的基本方式，并为日本刑事程序的改革所借鉴。日本现行《刑事诉讼法》采用了当事人主义诉讼模式，这一模式的标志之一就表现在现行法采用了起诉状一本主义（日本《刑事诉讼法》第 256 条第 6 款），因此，法院不再自动地接受检察官手中的证据，也就是说这样就切断了侦查与审判的连续性，法院在开庭前面对的是一张白纸。由检察官、被告人或者辩护人请求

---

① 《德国刑事诉讼法典》，宗玉琨译注，知识产权出版社 2013 年版，第 191、193—194 页。

调取证据，即当事人对证据调取拥有主导权。①

在日本旧《刑事诉讼法》中，检察官提起公诉是全案移送方式，一般把起诉书与同一案件卷宗记载同时提出。法官在事前分析这些卷宗记录后再行审判。审判一开始就"讯问被告人"。日本学者对全案移送方式的批判是，这种审判方法的前提是，法官从检察官那里"承继了嫌疑"，法官在审判前容易形成被告人有罪的先入概念。现行法改变了旧的方式，提起公诉时仅向法院提出起诉书，《刑事诉讼法》第256条第6款规定："起诉书中不附带可能使法官对案件产生先入概念的文书和其他物品，也不引用证据内容"，这就是起诉状一本主义。②

关于起诉状一本主义在日本刑事诉讼中的作用，孙长永教授认为主要存在两个方面：其一为起诉状一本主义切断了侦查与审判之间的联系，将控诉方的主张与举证截然分为两个步骤，使控辩双方影响法官形成心证的举证活动同步或依次进行，防止法官仅仅根据控诉方的抢先举证而形成不利于被告人的预断，即预断防止功能。其二为起诉状一本主义可以使法官尽可能地避开在法律上不具有证据能力的证据，防止法官受不能作为证据的材料的影响而作出违法的或错误的判断③，即在庭前屏蔽不具有证据能力之证据材料。

需要指出的是，起诉状一本主义从公诉提起的源头上限制了审判前之笔录资料等书面性证据材料进入事实裁判者的视野之内，可以有效防止审判开始之前的法官预断，但是这并不意味着可以阻断笔录资料等书面证据材料作为证据在庭审程序中被提出。因为笔录资料等书

---

① 日本当事人主义诉讼的另一个重要标志是诉因制度。一般认为，证据和诉因是审判中两个最重要的部分，在这两项内容中当事人都有主导权，因此可以说日本《刑事诉讼法》的基础是当事人主义。而现行法规定的法院依照职权调查证据和发出变更诉因的命令是例外的制度。参见田口守一：《刑事诉讼法》，张凌、于秀峰译，中国政法大学出版社2010年版，第23页。

② 参见田口守一：《刑事诉讼法》，张凌、于秀峰译，中国政法大学出版社2010年版，第163—164页。

③ 参见孙长永：《日本起诉状一本主义研究》，《中国法学》1994年第1期，第104页。

面证据材料是否可以作为证据运用并在法庭审理中提出并不是起诉状一本主义所涉及的问题,而是证据法关于书面证据资料的规制方法问题。因此,实行起诉状一本主义的国家,在刑事程序中也可能会出现笔录裁判的现象。

三、我国的卷宗移送方式

(一) 我国卷宗移送方式的沿革

我国的刑事卷宗移送制度传统上采用的是全案移送主义。这一公诉提起方式在1979年《刑事诉讼法》制定之前就盛行于刑事司法实践中。不过,由于《人民法院暂行组织条例》对起诉手续的规定较为笼统,各地的起诉方式不尽一致。为消除各地在起诉手续上存在的混乱局面,最高人民法院在1955年7月所作的《关于北京、天津、上海等十四个大城市高、中级人民法院刑事案件审理程序的初步总结》中对检察院的起诉方式作了如下统一要求:"人民检察院提起公诉时,应用公诉书,并应将案卷和证物一并移送人民法院。"[①] 随后,最高人民法院在1956年10月17日发布的《各级人民法院刑事案件审判程序总结》中对检察院提起公诉的方式再次作了如下明确要求:"人民检察院提起公诉时应当用起诉书,并且将案卷、证物一并移送人民法院。"[②]

我国1979年《刑事诉讼法》制定后,并没有直接规定公诉案卷移送方式,但该法第108条规定:"人民法院对提起公诉的案件进行审查后,对于犯罪事实清楚、证据充分的,应当决定开庭审判;对于主要事实不清楚、证据不足的,可以退回人民检察院补充侦查,对于不

---

① 武延平、刘根菊等编:《刑事诉讼法学参考资料汇编》,北京大学出版社2005年版,第840页。

② 《各级人民法院刑事案件审判程序总结》,资料来源于http://www.law-lib.com/law/law_view.asp?id=1115,最后访问2021年5月20日。

需要判刑的，可以要求人民检察院撤回起诉。"从该条款的立法精神来看，刑事程序也是要求以全案移送方式提起公诉的，因为如果检察机关提起公诉时不移送全部案卷和证据材料，法院就无法对案件是否符合"事实清楚、证据充分"及"需要判刑"等法定开庭审判的条件进行全面、有效的审查，进而无法作出是否开庭审判的决定。

1996年修订《刑事诉讼法》，为了与新的控辩式审判方式相适应，我国构建了具有特色的有限案卷材料移送模式。根据1996年《刑事诉讼法》第150条的规定，普通刑事案件公诉的提起应当是"起诉书中有明确指控的犯罪事实并且附有证据目录、证人名单和主要证据复印件或照片"。这一独特的案卷移送方式不同于全案移送方式，但是立法规范并没有界定"主要证据复印件"的范围问题，这也导致了司法实践中的混乱和"六机关"《规定》[①]的出台，对主要证据进一步予以明确。

2012年修订《刑事诉讼法》，在审判方式上继续向着控辩对抗的庭审方式前进，但是在卷宗的移送方式上又走向了全案移送主义的回归。根据2012年《刑事诉讼法》第172条的规定，人民检察院如认为犯罪事实已经查清，证据确实、充分，依法应当追究刑事责任的，应作出起诉的决定，并按照审判管辖的规定，向人民法院提起公诉，将案卷材料、证据移送人民法院。可见，2012年《刑事诉讼法》的修订虽然在庭审方式上坚持了控辩对抗的基本方式，但是在卷宗移送方式上并没有向着当事人主义下的起诉状一本主义靠拢，而是选择了走"回头路"。

---

① 本书中的"六机关"《规定》是最高人民法院、最高人民检察院、公安部、国家安全部、司法部、全国人大常委会法制工作委员会等"六机关"在1998年1月19日联合出台的《关于刑事诉讼法实施中若干问题的规定》的简称。

（二）对新中国成立以来所实行的全案移送主义的认识

应该说在1996年《刑事诉讼法》修订以前，公诉提起以全案卷宗移送的方式进行，是与我国长期以来的职权主义传统相一致的。庭审法官只有在全面了解审前侦查的案卷材料的基础上，才能够在法庭审理中主导证据调查活动并查明案件事实。而且，全案移送模式也有利于辩护方在审判前可以知悉控方的全部证据材料，有利于被告方辩护权的保障。但是，在全案移送方式下，我国刑事审判程序也确实存在法官先入为主、未审先判以及程序虚化、书面审理等司法实践问题。不过，这些问题的产生与笔录材料的全案移送之间并无必然的关联。

第一，先入为主也就是法官审前阅卷容易产生预断，这的确是全案移送方式自身无法克服的缺点，也为大陆法系和英美法系刑事诉讼理论所承认。不过仍有区别的是，关于预断的后果在不同法系国家中刑事程序能够忍受的限度是不同的。

第二，未审先判及其影响下的程序虚化问题是我国刑事程序所独有的特点。根据李心鉴博士在《刑事诉讼构造论》一书中所作的描述，"先定后审"大致包括以下几种形式：一是党组织先定，法院后审；二是上级法院先定，下级法院后审；三是合议庭先定，后审；四是审判人员先"心定"，后审判。[①] 不过这一特色审判方式是在特殊时期的刑事程序中产生的，是"重打击、轻保护"刑事司法理念的产物，全案移送方式的存在"恰巧"使得这一特色审判方式成为可能，但却不能认为这一特色审判方式就与全案移送方式存在内在的必然性。

第三，刑事程序的书面审理特征在现代法治成熟国家的诉讼程序中也有一定程度的体现，如日本刑事审判就经常被批评为"笔录裁判""默读审判"等，不过我国刑事程序中书面审理的程度更深一些，因为从程序法则上来看根本就没有限制书面运用的规则。与先定后审

---

① 参见李心鉴：《刑事诉讼构造论》，中国政法大学出版社1997年版，第241页。

的司法弊端相类似，书面审理的形成固然与公诉卷宗全案移送方式有所联系，但是二者之间并没有必然性的联系，因为以起诉状一本主义闻名的日本刑事程序同样存在书面审理的泛滥化现象。

也就是说，全案移送方式真正或者主要的问题是预断防止的问题，而未审先判以及程序虚化、书面审理等司法实践问题，从根本上来看并不是全案移送方式引起的。台湾地区学者林钰雄教授也曾撰文指出，台湾地区在借鉴传闻法则修订刑事诉讼相关规定之前，实务中盛行以侦讯笔录进行裁判，易导致诉讼成为侦讯官员与法院的接力赛跑，架空审判程序，然而这一被广为诟病之状况的根本症结在于"漠视禁止朗读原则，空洞直接审理程序"，"而不在于卷证并不并送"。[①] 不过，即使是作为"真"的问题的预断防止，从大陆法系诉讼理论和实践来看，也并不是审判程序中的一个核心或者根本性问题，因为在大陆法学者看来，尽管审前接触卷宗，但是"对案件有预先了解的法官不会自动受到怀疑。他更像是科学家，因为已经对研究对象形成暂时的观念，故而无法泰然平静地得出结论。仅仅是当法官对判决有个人利害关系，或对案件已经定论时，才能剥夺其资格"[②]。

（三）对有限案卷移送方式的审视

卷宗的移送方式由全案移送主义转向有限案卷移送方式，既是与刑事庭审方式借鉴当事人主义的技术化因素相适应，同时也承载了排除法官预断、实现庭审实质化等方面的殷切期望。但是，在这一公诉提起方式运行之后，我们发现不仅立法所期望的目标没有如期实现，而且还对刑事程序带来了诸多不利影响。

[①] 林钰雄：《直接审理原则与证人审判外之陈述》，《台湾本土法学杂志》2000年1月，第60—83页。

[②] 米尔吉安·R.达马斯卡：《比较法视野中的证据制度》，吴宏耀等译，中国人民公安大学出版社2006年版，第209页。

第一,案卷移送方式转变为有限移送之后,因为立法并没有界定"主要证据复印件"的范围,导致实践中检察机关可以自主决定哪些证据材料的复印件可以移送。其现实状况则表现为检察官可以依法隐瞒证据,致使辩护律师和被告人难以通过阅卷知悉控方的证据材料,其结果则是进一步恶化了被告人本来就并不充分的辩护权保障。

第二,案卷移送方式的变化虽然是为了排除法官庭前预断,但是这对于法官主导诉讼进程,依职权进行补充询问也造成影响。比如,如果法官在审理之前不能通过研究卷宗对待审案件中的争议和焦点问题进行提炼和归结的话,其在法庭审判中也难以有效地对被告人、证人和鉴定人进行发问;假如该案件审理中控辩双方未能充分地进行举证和质证,事实问题仍旧有诸多疑问的话(实践中这也是经常发生的),审前没有阅读卷宗的法官恐怕也是一头雾水,很难通过有针对意义的询问对这些事实和证据疑问作出进一步的澄清,这会直接影响到刑事程序查明真相的目标之实现。①

第三,有限案卷移送方式也是为了能够增强庭审的实质化倾向,避免审判程序的虚化和"走过场",但是在实践中的运行并没有遵循立法的逻辑,尽管在控辩式的庭审方式下,法庭证据调查以控辩双方的举证和质证进行,法官只是履行补充性询问,但是我国刑事司法在诉讼观上是以客观真实为追求目标的,而法官在错案追究制度之下也是承载了这一真实查明的职责,这就导致了法官不会仅凭庭审之上的证据调查进行裁判,而是在庭后深入研究卷宗,并从中找到内心信念的真实来源,庭审程序的虚化和"走过场"的基本局面仍旧没有得到破解。

因此,与全案移送主义相比较,有限的案卷移送方式应当舍弃。

---

① 事实上,在有限案卷移送方式运行一段时间之后,实务部门就意识到了庭审证据调查的现实困境。在对查明真实和防止预断作出利弊权衡之后,不少地区的法、检机关并没有执行《刑事诉讼法》关于卷宗移送方式的规定,而是自行以全案移送的方式提起公诉。2011年至2012年之间,笔者在广东省D市第一法院刑事庭担任助理审判员期间,以普通程序进行审理的刑事案件就一直是以全案移送的方式被提起公诉的。

因为这种有限移送方式之目的似是为了兼得，即既能够阻止预断，又能够改变庭审虚化的局面，而从结果看来，它虽然在一定程度上可以防止预断，但其引发的不利影响却远远超出预断所能施加的刑事程序之不利益。

（四）全案移送主义回归的原因及其评价

有限的案卷材料移送方式应当予以改变，只不过在变革的方向上是有选择的，一种是回归大陆法国家全案移送模式，一种是借鉴英美法国家起诉状一本主义。那么为何我国没有采取起诉状一本主义的改革进路，而是恢复了全案移送方式呢？笔者以为可以从两个方面来认识。一方面，起诉状一本主义的功能有限，其主要作用在于预断防止，使法官能够以"一张白纸"的心态听取控辩双方主导下的证据调查和辩论，而如果期望起诉状一本主义能够承担起庭审实质化的附加功能，无疑是立法者的奢望，因为起诉状一本主义并不能限制笔录资料等书面证据材料作为证据在审判中被提出。另一方面，在法官秉承了"实体真实"的诉讼制度下，起诉状一本主义并不合适。比如，日本刑事程序注重的是在正当程序之下最大限度地发现事实真相，其庭审程序虽然进行了当事人主义的改造，但"从诉讼制度本身来看，法院坚持了'实体真实'的传统原则，必须查明事实后才能做出裁判，因而如果当事人请求调查的证据不足以使法官就待证事实形成合理的心证，或者当事人的相关询问不够清楚或对重要问题有所遗漏的，法官不得不以职权调查和职权询问为补充，于必要时就做出裁判所必须查明的事项亲自进行调查"[①]。不过法官在庭审前对案卷材料并不知悉的情况下又如何能够有效询问和调查呢？来自英美法系学者的观察也指出了这

---

① 孙长永：《日本和意大利刑事庭审中的证据调查程序评析》，《现代法学》2002年第5期，第94页。

一"不合逻辑"之处。① 这也就解释了为何在日本刑事司法实务中，法官在庭审辩论终结之后不敢遽然作出判决，而是在庭后研读案卷材料。故而起诉状一本主义虽然在庭审程序上阻断了法官对案卷材料的预断，但在事实认定上既不能为法官的庭审调查活动提供指引，又不能确保法官的心证是从庭审调查的证据中形成的（庭后阅卷）。可见，只要法官始终秉承着"真实发现"的理念和职责要求，他就不可能仅仅是被动地听取控辩双方的举证，接受控辩双方展示给他的"事实真相"，而是要主动参与到事实的探知活动中来，因此在开庭以前熟悉案情及相关证据资料就显得极有必要，否则庭审的证据调查难以有效。在这个意义上来说，起诉状一本主义是不合适。

2012年《刑事诉讼法》修订后，我国在案卷移送方式上重新回到了全案移送主义。对此，笔者认为是适当的。这是因为，第一，全案移送模式与庭审程序虚化问题以及书面审理问题之间并没有本质上的联系，在起诉状一本主义的日本也存在"笔录裁判"的现象。第二，全案移送方式下证据材料可以全部移送审判法院，并可以为辩护方所知悉，有利于被告人辩护权的保障。第三，我国在2012年《刑事诉讼法》修订时也建构了庭前会议制度，因此，法官在庭审以前接触案卷材料已成必然。第四，与日本刑事程序一样，我国在庭审程序改革之后，法官仍旧承担着真实发现的职责，而且在庭审程序中还可以作补充性询问，这就决定了法官为了保障事实认定的准确性，在庭前需要研究案卷材料，以供庭审中作出有效询问，而在庭审结束后仍旧不能对证据和事实释疑的，则必然在庭后继续研究案卷材料。因此，只要法官秉承了"真实发现"的理念，那么在庭前限制其接触卷宗既无必要，而且也不现实。第五，案卷材料全案移送确实存在一个弊端，即

---

① 日本作为传统上的大陆法国家，首席法官尽管开庭时对案件一无所知却需要负责进行法庭询问。即便是日本本国的文献也将这种制度安排视之为"不合逻辑"。参见米尔吉安·R. 达马斯卡：《比较法视野中的证据制度》，吴宏耀等译，中国人民公安大学出版社2006年版，第101页。

法官庭前预断问题，不过这一问题并不是审判程序的核心问题，而其在职权主义刑事程序中也不被认为会对法官产生令人质疑的影响，可见，庭前预断问题并不是一个不可逾越的障碍，我国亦然，故而恢复全案移送主义也是恰当的。

至于全案移送主义与我国所进行的庭审方式的当事人主义改造之间是否存在冲突的问题，笔者以为，审前案卷材料的全案移送与法官保留一定职权探知的控辩式庭审程序本身并不冲突；相反，二者之间还可以相互支撑。这表现为：第一，案卷材料的全案移送对被告人的辩护而言是完全的证据开示，在控辩双方取证能力严重失衡的司法现实下，这一宝贵的证据开示正是强化控辩对抗式庭审程序赖以存在之根本的控辩平等武装和对抗的助力，尽管这一证据开示权还不足以保障控辩平等对抗，但是如果刑事程序连这一点都不能保障的话，控辩平等对抗就只能是一种奢望，而控辩式庭审方式也就只能是徒有控辩，而无对抗的空壳子而已。第二，尽管在审判方式的走向上，我们是以控辩式庭审为目标的，不过这并没有否定法官对"事实真相"的职权探知，只不过在次序上这种职权探知表现为补充性的。既然法官担负着这样的职责，那么在开庭以前如果对案件的争议和证据的分歧仍旧是"一张白纸"的心态的话，其对诉讼程序的指挥和庭审中的发问就无法做到有效。第三，《刑事诉讼法》修改以前重新设计了庭前审查程序，即庭前会议制度的构建，以期能够在这一阶段对诸如管辖、回避、证据调取、证据排除等问题作出处理，进而提高庭审效率。这一制度的构建也就意味着难以在庭前阻断法官对案卷材料的知悉。

本章小结

笔录作为一个法律术语，在许多国家的刑事诉讼法中都有体现。

在我国，笔录资料并不令人陌生，是在司法实务中可以经常遇到的各种文字材料或者说记录材料。对其认识应当注意，笔录资料从形式上来看是"记录"的资料（records）和"书面"的资料（written materials），从内容上来看是由对过往事件或行为的记录而形成之陈述（statement）或者声明（declaration）。各种不同的笔录资料集合于案卷之中，以其内在一致性和共同指向性构筑起了一个案件事实的版本。笔录资料的类型在我国刑事诉讼中包括了言词证据笔录，警察、检察官或者法官所采取的调查行为和结果之笔录，鉴定人所出具之书面鉴定意见，以及行政机关所收集之笔录，等等。这些庭前收集的笔录资料并不是证据信息的直接来源，不是"第一手"的资料，而是具有一定的派生性和非直接性。英美法系国家关注的是其派生性问题，大陆法系国家则更关注其非直接性问题。因此对笔录资料作为证据运用予以限制在大多数的司法制度下取得了共识。然而，笔录资料虽然具有潜在的危险性，但是我们也不能忽视其所承载的证明信息，对于案件事实的认定而言，笔录资料仍有其重要性和必要性，因此对待笔录资料不能只求限制，更重要的是如何运用。

如果我们来考察和分析笔录资料形成的过程，就可以发现其在形成上的特点。笔录资料的形成具有官方性和单向性的特征，这是由于侦查机关强大的证据调查权使然，而为了保障笔录资料对原始证据方法的如实记录，立法规范还对其形成方法进行了严格规范，并在程序上予以制约。不过，立法者关于笔录资料能够被客观地收集之"美好愿望"，在司法的现实中并不能完全实现。对两大法系国家笔录资料形成的实证研究显示，无论是大陆法系国家，还是英美法系国家，在笔录资料的收集过程中都倾向于将事实的版本引到官方期望的方向上来，这为我们严格限制和谨慎规制笔录资料提供了现实依据。

笔录资料在形成之后的移送方式也值得关注。从现有的立法例来看，主要存在两种模式：一为全案移送主义，一为起诉状一本主义。

全案移送主义是大陆法系职权主义国家采用的方式，公诉提起时需将所有的案卷证据材料提交法庭，这一模式固然难以阻断庭前笔录对法官心证形成的影响，却与职权主义下法官主导庭审调查程序相一致，因为只有在研究卷宗信息之后，法庭调查才可能深入进去。起诉状一本主义是英美法系国家的公诉提起方式，与当事人主导的证据调查方式相一致，在提起公诉时不得附带庭前案卷材料，以此阻断侦查与审判之关系，确保法官如"一张白纸"的心态开始审判。相比较于全案移送方式，起诉状一本主义的功能主要体现在庭前预断防止，并不能阻断笔录资料在法庭中作为证据提出，并进而成为心证的基础。因此，我国刑事庭审程序长期以来形成的笔录运用无限制和程序虚化等问题，并不能依靠改革案卷笔录的移送方式而得到解决。我国1996年修订《刑事诉讼法》借鉴了起诉状一本主义合理因素，采用了独具特色的有限案卷移送方式，其结果也仅是在一定程度上起到了庭前预断防止的功能，对于改善刑事程序虚化的问题却收效甚微，不仅如此，该案卷笔录的移送方式还对刑事审判程序带来了更多的不利影响。故而，2012年《刑事诉讼法》修订后，我国在案卷笔录移送方式上重新回到了全案移送主义，并与一定程度上保留法官调查职权的控辩式庭审方式相适应。

第二章　笔录资料限制与运用的境外考察

作为具有一定派生性和非直接性的笔录资料，应当受到限制在大多数司法制度下取得了共识。只不过，因为刑事司法传统和制度理念的差异，不同法系下的国家在处理笔录资料的技术性方法上选择了不同的路径。而且，在处理笔录资料这一具体问题时，也并不是只有限制一途，笔录资料承载的信息仍是具备证明价值的，故而在限制的同时，以什么样的方法来规制和运用这些富有证明信息的书面材料，也就显得尤其重要。

第一节　英美法系国家的传闻规则及其例外

笔录在英美法的证据理论中是作为书面的庭外陈述，即书面传闻来对待的。尽管关乎传闻证据的概念及其外延在学理上存在争议，但广义的理解一般将传闻证据界定为口头的和书面的两种形式。[1] 传闻证据规则基本上构成了英美法系国家处理笔录资料的主要技术和方法。

---

[1] 例如，陈朴生教授就认为："传闻证据，有系其人在审判期日外所作成之供述书或录取其供述之笔录（证据书类）者；有系其人在审判期日以他人供述为内容而为供述（传闻供述）者，均属供述证据。故不以人之供述为内容之证据，不生传闻证据之概念。"（陈朴生：《刑事证据法》，台湾三民书局1979年版，第278页）

一、传闻规则及其例外规定

（一）传闻规则及排除传闻的原因

传闻证据规则被认为是英美证据法上最具特色的规则，是杰出的司法体制对人类诉讼程序的一大贡献。① 对于传闻证据规则的形成，"有人将其表述为'陪审团的产物'，也有人认为是对抗制度的产物"②。其形成之脉络虽难以考证，但可以肯定的是，"形成于17世纪末的传闻规则既不是一项古老的习俗，也不是英国大宪章的遗留物，而是普通法发展的产物"。③

根据美国《联邦证据规则》第801条的规定，传闻证据指"证人非于法院作证时所为的陈述，并提出该陈述以证明其所述为真实"，第802条规定"传闻证据不得为证据"。这就是美国对传闻证据的基本界定和规则。那么，为什么传闻证据不能作为证据使用呢？已有的研究表明，证人在对事实的叙述中往往会因知觉、记忆或表达而产生错误④；同时证人的真诚可能也是问题，例如证人陈述事实的过程中，可能碍于情面未完全透露事实原委，也有可能为了帮助或者陷害别人，刻意作出不实或者扭曲的陈述。在这些情形下，克制之道是证人应经"具结"或"诘问"之后，其证词始能采信。具结程序使证人知道，其

---

① John Henry Wigmore, *A Treatise on the Anglo-American System of Evidence in Trials at Common Law*, Vol. 3, Little, Brown and Company, 1923, p. 25.

② 约翰·W. 斯特龙主编：《麦考密克论证据》（第五版），汤维建等译，中国政法大学出版社2004年版，第480页。

③ 约翰·W. 斯特龙主编：《麦考密克论证据》（第五版），汤维建等译，中国政法大学出版社2004年版，第481页。

④ 心理学家指出："对眼前明显之事物，人类常常忽略而不见不闻，但对未见未闻之事物，又自以为亲见目睹耳听；对于所遭遇之事，时常遗忘，但对未实际发生之事，却又记忆清晰。"（F. Levine and June Louin Tapp, "The Psychology of Criminal Identification: The Gap from Wade to Kirby", *University of Pennsylvania Law Review* 121, 1973, p. 1079）

陈述表征之严肃意义及违反受伪证的处罚,证人有特别义务仅陈述其所确信的事实。再者,透过对证人的诘问,特别是不利当事人一方的诘问,可发现证人可能有的知觉、记忆、表达等瑕疵,以及证人的真诚性问题。① 由此可见,证人的知觉、记忆、表达能力和真诚性都可能存在偏差,从而导致事实认定的不准确。那么,为了事实认定的准确性,就需要在法庭审判的场合下,由证人具结并接受当事人的质询和诘问,以此消除偏差进而得到准确的认知。也因此,具结和对质诘问就非常有必要,尤其是在当事人主义诉讼模式下,控辩双方各自举证以证明自己的事实主张,事实的准确认知有赖于一方当事人有机会对对方当事人所出示的证据予以充分诘问,而传闻证据则无法进行对质诘问,无从确定其真实性,故而不能作为证据采用。

我国台湾地区学者陈朴生教授也讲道:"传闻证据,采传闻法则之立法例所以不认其有证据能力加以排斥者,其理由约有下列诸端:一、未经当事人交互发问。英美法之调查证据,其程序所以采交互发问制度,其目的在使一造当事人有充分机会,得对于他造当事人所提出之证人为反对发问,藉以发现事实之真相。传闻证据,无从对于该证人加以反对发问,以担保其真实性,乃予排除。二、并非在裁判官前陈述。诉讼制度之采直接审理,言词审理,其作用在使对簿公庭,对于证人之调查,亦当庭以言词为之,藉以察言观色,辨其真伪。传闻证据,乃案外陈述,既非在裁判官前为之,无从获悉其态度,无由判明其可信度,乃予排除。三、有使真实事实发生偏差之危险。传闻供述,就其与原始供述之关系上言,系具有重复报告之性质。往往因故意或过失为与原始供述有异之陈述,致与事实相反。如许以传闻证据提出于法院,作为判决之资料,无异于许以与原始供述内容相反之供述为

---

① 参见王兆鹏:《美国刑事诉讼法》(第二版),北京大学出版社 2014 年版,第 433—435 页。

证据，有背发现真实之作用，故加以禁止。"① 由此可见，传闻证据本身并不是可靠的证据材料，排除传闻证据主要在于对其真实性的担忧。

传闻规则虽然一般性地规定传闻证据不具有证据能力，但这并不意味着不可采的传闻证据在证据法上没有证明的价值。美国法将证据分为实体证据（substantive evidence）与弹劾证据（impeachment evidence）。所谓实体证据指的是证据提出之目的，在证明犯罪成立或不成立。所谓弹劾证据指的是只能弹劾证人之凭信性，不得证明犯罪事实，也就是说只能以该证据证明证人说谎，但不能以该证据证明犯罪成立与不成立。② 传闻证据由于其真实性无法保障，故原则上不能成为实体证据，但是却可以作为弹劾证据。

（二）传闻规则的例外

既然排除传闻证据的主要因素是其无法接受对质诘问，真实性无法保障，那么，对于具有真实性保障的传闻证据也就可以例外地承认其证据能力。比如美国《联邦证据规则》认为，在"当场印象"（present sense impression）和"兴奋或惊吓之陈述"（excited utterances）这两种情况下，根据我们的一般认识规律，人们一般不会说谎，故而这样的陈述具备可信性，大多数的州证据法都承认其可作为传闻的例外，具有证据能力。而且，具有可信性的传闻证据也非常多，如果一概否定其证据能力，对刑事司法而言也是不可承受的。大量的事实已经证明，法院经常会根据大量的传闻规则的例外来采纳一些传闻证据。③ 陈朴生教授也指出："传闻证据，既无从依反对发问，而担保其供述之真实性，乃基于证明政策之要求，原则上不认其有证据能力。

---

① 陈朴生：《刑事证据法》，台湾三民书局1979年版，第278—279页。
② 参见王兆鹏：《美国刑事诉讼法》（第二版），北京大学出版社2014年版，第473页。
③ 约翰·W. 斯特龙主编：《麦考密克论证据》（第五版），汤维建等译，中国政法大学出版社2004年版，第483页。

然现今社会人事纷繁,情势变迁迅速,欲证人均能亲自到庭陈述,事所难能。因之,法院调查证据,不能专待直接指证时,传闻证据亦在寻求之列。倘传闻证据,具有①前已经反对发问,②其供述,具有信用性之情况的保障,既与经反对发问之效果相当,仍许其为证据,是为例外。"① 而且,传闻例外情形作为证据,并不只是作为弹劾证据,而是作为实质证据使用的。

事实上,在英美法系国家传闻证据不可采只是一般性的规定,传闻规则的核心之处在于其纷繁复杂的例外规定。以美国《联邦证据规则》为例,该法第803条所列举规定的传闻例外就有23种,包括:(1)当场印象;(2)惊骇之表达;(3)现存之身心状况;(4)因医术上诊疗目的所为之陈述;(5)经记录之回忆;(6)经常从事之记录,依第(6)项规定所保存记录中无记载时;(7)公务记录与报告;(8)重要统计之记录;(9)公务记录无记载时;(10)宗教机构之记录;(11)婚姻、洗礼及其他相类之证书;(12)家族记录;(13)影响财产利益之文件记录;(14)影响财产利益之文件之记载;(15)古老文件中之记载;(16)市场报告、商业刊物;(17)学术论文;(18)关于个人或家族历史之名誉;(19)关于疆界或一般历史的名誉;(20)品格之名誉;(21)先前有罪的判决;(22)对个人、家族、一般历史或疆界的判决;(23)以及其他例外。除此之外,在第804条列举了证人不能作证情形下的传闻例外规定:(1)先前之证言;(2)在相信即将死亡时所作之陈述;(3)违反利益之陈述;(4)个人或者家庭历史之陈述。除了列举规定外,美国《联邦证据规则》还设有"概括传闻例外"的规定:"任何审判外的陈述,若于陈述当时的情况,得保障该陈述的真实性,而法官在考量该陈述对案件的重要性,该陈述的不可取代性及司法的正义,得容许该审判外的陈述为证据,以此网罗列举规定可能

---

① 陈朴生:《刑事证据法》,台湾三民书局1979年版,第279—280页。

的遗漏。"① 由此也可见，英美证据法对传闻证据排除的例外规则异常复杂，例外情形众多，正如证据法学者 Weinstein 所言："在允许传闻证据的大海中，传闻排除法则有如一座孤独的小岛。"②

从《联邦证据规则》第 803 条与第 804 条的区别来看，后者之例外情形还需要具备证人不能作证的条件，而第 803 条所列举之传闻例外并没有这一要求。可见，证据规则的制定者认为第 803 条之情形与第 804 条之情形相比较而言更具有可信性的保障。总体而言，传闻规则的例外情形或者是已经赋予被告反对发问之机会者，如先前之证言，或者是有信用性之情况保障的，如本于自然性之陈述（当场印象、惊骇之表达），本于良心性之陈述（将死亡时所作之陈述），基于不利益之供述，本于记载之义务性及公示性（业务上之经常记载、商业上之经常记载、医术上诊疗目的所为之陈述、宗教机构之记录等），本于公务上制作之文书③，或其他情形（如学术论文、墓碑等）。④ 由于这些传闻例外中大多数都属于可信性较强的证据书类，作为例外情形自属当然，故笔者只对传闻例外中的几项与笔录资料相关紧密的情形予以详述。

1. 先前不一致的陈述。证人"先前不一致的陈述"，与一般的传闻陈述有两个主要的区别："第一，审判外陈述之人现正在法庭作证；第二，该审判外的陈述，与审判中的陈词相比较，极具证据价值。"⑤ 依前文陈朴生教授关于排除传闻证据的主要理由，在于未经当事人交

---

① 参见王兆鹏：《美国刑事诉讼法》（第二版），北京大学出版社 2014 年版，第 438—439 页。
② Jack B. Weinstein, "Probative Force of Hearsay", *Iowa Law Review* 46, 1961, pp. 331, 346.
③ 公务文书分为三类：（1）记录公务员活动之文书，原则上得为证据。（2）职务上观察所作之报告，在民事诉讼中得为证据，但在刑事诉讼中，不得由警察人员或者其他执法人员观察之事项。因为警察与被告在刑事诉讼处于对峙与敌对关系，所以在刑事案件的观察中，不会比其他公务员较为客观可信。（3）调查报告，在民事诉讼中得成为证据，但在刑事诉讼中得成为对检察官的证据，不得成为对被告不利的证据。参见王兆鹏：《美国刑事诉讼法》（第二版），北京大学出版社 2014 年版，第 441 页。
④ 参见陈朴生：《刑事证据法》，台湾三民书局 1979 年版，第 284 页。
⑤ 王兆鹏：《美国刑事诉讼法》（第二版），北京大学出版社 2014 年版，第 439 页。

互发问,并非在裁判官前陈述,有使真实事实发生偏差之危险,故对其真实性有所疑虑而加以排除。证人"先前不一致的陈述"虽然是审判外的陈述,但与一般的传闻证据所不同的是,该证人正在法庭作证。因此,就诘问而言,被告人不仅可以诘问证人的法庭陈述,而且还可以对先前不一致的陈述进行诘问以发现瑕疵。就裁判者而言,因为证人就在庭审现场,故裁判者可以亲自观察证人对前后不一致陈述的反应,以判断先前陈述和当庭陈述何者更具有可信性。可见,先前不一致的陈述作为证据在法庭上提出,并不妨害被告人对质诘问权的实现,同时也不影响裁判者对证人举止的观察,事实上是使其具备了较为充分的真实性保障。①

2. 先前之证言。证人"先前之证言"在符合一定条件的情况下可以作为证据使用:第一,证人在先前的诉讼程序中必须具结作证,且本案的被告人能对证人进行诘问。第二,证据必须具备《联邦证据规则》第804条款所列之"未能作证"的情形:(1)合法行使拒绝作证权;(2)坚持拒绝作证;(3)对于待证事实无法回忆;(4)因死亡、生理或者心理之疾病不能出庭或未能作证;(5)经合法传唤不到庭。在 Cal. v. Green 案和 Ohio v. Roberts 案中,联邦最高法院都坚持了这一规则。以 Ohio v. Roberts 案为例,该案中被告人被控伪造支票及持有遗失信用卡罪。被告人称支票及信用卡所有人之女 Anita 曾同意授权被告人使用其父之支票或信用卡。预审时,被告人传 Anita 作证,但

---

① 在立法例上,证人"先前不一致的陈述"在《联邦证据规则》中并不是作为传闻例外对待的,但是在《模范证据法典》中却是以传闻例外出现的。据王兆鹏教授的考证,这是因为《联邦证据规则》在立法时,担心律师可能会滥用此一条文,例如,律师知证人不愿于法院中作证,便事先唆使证人于审判外陈述"被告没有实施强盗行为",而于审判中证人宣誓作言"被告实施了强盗行为",则律师可以使用证人审判外的陈述,而证人无须负伪证的责任。为防止这种可能的滥用,美国《联邦证据规则》将证人"先前不一致的陈述"进行限定,要求该陈述是在"审理、调查或其他程序中,在有伪证刑责之宣誓下所为"(比如在大陪审团调查程序中所为)。参见王兆鹏:《美国刑事诉讼法》(第二版),北京大学出版社2014年版,第438—439页。

她否认曾经有过这样的授权。审判中，被告人又主张 Anita 曾同意其使用支票和信用卡。因为 Anita 符合"未能作证"情形，未在审判中出庭作证，检察官于是引用预审时 Anita 的证词，否定被告人的主张，并导致被告人被定罪。就此，美国联邦最高法院在裁判要旨中指出，证人在预审程序作证时，被告人及其律师在场，且已经对被告人诘问，预审时的证词具备了充分的真实性保障（the transcript... bore sufficient "indicia of reliability"），是可以作为证据使用的。① 不过，联邦最高法院也在 Barber v. Page 一案中，明确因检察官完全不做努力使证人出庭作证，率然使用证人"先前的证词"，认为这是违反被告人的对质诘问权的。② 也就是说，检察官首先应当证明证人不出庭作证符合第804条所列举的情形，方可以先前已对质诘问而使用证人先前的证词。

3. 临终前的陈述。临终前的陈述是审判外的陈述人相信其即将死亡，对于其死亡的原因、情况所作的陈述，因其是本于良心性之陈述，故可信性较高。临终前的陈述需要具备以下条件才可以作为例外情形：（1）陈述人知悉自己即将死亡；（2）必须死亡，普通法要求将死之人如果未死，该审判外陈述不得作为证据。联邦法则无此要求，但规定要有客观不能的情形；（3）只能被用于杀人或致死案件；（4）陈述之内容必须与死的原因、情状有关。③

4. 经记录之记忆。如果审判中证人作证时，完全无法记得当时的情况，但是在待证事实发生当时或发生之后，曾记录待证事实，该记录可以作为证据，称为"经记录之记忆"。符合这一例外的情形需要具备这样四个条件：（1）第一手知识，即应当是对亲自见、闻之事实的记录；（2）记录时间应当是在事件发生之时或者紧接之后；（3）记录

---

① Cal. v. Green, 399 U.S., 149, 156 (1970); Ohio v. Roberts, 448 U.S., 56 (1980).
② Barber v. Page, 390 U.S., 719 (1968).
③ 参见王兆鹏：《美国刑事诉讼法》（第二版），北京大学出版社2014年版，第442页。

人正在审判中作证，无法想起当时的状况；(4) 记录必须准确。①

5. 共谋者陈述。共谋者陈述（coconspirator statements）是指共谋者之一，在共谋的过程中，为达到共谋的目的所作之陈述。共谋者陈述成立需符合三个要件：(1) 共谋关系要件，即陈述人与诉讼当事人是共谋关系；(2) 共谋进行中要件，陈述必须在共谋的过程中作成；(3) 共谋目的要件，必须为共谋之目的所作的陈述。②

第一个要件是审判外的陈述者与诉讼当事人之间存在共谋关系。而所谓共谋，如其文义解释，只要是两个以上的人，合意追求共同的目的。第二个要件为共谋者之陈述必须于共谋进行中作成，若共谋已不再进行，即不符合要件。一般认为，当共谋者之一人被逮捕时，视为共谋关系不再进行，如美国联邦最高法院在 Krulewith v. United States 案中判决，当共谋犯遭逮捕后，该共谋犯所作陈述不得作为证据。③ 之所以有此一要求，是因为共谋犯之间在共谋进行过程中为共谋目的之实现，彼此之间是合作关系，没有利益冲突，其所作之陈述是本于自然性之陈述，可信性较高。而一旦共谋关系已不存在，尤其是在共谋者之一被逮捕之后，共谋者之间因为责任承担问题被认为利益相互冲突，故此时所作的陈述并不可靠。第三个要件为陈述者必须系为达到共谋目的所作的陈述。因此，共谋者之一若只是叙述事实，而不是为共谋目的而作陈述，亦与要件不符。例如，被告人甲被控走私毒品，与其有共谋关系之乙对卧底警察丙言："我曾经与甲为毒品走私交易，但不喜欢甲的方式，宁可与你进行交易。"在对甲的审判中，有关乙的审判外陈述不得作为证据，因为该陈述仅为过去事实之叙述，非为达到共谋之目的所作陈述。当然，毫无争议的是，若共谋者之一

---

① 参见王兆鹏：《美国刑事诉讼法》（第二版），北京大学出版社 2014 年版，第 442 页。
② 参见王兆鹏：《美国刑事诉讼法》（第二版），北京大学出版社 2014 年版，第 443 页。
③ Krulewith v. United States, 336 U.S., 440 (1949).

人，向执法机关自白，法院也不应当认为是为共谋目的所作的陈述，不符合要件规定。① 这也就要求我们必须将共谋者陈述与共犯自白相区别，后者之共犯虽然可以作为证人出庭作证，但其审判外的自白不能以传闻之例外而作为证据使用。

不过需要指出的是，在立法例上，共谋者陈述在美国有些州被认为是传闻之例外，而在有些州则是"非传闻"，美国《联邦证据规则》也认为是"非传闻"，将其规定于第 801 条中。当然，不论是传闻还是非传闻，其结果都是共谋者陈述可以作为证据。

6. 大陪审团之证词。证人在大陪审团面前所作的证词，在美国法系依"概括传闻例外"规定成为证据。在 United States v. Carlson 案中，证人表示受被告威胁而不愿意于审判中作证，法院依据《联邦证据规则》之"概括传闻例外"规定，容许该证人于大陪审团之证词成为证据。但是，要符合这一例外情形，必须符合许多条件：（1）证人有"未能作证"的情形；（2）符合概括传闻例外的条件，即根据陈述当时的情况，得保障该陈述的可信性，而法官仍需考量该陈述对案件的重要性，该陈述的不可替代性及司法的正义；（3）有补强证据显示该陈述的可信性，如该证人的证词与其他目击证人或被告人的自白吻合；（4）经认定或有强烈的嫌疑显示被告人有使证人于审判中"未能作证"的行为。②

二、对质诘问权

与证人对质诘问，系被告人的强烈要求，后来才演变为被告人的权利，一般均将其归因于 1603 年英国审判 Sir Walter Raleigh 之叛国罪

---

① 参见王兆鹏：《美国刑事诉讼法》（第二版），北京大学出版社 2014 年版，第 443—444 页。
② 参见王兆鹏：《美国刑事诉讼法》（第二版），北京大学出版社 2014 年版，第 445 页。

案件。① 该案审判后,对质诘问权才渐进从实务的运作演变为被告人的权利,成为审判上发现真实的工具。美国联邦最高法院在 Crawford v. Washington 案的判决中也追问了对质诘问权的历史和意义,认为对质诘问权在于防止大陆法系刑事诉讼之"恶",特别是以在被告人不在场情况下讯问证人所得的证词作为对被告人不利的证据,认为如果证人在审判中未能出庭,那么立宪者就不能容许其审判外的"具供述性的陈述"(testimonial statements)作为证据。②

根据美国宪法修正案第 6 条的规定,对质诘问权包括两个层面的权利:一为被告人与证人"面对面"的对质权;一为通常所说的诘问权。

(一)"面对面"对质的权利

被告人与证人"面对面"对质,即"面对面的权利"包括两个方面:被告人于审判中在场目视证人的权利(right of seeing the witness face to face)③,以及被告人有使证人面对自己的权利。④ 刑事被告人与

---

① Sir Walter Raleigh 是当时英国非常有名的政治家和文学家,被指控共谋推翻王室。指控的主要证据系证人 Lord Cobham 的证言,不过 Lord Cobham 从未在审判中向陪审团作证,检察官完全信赖审判外对 Cobham 的讯问笔录。被告人 Raleigh 对此提出抗议,并强烈要求"传唤证人"(call my witness),"吾与其面对面"(face to face),不过法官以按时英国法律被告人无此权利而拒绝。17 世纪后,对质诘问权渐进从实务的运作演变成为被告人的权利。自 1730 年后,被告人律师在实务上已被完全准许讯问证人,对质诘问成为审判上发现真实的工具。英国 1836 年立法规定所有重罪案件,被告人皆有受律师协助的权利,而律师对证人诘问更进一步得到法律的保障。参见王兆鹏:《美国刑事诉讼法》(第二版),北京大学出版社 2014 年版,第 447—448 页。

② Crawford v. Washington, 541 U.S., 36 (2004).

③ Mattox v. U.S., 156 U.S., 237 (1895) (right of seeing the witness face to face); Dowdell v. U.S., 221 U.S., 235 (1911) (right to meet the witness face to face).

④ 美国有些州为保护少年证人,或性犯罪中的被害人,以立法规定此类证人可于法庭外作证,而通过闭路电视将证人陈述的现场传播于法庭。法庭和被告人在法庭通过电视,直接听取观看证人作证,并通过电视对证人进行询问。这种电视传讯的方式,被告仍然可以有效诘问,同时又目视证人作证,听闻证人证词,故并不违反被告目视证人的权利。但 1988 年联邦最高法院在 Coy v. Iowa 案中,认为州法律无视案件的具体情形,一律准许性犯罪中的少年被害人使用屏障,不使证人目视被告,违反了被告使证人目视自己的权利。参见 Coy v. Iowa, 487 U.S., 1012 (1988)。不过,随后 1990 年在 Maryland v. Craig 一案中,联邦最高法院又申明若因个案之特殊情形,限制被告与证人面对面的权利并不违宪。参见 Maryland v. Craig 497 U.S., 836 (1990)。

证人面对面的权利,是美国宪法所保障的基本人权,其目的在于维护审判程序的公平和真实的发现。就维护程序公平而言,美国联邦最高法院认为,任何人在面对刑事追诉时,要求与指控者面对面对质,乃是人类的本能反应,亦为确保审判公平的要素,被告人可以亲自观察审判中证人作证,使被告人对于审判程序心服口服,维持程序的公平性。另一方面,联邦最高法院也认为,人们可能会在人的背后捏造事实诬蔑他人,但很少会在人的面前如此行为(it is always more difficult to tell a lie about a person "to his face" than "behind his back"),因此使被告人与证人面对面,能使虚伪的指控者原形毕露,而且虽然法官不能强迫证人看着被告人的眼睛,但若证人不敢目视被告人,而是闪烁他处,陪审团也可以因此而考虑证人的信用能力。亦即此权利能达到帮助发现真实的目的。①

(二)诘问不利证人的权利

诘问权指的是在主询问(direct-examination)结束之后,被告人享有对证人反询问(cross-examination)的权利,以求发现疑点或澄清事实。诘问不利证人是被告人一项极为重要的权利,就真实发现而言,当事人诘问证人以发现瑕疵,非法官询问所能替代。这是因为,一方面审判的结果与当事人利益密切相关,当事人有着强烈的动机试图通过诘问发现对方陈述的瑕疵;另一方面,对于案件事实而言,当事人是最清楚不过的,故而能够发现证人陈述与事实不一致的地方,最有能力提出适当的问题,使说谎的证人无法自圆其说。圣经故事中的"丹尼尔及苏珊娜"事件就是最好的例证,丹尼尔由诘问而还苏珊娜以清白。② 可见,诘问最主要的目的在于确保真实的发现,使诘问者能戳

---

① 王兆鹏:《美国刑事诉讼法》(第二版),北京大学出版社 2014 年版,第 449—450 页。
② 该事件始末如下:苏珊娜拒绝了两位老者的殷勤求爱,两位老者为了报复,于是诬告目睹了苏珊娜与一年轻男子在果园里通奸,苏珊娜因此被交予审判。人民会议审判初始,相信两位

破证人的知觉、记忆、表达能力的瑕疵,揭露证人真诚性的问题。① 美国证据法学大师 Wigmore 也曾述及,诘问制度乃是人类为发现真实所发展出的最伟大的法律装置。

三、传闻规则与对质诘问权

证人的庭外陈述如果符合传闻规则的例外情形,依法可作为证据,但是使用这种证据可能会有违被告人的对质诘问权,这就是传闻规则与对质诘问权的关系。美国《联邦证据规则》对这一问题并没有明确规定,但是作为典型的判例法国家,美国联邦最高法院通过判例的形式缓解了传闻规则与对质诘问权之间的冲突。

(一)延缓的对质诘问

根据传闻证据规则,证人若有前后不一致的陈述时,比如,证人警讯之陈述与审判中陈述不一致,那么证人"先前不一致的陈述"可以作为证据。但是,被告人未曾与审判外陈述者对质诘问,如果作为证据,是否违背宪法赋予被告人的对质诘问权?

联邦最高法院在 1970 年 Cal. v. Green 案中判决,审判外之陈述者若于审判中作证,且被告可以对其诘问,则使用审判外的陈述为证据,不违反被告人的诘问权。该案案情为:被告人 John Green 被控指使 16 岁的 Melvin Porter 贩卖大麻,后 Porter 贩卖大麻给便衣警察 Wade。在警察局讯问及预审时,Porter 指称被告人为实际大麻贩卖者。

(接上页)老者的指控,拟判处苏珊娜死刑。此时丹尼尔受神的指示介入这一事件,请求人民会议准许他对指控证人进行诘问,人民会议允许。丹尼尔对两位证人隔离询问,要求证人回答看到苏珊娜在什么树下与他人通奸。第一位证人答乳香树,第二位答橡树。两位证人的陈述不一致,因此人民会议认为证人的指控虚伪,还苏珊娜以清白。参见王兆鹏:《美国刑事诉讼法》(第二版),北京大学出版社 2014 年版,第 450 页。

① Dutton v. Evans, 400 U.S., 74, 89 (1970).

在预审时，被告人律师也对证人进行了诘问。审判中 Porter 宣誓作证，但改称已不能记忆谁是大麻供应者。①美国联邦最高法院认为此案证人审判外陈述的使用，未违反被告人之诘问权。联邦最高法院宣示诘问权有三个目的：（1）要求证人宣誓而为陈述；（2）使被告人对证人有诘问的机会；（3）陪审团能够亲自观察评估证人的行为举止。也正是因为证人已于审判中出庭，并且宣誓作证，同时被告人又能对其诘问，陪审团也能目睹这一过程，故而使用证人审判外的陈述为证据，不违反对质诘问权。②

（二）先前已对质诘问

如果被告人已在先前的程序中对证人进行了诘问，而审判时证人有法定的不能作证的情形，则该先前证言也可以作为证据，不违反被告人的对质诘问权。

前文已述，经过对 Cal. v. Green 以及 Ohio v. Roberts 案的审理，美国联邦最高法院强调，若欲使用证人先前的证词而不违反对质诘问权，须符合两个条件：其一，证人在先前的诉讼程序必须宣誓作证，且被告人有机会对其诘问；其二，证人必须有法定的未能作证的情形。

（三）根深蒂固的传闻例外

"根深蒂固的传闻例外"（firmly rooted hearsay exception）为美国联邦最高法院经由一系列的判例所确认，比如 1970 年 Dutton v. Evans 案，1986 年 U.S. v. Inadi 案，1987 年 Bourjaily v. U.S. 案，等等。③在 1987 年 Bourjaily v. U.S. 案中，被告人被控共谋经销古柯碱，与被告人

---

① Cal. v. Green, 399 U.S., 149, 156 (1970).
② 转引自王兆鹏：《美国刑事诉讼法》（第二版），北京大学出版社 2014 年版，第 456 页。
③ Dutton v. Evans, 400 U.S., 74 (1970); U.S. v. Inadi, 475 U.S., 387 (1986); Bourjaily v. U.S., 483 U.S., 171 (1987).

共谋的 Lonardo 在与政府线人交谈时，表示被告人有参与经销，这段对话为警方合法录音。审判中检察官传唤讯问 Lonardo 作证，但其以拒绝作证权拒绝陈述。检察官于是引用了录音带作证，被告方主张录音证据违反了对质诘问权，审判法院遂依据"共谋者陈述"为传闻法则的例外，准许录音带作为证据。联邦最高法院维持了被告人有罪的判决，并指出共谋者陈述为传闻法则根深蒂固的例外，其证据的真实性不容置疑，使用该共谋者陈述不违反对质诘问权。① 美国联邦最高法院认为，在这些判例中，证人审判外陈述，若符合传闻规则"根深蒂固"的例外，即使被告人在审判中或者证人陈述当时没有对证人诘问，且证人也没有不能到庭作证的情形，但因为该陈述具备"真实性标记"（indicia of reliability），使用该审判外陈述为证据，不违反被告人的对质诘问权。据此，王兆鹏教授认为，按照联邦最高法院的判决意旨，似乎对质诘问权的本旨为"真实性"理论，只要审判外陈述具有真实性的保障，即可取代对质诘问权的功能，至于被告人是否有机会进行对质诘问，已非所问。②

不过，2004 年在 Crawford v. Washington 一案中，联邦最高法院在"真实性担保理论"之外，又增添了"防止政府滥权理论"。该案被告人被指控伤害罪，警察讯问其妻子时全程录音，审判中法庭裁定该陈述虽不符合根深蒂固的传闻例外，但因为该陈述与被告人警讯陈述内容（即被害人未携带凶器）几乎完全一致，具备"特殊的可信性担保"，可以成为审判中的证据。州最高法院维持了地方法院判决，但联邦最高法院判决以该陈述为证据，违反了被告人的对质诘问权。③ 在联邦最高法院看来，符合传闻例外的陈述作为证据，是否会违反对质诘问权，关键在于该陈述是否为具有"供述"（testimony）性质的陈述。

---

① Bourjaily v. U.S. 483 U.S., 171 (1987).
② 王兆鹏：《美国刑事诉讼法》（第二版），北京大学出版社 2014 年版，第 462 页。
③ Crawford v. Washington, 541 U.S., 36 (2004).

如果审判外的陈述不具有"供述"的性质（大部分的传闻例外属于这一类型），比如商业记录、共谋者陈述等，州政府可以自行发展证据规则，以该陈述为证据并不违反对质诘问权。反之，如果传闻具有"供述"的性质，那么必须符合两个条件：（1）证人有"未能作证"的情形；（2）被告人先前有诘问的机会。至于在众多的传闻例外中，如何界定何者为具有"供述"性质的陈述，联邦最高法院表示该问题非本案争议，可以留给将来的判决解决，但是又在本案中宣示，下列审判外的陈述皆为具有"供述"性质的陈述，系宪法对质诘问权所欲防治的主要对象：证人预审中的陈述、大陪审团之陈述、其他审判中的陈述以及警讯中的陈述。① 对于这些法庭外陈述，除非该陈述人有"未能作证"的情形，且在先前有被诘问的机会，否则以这些陈述为证据，违反了被告人的对质诘问权。

最为重要的是，美国联邦最高法院在本案的判决中指出，对质诘问权的最终目标在于确保可信性，而所谓的可信性，指的是"程序上"有可信性的担保，不是"实体上"的可信性担保。依照宪法的要求，要确保证据的可信性，必须经过特定的方式评定，而此一方式即为借助于交叉询问的考验。② 由此可见，尽管对质诘问权的目标也在于确保真实性，但是在审判外陈述具备了真实性保障的情形下，这一宪法上的对质诘问权并不是可有可无的点缀，恰恰相反，在关于什么情形下才具有真实性保障的评定上，美国联邦最高法院的态度是必须保障程序上的对质诘问权，只有经过对质诘问之审判外"供述"（testimony），才具备了真实性保障的前提条件。如此，在审判外陈述的真实性保障之上，实现程序公正与实体公正的统一，并对政府滥用未经对质诘问之庭前"供述"（testimony）作为定罪依据构成限制，也因此被学者称

---

① 王兆鹏：《美国刑事诉讼法》（第二版），北京大学出版社 2014 年版，第 463 页。
② 王兆鹏：《美国刑事诉讼法》（第二版），北京大学出版社 2014 年版，第 463 页。

为"防止政府滥权理论"。

四、对传闻规则规制方法的思考

（一）对传闻证据规则的几个总结

英美法系国家数量庞杂、种类繁多的传闻证据及其例外规则作为派生性资料的处理技术，构成了法庭外陈述，当然包括庭外书面陈述在刑事诉讼程序中的运用规则和方法。关于对传闻规则的考察，我们可以作出几个方面的总结和归纳。

首先，由于传闻的例外规则不仅复杂，而且数量庞大，加之法院在审理过程中还可以根据"概括性的传闻例外"考量传闻证据的重要性，在其不可替代的情形下，为司法正义的实现也可以裁量法庭外陈述作为证据。因此，传闻证据规则看似要求十分严格，但其例外规定仍然使得大量的庭外陈述包括书面笔录等资料进入庭审程序作为证据使用。其次，从传闻证据规则的形成及其例外情形来看，排除传闻的依据在于其无法经由对质诘问而保证其真实性，故而在庭外陈述获得了真实性的情况保障之下，为了真实发现的目的将其作为证据使用也是符合传闻证据规则之目的的。再者，真实性的情况保障并不是传闻证据可采的唯一要求，对质诘问权作为被告人的宪法性权利对传闻证据之例外使用依然构成重大障碍。不过，在我们对对质诘问权的梳理和考察之后，发现对质诘问权的最终目标也是在于确保可信性，尽管被告人"面对面"的权利要求在很大程度上是人类的本能要求，是公平审判的基本要素，但是在 Maryland v. Craig 一案中，被告人与证人面对面的权利致使被性侵的小女孩无法作证陈述，联邦最高法院因个案之特殊情形而对该"面对面"对质的权利予以限制，可见在联邦最高法院看来对质诘问权在特殊情形下也是可以限制的。最后，联邦最高法院 2004 年在 Crawford v. Washington 一案的判决中为对质诘问权的理论基础又增添"防止政府滥权理论",也让我们认识到当传闻的例外情形与对质诘问权相冲突的时候,"真实性担保理论"并不足以确保传闻例外不违反对质诘问权,而应当审视审判外的陈述是否具有"供述"(testimony)的性质而定。对于证人预审中的陈述、大陪审团之陈述、其他审判中的陈述以及警讯中的陈述等等这些实务中经常遇到的传闻证据,其作为证据使用的前提仍需保障被告人对质诘问权的行使。

(二)对传闻证据规则运行的制度背景之审视

对英美传闻规则的评价除了从传闻规则本身来分析外,还应当从英美法系国家刑事审判的背景和特点来审视。比较法学者达马斯卡教授在其《漂移的证据法》一书中已经为我们的分析架构了基本的框架,即英美法刑事审判程序主要表现为二元式的审判法庭、集中型的诉讼程序以及当事人主导型的证据调查。[①] 传闻规则及其例外作为英美证据法的重要构成,其目的是服务于英美法系国家的刑事审判,即为何、如何且何以能够将不合适的审判外陈述阻断于事实认定者面前。

首先,二元式的审判法庭结构优化了传闻证据的排除途径。作为法律门外汉的陪审员所组成的陪审团负责案件事实的认定,而专业法官则负责审判的组织工作,对陪审团予以指示,对当事人双方出示的证据是否具有证据能力作出裁判,以免不具有证据资格的材料"污染"到陪审员的事实认定活动中来。正是因为二元化法庭的分工,专业法官首先判断传闻证据是否可采,如果传闻证据不具有可采性,陪审团甚至于不知道有这样的证据存在。[②] 因此,传闻证据作为证明信息的载体,可能因为该载体的不可信或其他原因而被审判法官排除,陪审团

---

① 米尔建·R.达马斯卡:《漂移的证据法》,李学军等译,中国政法大学出版社2003年版。
② 传闻证据不能作为实质证据,但可以作为弹劾证据的情况下,陪审团也会接触到这些不具有证据能力的传闻证据,不过审判法官应当指示陪审团,这样的证据只能用于弹劾,不得作为证明该陈述事项的证据。

也就不会因接触到这些传闻证据,导致过于重视这些信息载体所承载的证明信息,而忽视了信息载体本身的不可信性。在这样的二元法庭机制下,传闻规则才可以较好地实现其排除不具有可信性的庭外陈述,同时又不会对案件事实的认定者带来"污染"的效果。

其次,集中型的诉讼程序对传闻证据的排除起到了强化作用。达马斯卡教授曾这样分析:当证人复述其他人在法庭外的陈述时,或者当书面证据中包含这种陈述时,在大陆法系宽松的诉讼氛围下,有足够的时间寻找到这个人,如果有必要的话,还可使他在下一个程序阶段出庭作证。如果这个人的法庭证言与传闻证据引证的证言不同,法庭已经听到了他们两个人的证言,这样,法庭能够评估两者的相对真实性。而且,如果一审法庭信赖传闻证据,那么由于大陆法系上诉法庭对事实问题的重审,使法庭有机会再次审查与传来证据可靠性有关的信息。当庭诉辩式审判程序则引发了对传闻的不同态度,如果在这种背景下二手信息被自由采纳,受影响的当事人很少能够有足够的时间找到并提出原始陈述者。[1]尽管英美法系集中型的诉讼程序在现代来看已经有所销蚀,庭前准备活动也越来越充分,"当庭诉辩式"程序也已渐行渐远,但其程序的遗存和惯性仍旧发挥着作用。除此之外,英美法系刑事程序中缺少对事实裁判进行审查的常规机制,也是排除传闻证据的制度因素。[2]

再者,当事人主导的证据调查也需要对传闻证据进行排除。这可以从公正因素和认识论两个方面来认识。一方面,对抗式诉讼程序注重当事人双方的平等武装,程序机制注重保障双方的合法权益,如果允许传闻证据自由进入事实认定活动中来,这就剥夺了对方当事人诘

---

[1] 米尔建·R. 达马斯卡:《漂移的证据法》,李学军等译,中国政法大学出版社 2003 年版,第 89—90 页。

[2] 米尔吉安·R. 达马斯卡:《比较法视野中的证据制度》,吴宏耀等译,中国人民公安大学出版社 2006 年版,第 255 页。

问不利于己的证人的机会,并轻易打破双方的利益平衡,因此,在对抗制程序中不愿使用传闻证据与公正因素相关。另一方面,从认识论的视角来看,由于诉讼的结果与各方的利益密切相关,当事人基于利益驱动,即使已经找到了认识论意义上最佳的手段——原始证据,但是如果使用传闻证据对己方更有利的话,当事人就会积极把这些派生证据引入事实认定活动中来。因此,与公正方面的考虑不同,对派生材料的限制变成了一种手段,据此,法庭能够迫使当事人双方使用认识论意义上最为理想的证据。①

总体而言,传闻证据规则与英美法系刑事诉讼的诸多制度背景和特点相契合,如果脱离了当事人主义刑事诉讼这一制度背景,传闻证据规则既可能无法切实地将传闻的影响排除于事实认定者之外,同时,也可能无法获得在当事人主义刑事诉讼中的认同和地位。

第二节 大陆法系国家规制笔录资料的方法

庭前笔录资料的证据运用在大陆法系国家有着悠久的历史。虽然早在英国法官确立传闻规则若干世纪以前,罗马—教会法②的司法活动中就已经出现了对派生资料的限制。不过,与几百年后的英国法官不同,罗马—教会法学者并未将对派生材料的限制从口头证据扩张到书面材料。尽管他们已经认识到依据书面材料中"死的陈述"存在种种危险,但是关于传闻证据的明确限制却只适用于证人。③事实上,书

---

① 米尔吉安·R. 达马斯卡:《比较法视野中的证据制度》,吴宏耀等译,中国人民公安大学出版社 2006 年版,第 257、258 页。
② 罗马—教会法也就是纠问式诉讼程序,因为纠问式诉讼程序起源于罗马帝国后期的法律制度,但在中世纪的教会法庭获得进一步的发展。参见 Frederic R. Coudert, "French Criminal Procedure", *Yale Law Journal* 19, 1909-1910, pp. 329-330。
③ 参见米尔吉安·R. 达马斯卡:《比较法视野中的证据制度》,吴宏耀等译,中国人民公安大学出版社 2006 年版,第 260、263 页。

面材料的运用正是来自罗马—教会法的纠问式诉讼制度的基本特征，曾经的法律格言"未转化为书面形式的东西不存于世"（Quod non est in actis, non est in mundo）①就是这一现实的真实写照。

这一秘密的并以书面化审理为特征的纠问式诉讼制度在其特定的历史时期有其必要性和合理性②，但其弊端却也随着纠问式诉讼制度在欧洲大陆的普遍化而彰显。因此，进入18世纪后，在自由主义思潮的影响下，纠问式诉讼制度受到了诸多学者和启蒙思想家的激烈批判，诉讼的书面审理就是其罪状之一。③进而在法国大革命之后逐步形成的现代诉讼制度下，庭前笔录资料的运用不再是当然的，而是受到了严格的规制。

一、大陆法系国家处理笔录资料的方法

（一）对绝对排除规则的反感

从英美法系国家的经验来看，传闻证据规则是处理派生资料的良方，既符合追求案件真实的司法目的，又不失公正因素。不过，传统的大陆法系国家并没有把构建传闻规则作为处理笔录资料的方法，其

---

① 拉德布鲁赫：《法学导论》，米健、朱林译，中国大百科全书出版社1997年版，第122页。
② 弹劾式诉讼制度下，如果受害人没有足够的胆量和力量提出自诉，或者作恶者有足够的胆量和朋友的支持，在宣誓保证人的协助下宣誓无罪，犯罪就难以受到惩罚。这种刑事程序因惯犯和中世纪晚期的拦路抢劫的骑士而不得不予以废除。相比较而言，纠问程序则以法官体现的国家追究犯罪为基础。从这个意义上讲，纠问式诉讼制度的形成也有其进步意义。参见拉德布鲁赫：《法学导论》，米健、朱林译，中国大百科全书出版社1997年版，第120页。
③ 例如，德国学者拉德布鲁赫就曾在其不朽名作《法学导论》中痛斥纠问程序下书面审判的弊端："纠问程序控制下的刑事程序成为书面审判：审判法院或接受'卷宗移送'的有权部门，仅仅根据预审法官的卷宗便作出裁判。它们依据从未亲耳听到的证人证言，对从未见过面的被告人进行判决。被控告一方不正常的举止，紧张和愤怒的表情，证言陈述中不情愿的停顿，提前背熟的流畅和急速表达，所有这些细微区别和难以描述的状况，在单调呆板的官方记录中消失得无影无踪。人们可以极为夸张地说：只有诗人才能说出真实，而不是每个书记官都具有这种神赐的能力。"（拉德布鲁赫：《法学导论》，米健、朱林译，中国大百科全书出版社1997年版，第125页）

原因可以从两个方面来认识。

其一，从大陆法系国家的视角来看，绝对排除规则对自由评价证据形成干预。从表面上看，传闻规则只是缩小了事实裁判者可以使用的证据信息范围，而不会强迫裁判者按照法定的方式对具有可采性的证据证明力进行评价。不过，如果从深层次分析，传闻证据排除是以传闻证据载体的不可信来否定传闻证据所承载的证明信息的证明力，这就形成了相关性以可采性规则为基础的标准，仍旧是事先对证明力作出了评价，这与大陆法系国家的基本态度——证据的证明力不应由法律规则预先加以规定——存在着深刻的紧张关系。①

其二，大陆法系国家普遍采用一元制法庭结构，既要裁判法律问题，又要决定事实问题，在这样的法庭结构下，如果运用传闻证据规则就无法避免事实认定者接触传闻证据以判断其是否需要排除；如果决定排除传闻证据，那么还需要将这个证据所承载的证明信息从内心当中剥离出去，而这从情理上来讲是难以实现的。当然，也可以在一元法庭之前专门设立法官来决定可采性问题，然而，这样的制度设计难道不是又回到了我们所讨论的第一个问题，即证据的证明力不应当由法律规则预先加以规定吗？况且，这样做不仅加大了司法的成本，而且极容易引起诉讼的拖延。

虽然如此，达马斯卡教授也指出，改革家并非对所有排除派生材料的证据规则都有同等程度的厌恶。他们愿意接受这样的规则：如果法庭已经拥有了原始证据，就应当禁止使用第二手材料。造成这种变化的原因是：对于派生材料，这种规则并没有作出绝对化的否定判断，而是表达了一种原始证据优于第二手材料的偏向性判断。改革家还允许以下做法：如果没有原始证据，法庭应当考虑使用派生材料，甚至

---

① 参见米尔吉安·R. 达马斯卡：《比较法视野中的证据制度》，吴宏耀等译，中国人民公安大学出版社 2006 年版，第 272 页。

于根据案件的具体情形,赋予"这些原始证据的替代者"以同等的证明力。①

(二)直接言词原则

1. 直接原则(Unmittlebarkeitsprinzip)。在限制传闻证据的方法中,大陆法系最为古老也是最为著名的方法,在起源上可以追溯到18世纪对旧制度下职司侦查的法官和报告法官的不满。基于这些不满,产生了裁判者应当直接接触据以作出判决的证据材料的做法。法律规定,所有合议庭成员都要听取证据,证人要亲自到庭作证。在大陆法系的法律文献中,这些限制一般被置于"直接原则"的标题之下。然而,这一原则就其最初的制定而言,并不反对裁判者与证据来源之间出现的所有干扰。这一规则仅仅被看作是反对"官方"干扰的武器,而不适用于传闻证人——传闻证人也是裁判者与原始信息来源之间的"干扰"。许多大陆法国家都规定了"直接原则",尽管这一原则不适用于证人,却限制了某些种类的证据——英美法系的律师称之为"书面的传闻"——的使用。②这一论述阐明了大陆法系国家直接审理原则的产生和发展,并指出了本义上的直接原则是对书面派生资料的限制,即:其反对的是"官方"在裁判者和证据来源之间的"干扰",所追求的是裁判者能够直接接触原始的证据来源,而不是经"官方"整理的书面卷宗。

直接原则包括两个方面:一个是形式的直接原则;一个是实质的直接原则。形式的直接原则是指裁判法官应当亲自参与案件的审理,未亲自审理案件的法官无权制作裁判。也就是说,"作成判决的法院,

---

① 参见米尔吉安·R. 达马斯卡:《比较法视野中的证据制度》,吴宏耀等译,中国人民公安大学出版社 2006 年版,第 273—274 页。

② 参见米尔吉安·R. 达马斯卡:《比较法视野中的证据制度》,吴宏耀等译,中国人民公安大学出版社 2006 年版,第 275 页。

其需自己审理案件；原则上其不得将证据之调查工作委托别人来完成，例如受命或者受托法官"。实质的直接原则是指"法院自己将原始的事实加以调查，亦即其并不得假借证据的代用品替代之"，"其尤其是需亲自对被告及证人加以讯问"①，或者说，"法院应当吸取证据'源泉'，不得利用它的代替物（相当于供述笔录、供述书）"。有时候也用证据调查的直接性和证据方法的直接性来表达这对关系。② 形式的直接审理原则重点约束的是法官的审判行为，而实质的直接审理原则是对刑事证据的要求，即实质的直接审理原则解决的是证据在庭审中出现的多种可能中，哪一个证据最有可能接近于案件事实，哪一个证据最有利于发现案件事实。③ 从其适用来看，实质的直接审理原则既对当事人在庭审中的证据申请（Beweisantrag，就证据而言主要是指当事人的举证行为）进行约束，也对法官的心证行为进行约束。④ 由此可见，直接原则在大陆法系的适用，从表象上来看，意味着审判法官需亲自对原始的证据方法进行调查，不能以其替代品代替之；但从其内在来看，则意味着法庭的审理活动应当尽可能地使用最好的证据或者说最佳的证据。因此，达马斯卡教授指出，经过新的解释，"直接原则"已经与英国古老的"最佳证据"规则比较接近。⑤

直接原则不仅为德国刑事诉讼法所确认，而且欧洲人权法院也在其重要判例中进一步阐明了这一原则。例如，2002 年 7 月 9 日的 PK

---

① Claus Roxin：《德国刑事诉讼法》，吴丽琪译，台湾三民书局 1998 年版，第 491 页。

② 松尾浩也：《日本刑事诉讼法》（下卷），张凌译，中国人民大学出版社 2005 年版，第 365 页。

③ Michael Stüber, *Die Entwicklung des Prinzips der Unmittelbarkeit im deutschen Strafverfahren*, Frankfurt am Main, Peter Lang GmbH, 2005, p. 47. 转引自李文伟：《论德国刑事诉讼中直接言词原则的理论范畴》，《山东社会科学》2013 年第 2 期，第 138 页。

④ 参见李文伟：《论德国刑事诉讼中直接言词原则的理论范畴》，《山东社会科学》2013 年第 2 期，第 139 页。

⑤ 米尔吉安·R. 达马斯卡：《比较法视野中的证据制度》，吴宏耀等译，中国人民公安大学出版社 2006 年版，第 276 页。

诉芬兰案（PK v. Finland, App No. 37442/97）的判决指出："本院考虑公正刑事审判要件之一也包括被告人在最终判定案件的法官面前对证人进行对质的权利。这样的直接原则在刑事诉讼中是一个重要保障。在这个过程中，法院对于证人举止与可信性的观察可能会对被告人产生重要的影响。"①

2. 言词原则（Mündlichkeitsprinzip）。言词原则又可称为口头原则或言词辩论原则，该原则是相对于书面审理原则的，指在审理过程中所有证据资料的提出应当以口头方式而不是书面方式进行。口头原则的产生也是基于书面审理的弊端，首先在法国有人主张应当采用与审判公开相并列的口头原则，后来在德国口头原则被用作批判纠问式诉讼的利器，并对口头原则与书面审理作了明确的区分。比如费尔巴哈于1821年发表的《刍议公开和口头原则》（Betrachtungen über die Öffentlichkeit und Mündlichkeit der Gerechtigkeitspflege）一书，首次在理论上明确界定了口头审理方式与书面审理方式的基本界线：

> 口头原则是一种以听和说为表现方式的方法。反之，如果一种知识本应该用其他的方式呈现，却用了书面的方式表现的，该方式则为书面原则。口头原则和书面原则的概念区别在于，思想从一个人传递到另一个人所使用的是哪一个器官，是用听和说的方式，还是用读和写的方式。直接面对面，和面对面朗读（关于自己的）书面内容的都可看作是口头的审理。而一个人用书面的方式表达他人的情况，第三人（比如法官）从该书面表达中获取（无论是通过口头陈述、朗读还是书面阅读关于第一人的）知识

---

① 萨拉·J. 萨默斯：《公正审判——欧洲刑事诉讼传统与欧洲人权法院》，朱圭彬、谢进杰译，中国政法大学出版社2012年版，第163页。

的，是为书面审理。①

因此，根据费尔巴哈的界定，证人到庭口头陈述，甚至陈述自己的书面记录都是口头审理，而如果当面口头陈述、朗读的是他人的书面内容时，也照样是间接的和书面的审理方式，故其关键则在于是否是原始证人出庭所作出的口头陈述（包括陈述自己的书面内容），其实质效果与直接原则是相当的。日本学者也指出，最初的学说和判例都把口头原则和直接原则作为统一体对待，但是不久后又认识到两者是不同的原理，只是在打破纠问式诉讼的书面审理这一点上具有共同点。口头原则是在公开法庭中诉讼关系人进行交流的方式，而直接原则是规制法院和证据之间的关系的原则。例如，在证据调查中宣读陈述笔录可以满足口头原则的要求，但是不符合直接原则的要求。②

需要指出的是，直接原则和言词原则从来都不是泾渭分明的，即使将口头原则限制于公开法庭中诉讼关系人进行交流的方式，二者之间也是有所重合的。学者指出，德国《刑事诉讼法》第261条要求作出事实认定基础的证据应当是在法庭审理中提出的，因此原则上应排除并非在庭审中提出的证据，在这个范畴之内直接原则和言词原则是有交叉的。比如2011年1月26日德国联邦最高法院（BGH）在推翻科隆州法院（LG Cologne）2009年11月4日的一则判决时指出，由于一名陪审员是俄国出生的德国籍公民，几乎不能讲德语，无法跟进诉讼程序，并且最高法院裁判这是对直接原则的违背，也就是说，虽然陪审员的语言障碍影响的是诉讼关系人之间的交流方式，但从联邦

---

① Paul Johann Anselm von Feuerbach, *Betrachtungen über die Öffentlichkeit und Mündlichkeit der Gerechtigkeitspflege*, Gießen, G. F. Heyer, 1825, p. 196. 转引自李文伟：《论德国刑事诉讼中直接言词原则的理论范畴》，《山东社会科学》2013年第2期，第140页。

② 松尾浩也：《日本刑事诉讼法》（下卷），张凌译，中国人民大学出版社2005年版，第365页。

最高法院的态度来看，这也影响到法官根据庭审中举示的证据作为裁判的依据，进而违反了直接原则的要求。①

总之，直接原则与言词原则统称直接言词原则，作为大陆法系国家审判制度的基本原则，对庭前的笔录资料在法庭上的运用构成了限制。一方面，直接原则要求法官必须亲自审理案件并直接调查原始的证据资料，不得委托其他法官进行；另一方面，言词原则又要求法庭审理必须以言词方式进行，被告人供述、被害人陈述、证人作证以及控辩双方的辩论必须以口头方式进行。在直接言词的审理原则下，刑事案件的审判不能仅仅以卷宗中记录的证据资料作为证据调查和裁判的依据，证人应当出庭作证，控辩双方以口头方式质证和辩论，法庭的裁判应当建立在裁判者对原始证据调查的基础上，而不是经过官方加工和凝练之后的笔录资料。

（三）公正审判权下的对质权要求

《欧洲人权公约》是1950年11月4日欧洲理事会通过的旨在保护欧洲全体居民公民权利和政治权利的公约。该公约第6条第3款是关于公正审判权最低限度的程序保障。根据该款的规定，凡受刑事指控者享有最低限度的程序权利，包括立即以被控告者理解的语言告知他被指控的性质和原因的权利、有适当的时间和便利准备辩护的权利、自己辩护或通过自己选择的法律援助进行辩护的权利、对质权以及请求免费翻译的权利。

由于欧洲存在诸多具有不同司法传统和文化的司法辖区，每个司法辖区都有不同的规范和评判证据的方法，尤其是证据可采性的差异更大，因此，欧洲人权法院对待证据的方法是小心翼翼的。它不断指

---

① Michael Bohlander, *Principles of German Criminal Procedure*, Hart Publishing, Oxford and Portland, 2012, p. 29.

出对于证据进行评估是国内的事务,而不是斯特拉斯堡的事情。欧洲人权委员会认为,《欧洲人权公约》第 6 条并未规定证据规则问题,特别是可采性和证明力问题,这些是各个国家国内法处理的重大问题。因此,欧洲人权法院没有能力确定"国内法院是否恰当评价了证据。而只能判定有利或者不利于被告的证据的举证方式以及诉讼程序的推进方式是否符合公正审判的要求"①。由此看来,《欧洲人权公约》之公正审判权下的对质权,从其权利的内在要求来看,是为了保障被告人能够受到公正的审判,至于审判过程中的证据可采性以及证明力问题系缔约国的国内法规范和证据评价问题,欧洲人权法院并不过问。不过,作为公正审判权最低保障的对质权要求,仍对审判外陈述,尤其是审判外的笔录资料作为证据运用构成限制。而且,从欧洲人权法院审理公正审判权以及对质权争议的案件来看,法院并没有坚持其所反复宣称的那些基础性和根本性原则,而是滑入了证据评价的"泥潭"之中。

《欧洲人权公约》第 6 条第 3 款 d 项对质权条款要求任何被诉刑事犯罪控诉之人可以询问或者业已询问对他不利的证人,并使对他有利的证人在与他不利的证人相同的条件下出庭和接受询问,这是公正审判权的最低限度程序保障。不过,如何理解和适用对质权的要求却是通过欧洲人权法院的一系列判例确立起来的。在这些判例当中,最重要的是对以下规则和标准的确定。

1. "恰当而充分"的对质机会(adequate and proper opportunity to challenge)。根据《欧洲人权公约》第 6 条第 3 款 d 项的规定,被指控人在被定罪之前,有权要求在公开庭审的场合下当面举示所有对其不利的证据,并可以对证据进行质疑。这一基本性的要求并不排斥例外

---

① 参见萨拉·J. 萨默斯:《公正审判——欧洲刑事诉讼传统与欧洲人权法院》,朱圭彬、谢进杰译,中国政法大学出版社 2012 年版,第 166—167 页。

情形，但例外不应当违背被告人的权利。因此，《欧洲人权公约》及相关判例要求在证人陈述时或者程序的后续阶段，赋予被告人"恰当而充分"的对质机会作为一般性的原则（general principle）。①

在科斯特夫斯基（Kostovski）案中，涉及对两名匿名证人证言之采纳的问题。匿名证人先由警察询问过，但都没有在庭审时候进行询问，而且，证言是在上诉人及其辩护律师不在场的情况下取得的，辩护方没有机会进行询问。欧洲人权法院认为，虽然政府意在防止证人受到恐吓，但下述利益却没有得到足够的重视：文明社会中每个人都应当保有接受中立且公正的司法程序审判的权利。因此，以匿名证人证词进行定罪和对辩护权进行限制不符合《欧洲人权公约》第 6 条的规定。欧洲人权法院在此案中也进一步认定，"只要赋予辩护方充分而恰当的机会来行使其权利"，则审前对质就是符合《欧洲人权公约》第 6 条第 3 款 d 项规定的。② 因此，从欧洲人权法院的态度来看，其所要求的对质并不要求必须在对抗和审判的前提下进行，以审前对质取代审判对质也并不影响被告人的公正审判权，关键是在程序进程中"恰当而充分"的对质机会是否得到过保障。

2. "唯一或决定性"标准（sole or decisive rule）。在对质机会的缺失是否影响到公正审判权的问题上，斯特拉斯堡当局判例法一开始就形成了一个采纳证据的标准：依据证人证词在定罪判决中作用大小来判定是否应该当庭询问证人。其含义在于被告人不必获得机会来质疑每个证人，当庭对质仅仅针对对于控方主张特别重要的证人。在许多学者看来，这一标准的形成是极为令人遗憾的，因为欧洲人权法院

---

① Guide on Article 6 - Right to a Fair Trial (Criminal Limb) (2020), 资料来源于欧洲人权法院官网：http://www.echr.coe.int/Pages/home.aspx?p=caselaw/analysis&c=#n1347459030234_pointer，2020 年 10 月 28 日最后访问。

② 参见萨拉·J. 萨默斯：《公正审判——欧洲刑事诉讼传统与欧洲人权法院》，朱圭彬、谢进杰译，中国政法大学出版社 2012 年版，第 180—181 页。

在作出认定的过程中必然涉及证据评价问题,而这与欧洲人权法院的初衷并不一致。

在安特波丁泽(Unterpertinger)案中,奥地利上诉法院被认为是以证人向警方所作的证言作为定罪的主要依据。在卡马辛斯基(Kamasinski)案中采用了相似的标准,但它是在消极意义上采用的,只要上诉人的定罪不能归因于辩护人申请传唤者,那么其不到庭就不引发违反《欧洲人权公约》第6条的问题。这一标准在范·梅赫伦(Van Mechelen)案中明确体现出来,欧洲人权法院在该案中主张:"尤其是,如果定罪判决仅仅依靠或者决定性地以证言笔录为基础,而被告人对于该证人没有在侦查或者审判中获得机会进行询问,被告人的权利受限制的程度就不符合《公约》第6条的要求。"[①]"唯一或决定性的"标准并不是一个令人满意的标准,因为根据这一标准,欧洲人权法院在审查公正审判权是否被违背的过程中必须将考察的范围延伸到全案证据以及被告人无法质疑证据之证明力。这也意味着,一旦控方所提出的审判外陈述等证据被认定为非唯一或者决定性的证据,那么没有赋予被告人质疑不利证人的机会也并不违背其公正审判权的最低保障。

3. 确保证人出庭的勤勉义务(duty to make a reasonable effort in securing attendance of a witness)。在决定审判外陈述是否是唯一或决定性的证据资料之前,应当先判断证人不能出庭作证是否具备"好的理由"(good reason),也就是说,如果证人不能出庭作出口头陈述,那么斯特拉斯堡法院有必要调查证人不出庭是否是正当的。《欧洲人权公约》第6条第1款和第3款都要求缔约国采取积极措施以保障被指控者可以对不利证人进行质问或曾经质问。如果被指控人无法行使这项权利

[①] 参见萨拉·J. 萨默斯:《公正审判——欧洲刑事诉讼传统与欧洲人权法院》,朱圭彬、谢进杰译,中国政法大学出版社2012年版,第174—175页。

是因为证人不知所踪，那么政府就必须作出适当的努力以确保证人出席。然而，法律也不能强人所难（impossibilium nulla est obligatio），假如政府履行了促使证人出庭的勤勉义务仍然无法保障被告人对质权的实现，那么此种情形下证人不到庭并不发生中止起诉的效果（discontinue the prosecution）。① 比如，在 Haas v. Germany 案中，被指控人在内国法院被定罪的主要证据就是传闻证人在法庭上转述的证人 Said S. 的庭外陈述，但是被指控人及其辩护人在程序的任何一个阶段也没有与证人 Said S. 对质过。不过，欧洲人权法院注意到，德国政府和法院为了确保证人 Said S. 出庭作证作出了足够多的努力，但由于 Said S. 本人被拘押于黎巴嫩境内，因此无法将其转移至德国境内接受质询。这样就不能将证人不到庭归咎于内国法院并进而对指控进行限制。②

由此可见，《欧洲人权公约》所要求的公正审判权之对质权最低保障，充分考虑到了缔约国之不同司法现实状况，虽然把保障被告人"恰当而充分"的对质机会确立为一般性的要求，但是在具体的适用过程中，又规定了两个前提以缓和对质权的刚性要求，首先应审查判断证人不能出庭作证是否具备"好的理由"（good reason），即是否可归咎于内国政府及法院在促使证人出庭过程中的懈怠和不作为。其次，如果内国政府及法院履行了勤勉义务仍无法保障被指控人对质权的实现，则应当进一步审查判断判决所依据之审判外的陈述是否是唯一或决定性的证据。如果不能作出此项认定，那么尽管被指控人在程序的任何一个阶段没有对证人进行过对质，也不认为该审判是一个不公平的审判并违背了公正审判权之对质权条款。申言之，构成对公正审判权下之对质诘问权的违背，需具备三个基本条件：（1）证人无正当理由不

---

① Guide on Article 6 - Right to a fair trial (criminal limb) (2020), 资料来源于欧洲人权法院官网：http://www.echr.coe.int/Pages/home.aspx?p=caselaw/analysis&c=#n1347459030234_pointer，2020年10月28日最后访问。

② Echr, Haas v. Germany, Judgment of 17 November 2005.

到庭，且缔约国政府和法院未尽促使证人出庭的勤勉义务；（2）证人审判外陈述是被告人被定罪的唯一或决定性证据；（3）被告人在诉讼程序的任何一个阶段都没有获得与证人"恰当而充分"的对质机会。

（四）正当性论证

限制使用笔录资料的另一个方法与这样的要求有关：在判决理由中，大陆法系的法官应当对事实认定作出详细的论述，并对采信特定的证据材料进行正当性论证。尽管在大革命之后，法国曾一度沉迷于下述观念：由于事实认定源自裁判者的主观信念，因此事实裁判无法展开正当性论证。但是，在欧洲现在已普遍承认，没有法律规则的约束并不意味着无须"理性地"予以正当性论证。对于先前的笔录资料，经验也告诉我们，信息的原始载体往往是最理想的信息来源，因此尽管法庭可以根据第二手材料认定事实，却需要结合本案具体情形作出相应的解释。① 比如，德国《刑事诉讼法》原则上要求证人应当口头作证，但是在例外的情形下也可以朗读庭前的笔录。对此项朗读，法律要求必须附以理由并公开之。②

上诉审查机制的普遍性也需要法庭对事实认定的依据进行正当性论证。上级法院对初审法院的正当性论证进行审查，如果他们认为这些理由不具有说服力，将会撤销原审判决。事实上，当代大陆法系的司法活动中，无论是民事诉讼还是刑事诉讼，都普遍存在这样的审查机制，有理由把这种审查机制看作是法庭自由运用笔录资料的最常见的限制。这种限制的效果主要取决于书写判决理由的技术性要求、上诉法院的严格程度等制度实践。不过，实际情况是，初审法官为采用派生材料而提供的理由（如果有的话），很少反映实际的推理过程。

---

① 参见米尔吉安·R. 达马斯卡：《比较法视野中的证据制度》，吴宏耀等译，中国人民公安大学出版社 2006 年版，第 276 页。

② 参见 Claus Roxin：《德国刑事诉讼法》，吴丽琪译，台湾三民书局 1998 年版，第 492 页。

但是，要求法官对依靠第二手材料提供表面上无可置疑的理由，即使这些理由并非裁判当时脑海中的真实想法，也将有助于遏制司法恣意。①

二、德国的立法和实践

在纠问式程序改革的过程中，如何对待和处理书面卷宗及其笔录资料就成了摆在立法者和司法者面前的现实问题。德国学者 Claus Roxin 教授指出，在19世纪立法改革中，为了去除侦查法官及审判法官的书面审理程序（邮递传送卷宗）所带来的重大缺失，德国引入了直接审理原则和言词辩论。法院借此可亲自从被告人及全部的证人和证物那里获得一印象，即针对某种犯罪行为，以"审判程序所获之结果"（德国《刑事诉讼法》第264条），以活生生的，并且是直接的感受来完成一项判决。② 由此，直接审理和言词辩论构成了规范法庭审理和证据调查的基本方法，得以在立法中体现，并在司法中适用。

（一）立法上对笔录资料的一般性限制

1. 询问本人原则。德国《刑事诉讼法》第250条询问本人原则规定被视为直接言词原则在立法中的体现："如果事实的证明基于人的感知，应当在法庭审理中询问此人。询问不得以宣读先前的询问笔录或者书面陈述代替。"③ 这一规定要求，如果要证明某人看到的事实，就不能用书面陈述或者先前的询问笔录来代替，即证人优先于书面证据。④

---

① 参见米尔吉安·R. 达马斯卡：《比较法视野中的证据制度》，吴宏耀等译，中国人民公安大学出版社2006年版，第276—277页。
② Claus Roxin：《德国刑事诉讼法》，吴丽琪译，台湾三民书局1998年版，第491页。
③ 《德国刑事诉讼法典》，宗玉琨译注，知识产权出版社2013年版，第200页。
④ 托马斯·魏根特：《德国刑事诉讼法》，岳礼玲、温小洁译，中国政法大学出版社2004年版，第184—185页。

比较法学者 Michael Bohlander 也指出，这一条款是最佳证据规则和对质规则的表述，原则性地禁止书证也就是先前陈述的使用。① 由此可见，直接原则的适用在德国也被认为是最佳证据的体现。

德国学者认为，不能以先前的询问笔录或者书面陈述代替询问，是基于两点考虑：一是证人的陈述被简化为书面记录时容易被改变，特别是在警方记录中。而且如果证人不亲自出庭，就无法接受法庭和当事人的询问。二是该条款保留了审判作为查明案情的中心环节这一特色：形成判决事实基础的任何东西都必须在审判中被"实况地"提交，单单是先前陈述的复制品是不够的。②

不过，该规则并不必然要求证人必须出席庭审接受询问，视频询问也是可以接受的。根据《刑事诉讼法》第 247a 条的规定，如果证人出席法庭作证会面临身心严重不利的急迫危险，可以通过视频接受询问。而且，为查清真相，在第 251 条第 2 款所规定之法定情形下，证人有合理理由不出庭的，或者检察官、辩护人和被告人同意宣读询问笔录的，证人也可以通过视频接受询问，而且证言应当同时以音像传递至审判庭。③ 由此可见，在通过视频对本人进行询问的情况下，虽然陈述人并不真实到庭，但法律规定之目的——确保直接言词原则——也得到了贯彻，即是说，为查清真相，法庭应当在条件允许的情况下寻求最佳的证据方法。

2. 职权调查原则。德国《刑事诉讼法》第 244 条第 2 款职权调查原则也要求"为查清真相，法院依职权应当将证据调查涵盖所有对裁判具有意义的事实和证据材料"，根据德国法院的相关判例，为查明真

---

① Michael Bohlander, *Principles of German Criminal Procedure*, Hart Publishing, Oxford and Portland, 2012, p. 158.

② 托马斯·魏根特：《德国刑事诉讼法》，岳礼玲、温小洁译，中国政法大学出版社 2004 年版，第 185 页。

③ 参见《德国刑事诉讼法典》，宗玉琨译注，知识产权出版社 2013 年版，第 198、200—201 页。

相，法院有义务获得尽可能好的证据。① 因此，根据这一职权调查原则的要求，法院也应当优先运用原始的证据方法，而不是其替代品。② 比较法学者 Michael Bohlander 也指出，德国《刑事诉讼法》第 244 条第 2 款所规定之法院查明真相的重要职责（overarching duty）始终应当铭记在心，即使对第 250 条询问本人原则的例外是法律所明确规定的情形，但是在个案中，法院也可以不受这些例外情形规则的约束，而是寻找最好的证据。③

（二）例外可以宣读笔录的情形

直接言词原则对庭前笔录资料的限制运用是原则性的规定，在特殊的情形下也是允许例外情形的，这些例外具体表现为根据《刑事诉讼法》第 249 条至第 255 条的相关规定以及在部分司法判例所确认之情形下，法庭可以宣读笔录：

1. 宣读庭前法官询问笔录和非法官询问笔录。当证人、鉴定人或者共同被指控人无可避免地不能到场接受询问时，则其先前的法官询问笔录，有时也可以是非法官询问笔录，以及其他的书面陈述说明等

---

① 参见《德国刑事诉讼法典》，宗玉琨译注，知识产权出版社 2013 年版，第 193—194 页；也参见 Michael Bohlander, *Principles of German Criminal Procedure*, Hart Publishing, Oxford and Portland, 2012, p. 158。

② 按照达马斯卡教授的解释，虽然德国制定法没有对传闻证人的限制，但是德国《刑事诉讼法》第 244 条第 2 款之职权调查原则对使用传闻证人构成了限制。根据该条款的要求，如果德国法官对传闻证人进行询问而拒绝传唤最初的陈述人（如果该证人能够找到的话），那么，在向上诉法院论证这一疏漏的正当性时，他将面临很大的困难。确实，法律规则没有规定，原始证人比传闻证人更值得信赖。但是，经过中转环节之后，证据将增添诸多原始证言不会有的错误诱因。因此，法律规定，法官应当对为什么要依靠传闻证据作出解释。如果这一解释不能令人满意，上诉法院将会以违背"澄清义务"（duty to clarify the case）为由撤销初审法院的判决。比如可参见 Judgement of Oct. 30, 1951, 1st Strafsenat, 1 BGHSt 373, 375; 17 BGHSt at 382。转引自米尔吉安·R. 达马斯卡：《比较法视野中的证据制度》，吴宏耀等译，中国人民公安大学出版社 2006 年版，第 283 页。

③ Michael Bohlander, *Principles of German Criminal Procedure*, Hart Publishing, Oxford and Portland, 2012, p. 158。

笔录资料可以被朗读。

一方面，根据德国《刑事诉讼法》第 251 条第 1 款之规定，先前的法官询问笔录以及非法官询问笔录都可以被朗读，即在下列情形下，对证人、鉴定人或共同被指控人的询问，可以通过宣读询问笔录或含有其所作书面陈述的证书代替：（1）如果被告人有辩护人，且检察官、辩护人和被告人对此同意；（2）如果证人、鉴定人或共同被指控人死亡，或者出于其他原因在可预见的时间内不能接受法院询问；（3）只要笔录或文书涉及财产损害的存在状态或额度。① 需要注意的是，只有在当证人、鉴定人或共同被指控人实际上无法到场接受询问时，才可以以朗读笔录代替询问。根据德国法院的判例，对于其他原因致使在可预见的时间内不能接受法院询问，这些情况也包括严重疾病，作证将会对证人及其家属之生命和身体带来胁迫危险的，或者证人开始作证时发生严重疾病的等。②

另一方面，根据德国《刑事诉讼法》第 251 条第 2 款规定，只有先前的法官的询问笔录可以被朗读，即在下列情形下，对证人、鉴定人或共同被指控人的询问，可通过宣读先前法官询问的笔录代替：（1）因患病、虚弱，或者其他无法排除的障碍，证人、鉴定人或者共同被指控人在较长时间或者不确定时间内无法到场参加法庭审判；（2）因路途遥远并鉴于其陈述的重要程度，不能苛求证人或鉴定人参加法庭审理；（3）检察官、辩护人和被告人同意宣读。③ 不过，在与本条第 1 款相对比后，学者也指出，"二者之间真正具有意义的区别在于该条款第二种情形，即：因路途遥远并鉴于其陈述的重要程度，不能

---

① 《德国刑事诉讼法典》，宗玉琨译注，知识产权出版社 2013 年版，第 200 页。
② Michael Bohlander, *Principles of German Criminal Procedure*, Hart Publishing, Oxford and Portland, 2012, p.158.
③ 《德国刑事诉讼法典》，宗玉琨译注，知识产权出版社 2013 年版，第 200 页。

苛求证人或鉴定人参加法庭审理"①。由此可见，相比较于非法官的询问笔录，立法对法官的询问笔录可以朗读的限制条件相对宽松，在证人、鉴定人或者共同被指控人因路途遥远，而其陈述的意义又不大的时候，可以对先前的法官询问笔录予以朗读，但非法官的询问笔录则不在此列。

2. 同意下的宣读笔录。根据德国《刑事诉讼法》第251条第2款的规定，在检察官、被告人和辩护人同意的基础上也可以宣读法官询问笔录。而且根据该条第1款的规定，有辩护人的被告人，经被告人、辩护人和检察官的同意，甚至可以宣读非法官询问（警察或者检察官的询问）的笔录或包含被指控人书面陈述的证书。

根据联邦最高法院的相关判例，要能使这类书面文件被朗读，必须要有一附具理由的法院裁定，而且，联邦最高法院还认为该项同意亦可能以默认的方式表达。这也引起了学者的质疑，因其将导致该同意的必要性转变为提出异议的义务。总之，只要是法律规定需要就发现真实的目的作一本人亲自的询问时，则法院的澄清事实之义务即需禁止以朗读代替询问。② 由此看来，法院并不受诉讼各方之同意笔录宣读的约束，而是为了发现事实真相，可依职权将证据调查延伸到所有对于真实发现具有意义的事实和证据，比如亲自聆听证人作证，而不是命令朗读笔录。

3. 帮助回忆的情形下宣读笔录。根据德国《刑事诉讼法》第253条第1款的规定："证人、鉴定人表示无法回忆某项事实时，为帮助其回忆，可以宣读先前对其询问的笔录中与此有关的部分。"③ 比如，德国联邦上诉法院的相关判例也确认，当警察到庭作证，但宣称记不清案

---

① Michael Bohlander, *Principles of German Criminal Procedure*, Hart Publishing, Oxford and Portland, 2012, p. 159.
② 参见 Claus Roxin：《德国刑事诉讼法》，吴丽琪译，台湾三民书局1998年版，第494页。
③ 《德国刑事诉讼法典》，宗玉琨译注，知识产权出版社2013年版，第201—202页。

件细节时，法庭通常会宣读该警官的陈述记录。① 同时，根据该条第 2 款的规定："如果询问中出现与先前陈述矛盾，在不中止法庭审理的情况下，无法以其他方法加以确定或消除，亦可按前款规定为之"，即按第一款的规定宣读先前对其询问的笔录中与此有关的部分。

需要注意的是，按照该条款的规定，非法官询问笔录也是可以宣读的，不过宣读笔录只是代替了笔录制作人（比如作出询问的警察）作为传闻证人出庭作证，并不能代替出庭的证人、鉴定人。因此，一旦证人、鉴定人在宣读之后可以记起并进行实时口头陈述的，其所作出的口头陈述当然也是合法的和高度相关的。②

4. 法官笔录中的被告人陈述之宣读。根据德国《刑事诉讼法》第 254 条第 1 款："为就供认作证据调查，可以宣读法官笔录中记载的被告人陈述。"③ 根据学者的解释，此项宣读旨在法庭为确定被告人是否曾为自白。如果曾为自白，那么被告人对起诉书的指控供认到何种程度，以及被告人供认的内容为何。④ 同时，该条第 2 款的内容，即"如果询问中出现与先前陈述矛盾之处，在不中止法庭审理的情况下，无法以其他方法加以确定或消除，亦可按前款为之"⑤，也承认可以宣读法官笔录中记载的被告人陈述。

对此，比较法学者 Michael Bohlander 指出，该条款只是限于法官笔录，而其他的笔录，特别是警察的询问笔录并不适用，而且，按照通行的观点，即使在被告人同意的情况下也不能宣读。⑥ 事实上，这一

---

① 托马斯·魏根特：《德国刑事诉讼法》，岳礼玲、温小洁译，中国政法大学出版社 2004 年版，第 186 页。
② Michael Bohlander, *Principles of German Criminal Procedure*, Hart Publishing, Oxford and Portland, 2012, p. 159.
③ 《德国刑事诉讼法典》，宗玉琨译注，知识产权出版社 2013 年版，第 202 页。
④ Michael Bohlander, *Principles of German Criminal Procedure*, Hart Publishing, Oxford and Portland, 2012, p. 160.
⑤ 《德国刑事诉讼法典》，宗玉琨译注，知识产权出版社 2013 年版，第 202 页。
⑥ Michael Bohlander, *Principles of German Criminal Procedure*, Hart Publishing, Oxford and Portland, 2012, p. 160.

对被告人警询笔录的严格禁止不仅表现于德国的刑事程序中，按照达马斯卡教授的观点，在大陆法系的法律制度下，只有被告人的有罪供述，不能通过阅读警察制作的卷宗加以证明，这一限制是一例罕见的绝对排除规则，法律之所以如此规定，既是基于保障公民权利的考虑，也是为了保证事实认定的准确性。①

5. 音像记录之播放。证人询问过程中所制作的音像记录，与先前之陈述笔录一样也可以在相同的例外情形下播放，并用于同样的证据目的。因此，根据《刑事诉讼法》第255a条第1款的规定，对于播放询问证人的音像记录，相应适用第251条、第252条、第253条和第255条关于宣读询问笔录的规定。

音像记录的播放还可用于对作证的未成年人进行特别保护的场合。根据《刑事诉讼法》第255a条第2款的规定："在审理侵犯性自主决定权或针对生命犯罪行为的程序中，或在审理虐待受强制保护者或《德国刑法》第232条至第233a条规定的针对个人自由的犯罪行为的程序中，如果被告人及辩护人曾有机会参与对未满十八周岁证人的先前的法官询问，可以播放该询问的音像记录来代替对该证人的询问。此规定亦适用于此等证人，即其为上述犯罪行为之一的被害人且在行为时未满十八周岁。法院在裁决时亦应考虑证人值得保护的利益，并应当公布播放的理由。"② 不过，根据联邦最高法院的态度，该条款所规定之证人仍然可基于法官的裁量而进行补充性现场作证，而且如果一方当事人提出新的事实，证人此前未就此而被听取证言的，也准许补充询问该证人。③

---

① 米尔吉安·R. 达马斯卡：《比较法视野中的证据制度》，吴宏耀等译，中国人民公安大学出版社2006年版，第278页。

② 《德国刑事诉讼法典》，宗玉琨译注，知识产权出版社2013年版，第202—203页。

③ Michael Bohlander, *Principles of German Criminal Procedure*, Hart Publishing, Oxford and Portland, 2012, p.161.

6. 法官勘验笔录等文书性书面材料。根据《刑事诉讼法》第249条的规定："证书以及其他作为证据材料的文书应当在法庭审理中宣读。此规定特别适用于先前的刑事判决、犯罪记录、教会记事录以及个人情况登记档案之摘要，亦适用于法官勘验笔录。"由于这一类书面材料一般而言并不是言词性的陈述记录，一般情形下不具有可以"活生生地"或者以"生动鲜活的语言"表达的情状，对庭审法官而言也没有举止观察和询问之必要，且其本身的可信性比较高，更类似于美国《联邦证据规则》第803条款之传闻例外，故而可以在庭审中宣读。

需要注意的是，在刑事诉讼中勘验可以在程序的每一阶段进行，故警察、检察官都可为勘验笔录，不过只有法官勘验笔录可以作为例外而宣读。这是因为法官在审判程序中所实施之勘验笔录是依《刑事诉讼法》第273条制作的，自然可以宣读。而法官在审判程序外实施勘验（如受命或受托法官进行）之笔录之所以也可以宣读，或是由于如不马上进行勘验，则极有可能会丧失该项证据；或是由于如果等到审判程序开始再由诉讼参与人去探勘一距离甚远的犯罪现场太过麻烦或所费不赀；而且立法者也对审判程序外所进行之勘验规定了比较轻松的在场权（《刑事诉讼法》第168d条、第225条），以此来弥补这项对言词辩论原则的违反。① 与此相反，警察或检察官之勘验并没有在场权的要求，故只有法官之勘验笔录可以勉为宣读。

（三）对德国法处理笔录资料的总结和思考

1. 直接言词原则的适用对庭前笔录资料构成严格限制，不过在原始的陈述者到庭的前提下，先前询问笔录仍然可以运用。对于德国法对笔录资料的立法规制，比较法学者 Michael Bohlander 指出，对于书面材料，德国法的态度超越了大陆法系国家的一般理念，并与英格兰

---

① 参见 Claus Roxin：《德国刑事诉讼法》，吴丽琪译，台湾三民书局1998年版，第305页。

和威尔士法保持一致,即认为在没有以"人"为中介(human agent)将其引入庭审的情形下,原则上是不同意这类书面材料独立作为证据的,也就是说,如果某一书面材料被用作证据,那么原则上应当是伴随着证人、鉴定人出庭并就其形成和可信性作证的,除非符合法律的例外情形。[①]事实上,这一规制书面资料的态度和方法,也正是直接言词原则对刑事程序的基本要求,即原始的证据方法与其替代品之间是处于一种优先的地位,德国《刑事诉讼法》第250条询问本人原则只是禁止用书面陈述或者先前的询问笔录来代替对证人、鉴定人以及共同被指控人的询问,不过这并不是说书面陈述或者先前的询问笔录等书面材料就应当予以排除,进而不具有证据能力——这是英美法排除书面传闻的规则。直接言词原则对庭前笔录资料并不存在这样的排除目的,而只是表达了相对于原始的证据方法,它们不是最佳的,故而不能替代原始证据方法。而一旦原始的陈述人出席法庭口头作证,那么其庭前的询问笔录或者书面陈述也就可以进入法庭并对其当庭陈述予以补充了,德国《刑事诉讼法》第253条、第254条也正是在这个意义来讲的,作为例外情形,并没有背离直接言词原则太过遥远,因为陈述者本人就在法庭,故庭审法官仍可以对其庭前陈述之记录予以询问,并观察其举止表现。也因此,达马斯卡教授也指出:"在德国,除极少数例外情形,书面传闻都有可采性。在英美法系,情形刚刚相反:书面传闻应当予以排除是一般原则。"[②]

2. 直接言词原则是对审判行为和证据调查的要求,其着眼点是庭审法官对事实的认定活动。从其适用的具体情况来看,其核心的特征表现为法官对陈述人行为举止的观察、证据调查以"活生生的"方式

[①] Michael Bohlander, *Principles of German Criminal Procedure*, Hart Publishing, Oxford and Portland, 2012, p. 157.

[②] 米尔吉安·R. 达马斯卡:《比较法视野中的证据制度》,吴宏耀等译,中国人民公安大学出版社2006年版,第280—281页。

或者以"生动鲜活的"语言进行,以及庭审法官对陈述者的询问可能。因此,证人、鉴定人以及共同被指控人出庭作证,其关键在于保障事实裁判者对证据之调查可以建立在直接的感受之上并进而形成心证;同时也在于保障事实裁判者可以对调查之人证进行直接的提问,以消除心证形成过程中之疑虑。在这一事实和证据的调查过程中,庭审法官对事实的发现是核心之处,它不同于英美法之传闻法则,其关键在于保障了当事人的交叉询问权。也因此,被告人与不利证人的对质在当事人主义刑事程序中是一项基本的权利,而在德国以及其他大陆法国家的刑事诉讼法律规范中,对质则不是一项权利,而是视法官的职权调查是否必要,例如德国《刑事诉讼法》第58条第2款规定,"如果对质对嗣后程序看来有必要,准许在侦查程序中让证人与其他证人或被指控人对质",① 其目的旨在为查清事实真相服务。当然,也正是在这个意义上,《欧洲人权公约》公正审判权下的对质权要求才更有必要,它将质问不利证人视为被告人之公正审判权的最低保障。

3. 限制书面传闻证据,不排除口头传闻。德国《刑事诉讼法》所确认的直接言词原则只是将限制的范围局限于书面的替代品,即官方文档之类的证据(普通法称之为书面传闻)。故而,在德国刑事司法中传闻证人出庭作证就不足为奇了,例如从线人处得知与审判有关事件的警察出庭作证。② 这种对待口头传闻的态度实际上与大陆法系国家刑事诉讼程序中证人作证多以连续的陈述方式(比如德国《刑事诉讼法》

---

① 《德国刑事诉讼法典》,宗玉琨译注,知识产权出版社2013年版,第30页。
② 用间接证人替代直接证人只需说明该直接证人无法出庭作证。在这种情况下,当事人无法询问"真正的"证人并且无法质疑其可信性,这一事实被德国法庭认为是遗憾但无法避免的副作用。德国学者指出,这种态度不符合《欧洲人权公约》第6条第3款d项的要求,该款明确赋予被告人"质疑对其不利的证人"的权利。欧洲人权法院已经反复宣告,被告人不得基于未经其质疑而是通过警察的传闻证言提供给法庭的证人证言定罪。不过,联邦上诉法院总体上已经承认该条款的有效性,但是在被告人不能质疑原始证人的情况下,仍然拒绝排除传闻证言(口头传闻),并认为法庭应以适当的谨慎评价传闻证人的证言即可。参见托马斯·魏根特:《德国刑事诉讼法》,岳礼玲、温小洁译,中国政法大学出版社2004年版,第184页。

第 69 条第 1 款)进行密切相关,因为在证人连续性的陈述过程中不可避免地会将其听到的他人陈述转述于法庭,口头传闻的限制在这种证人作证的模式下只能是不切实际的想法。①

4. 法官询问笔录的特定证据价值。直接言词原则禁止以先前的询问笔录或书面陈述替代陈述人口头作证,根据法律的规定,只允许在特定的情形下可以宣读笔录。从这些特定的情形来看,或者是因客观原因而无可避免地需要宣读笔录,或者是基于同意宣读笔录,如《刑事诉讼法》第 251 条之规定,或者是为了唤起记忆、消除矛盾而宣读笔录,如《刑事诉讼法》第 253 条、第 254 条。在这些情形下,非法官询问笔录虽然也可以宣读,但是条件极为严格,仅仅是在不得不用的场合下才可以宣读。与此相比较,法官询问笔录可以宣读的条件则宽松得多,除了非法官询问笔录可以宣读的场合以外,其他还可宣读的情形如下:(1)根据《刑事诉讼法》第 251 条之规定,证人、鉴定人或者共同被指控人因路途遥远并鉴于其陈述的重要程度,不能苛求证人或鉴定人参加法庭审理;(2)根据《刑事诉讼法》第 254 条的规定,对被告人的先前陈述,只有法官的询问笔录可以宣读;(3)根据《刑事诉讼法》第 249 条的规定,法官勘验笔录亦可宣读。

那么为何法律规范赋予法官询问笔录特定的证据价值呢?笔者以为,这是因为法官所为的询问、勘验有其制度性的保障,根据《刑事诉讼法》第 168c 条、第 168d 条的规定,法官询问被指控人时,准予检察院和辩护人在场;法官询问证人或鉴定人时,准予检察院、被指

---

① 需要进一步指出的是,尽管和英美刑事诉讼程序一样,德国《刑事诉讼法》第 229 条规定由一方当事人提名的证人和专家证人可以接受双方当事人的交叉询问,但是德国学者进一步指出这种选择在德国律师中并不普遍,而且几乎从未使用过。之所以会如此,可能与传统的审判中角色的分配有关:审判长可能将当事人询问视为对其地位的篡夺,并且是对其主持询问能力不信任的信号,而且律师在通过询问和交叉询问证人获得证据方面,既未受过培训也没有经验。法律要求双方当事人共同申请也进一步阻碍了这一在德国《刑事诉讼法》中一直被视为外来因素的有效移植。参见托马斯·魏根特:《德国刑事诉讼法》,岳礼玲、温小洁译,中国政法大学出版社 2004 年版,第 144 页。

控人和辩护人在场；法官勘验时，也准予检察院、被指控人和辩护人在场。① 因此，诉讼参与人的在场权不仅有效保障了法官询问、勘验过程中参与主体的诉讼权利，而且也能够在一定程度上保障法官调查所取得证据材料的真实性，故而法律规定对法官的询问笔录赋予了特别的证据价值。不过，仍需注意的是，即使在这样的程序保障性条件下，法官询问笔录也并非任何情形下都可以宣读，其运用仍应受到直接言词原则的制约。

5. 对实质证据和弹劾证据没有明确区分。在帮助回忆的情形下宣读笔录以及陈述不一致的情形下宣读笔录都是以特定的目的将审前询问笔录引入法庭审理过程中来，不过，一旦这些证据材料以恰当的方式引入之后，其证据目的将不再局限于引入这些证据材料的初始目标。德国学者的通说认为，这些先前陈述不仅可以用来证明附带性的事实（即证人的可信性），而且还可以用来证明与案件结果有关的其他任何事实。如果换成普通法的术语，亦即，证人先前的不一致陈述，既可以用来弹劾证人，也可以用以实体法目的。② 可见，在德国刑事程序中，先前陈述笔录引入法庭审判之后并不作实体证据和弹劾证据的严格区分。这是因为证据信息只能用于特定目的的法律规范，与大陆法系大革命之后形成的自由心证理想是冲突的，即法律不得干预或者以规则约束事实裁判者内心确信的形成过程。

三、法国的立法和实践

刑事案卷笔录在法国刑事程序中的运用可谓源远流长，直到大革

---

① 法官询问证人、鉴定人，进行勘验时，被指控人的在场可能危及调查目的，该在场权也可以排除。参见《德国刑事诉讼法典》，宗玉琨译注，知识产权出版社2013年版，第170页。

② 米尔吉安·R. 达马斯卡：《比较法视野中的证据制度》，吴宏耀等译，中国人民公安大学出版社2006年版，第279页。

命以前，也与德国一样实行秘密的、书面的纠问程序。大革命之后，现代诉讼制度的雏形逐步形成，书面的纠问程序得以改革，并在庭审程序中确立了控诉式诉讼模式的三大特征：法庭辩论的公开性、言词性与对抗性，因此，庭前笔录的宣读和证据运用不再被视为当然，而是受到法庭辩论口头进行原则的制约。

（一）立法和判例对笔录资料的规制

法国刑事程序要求刑事审判严格地执行法庭辩论的言词性原则。据此，法国《刑事诉讼法》第 452 条规定："证人应当口头作证。但是，在特殊情况下，经审判长允许，证人亦可借助文件作证。"① 由此，确立了证人应当口头作证的一般性原则。第 435 条至第 439 条对证人出庭作证制度、强制证人出庭制度予以详细规定，旨在促使证人出庭作证。② 由此可见，法国的立法规定是从证人出庭作证的一般性原则和制度性保障上为口头辩论原则的实现构建现实的路径，并对庭前笔录的运用构成一般性的限制。

而且，言词辩论原则也要求法庭裁判的作出必须以庭审过程中提出的并经过当庭辩论的证据为依据。根据《刑事诉讼法》第 427 条第 2 款的规定："法官只能以在审理过程中向其提出的，并在其当面经对席辩论的证据为其作出裁判决定的依据。"③ 由此对法庭裁判的证据范围也进行了限制，即只能是庭审中提出的并经对席辩论的证据材料，而庭前的案卷笔录虽然为首席法官所知悉，但如不能以合理的方式在法庭审判中提出并经对席辩论，也是不能成为事实认定的证据基础的，如此就从事实认定依据的范围上对庭前笔录的运用构成了限制。

除了法律规范之外，欧洲人权法院就针对法国提出的三起申诉案件，

---

① 《法国刑事诉讼法典》，罗结珍译，中国法制出版社 2006 年版，第 295 页。
② 《法国刑事诉讼法典》，罗结珍译，中国法制出版社 2006 年版，第 292—293 页。
③ 《法国刑事诉讼法典》，罗结珍译，中国法制出版社 2006 年版，第 292 页。

即德尔塔申诉案（Delta v. France）、卡尔多申诉案（Cardot v. France），以及赛迪申诉案（Saïdi v. France）的判决，也对庭前笔录资料的运用构成限制。[1] 按照欧洲人权法院反复重申的观点，证据的可采性和证明力问题是国内法院的事务，欧洲人权法院不予过问，但是可以判定有利或者不利于被告的证据的举证方式以及诉讼程序的推进方式是否符合公正审判的要求。这一要求当然包括是否保障了被指控人恰当而充分的对质机会。如果未能提供并保障这一机会，那么庭前笔录的运用就是违背《欧洲人权公约》公正审判权要求的。以德尔塔申诉案为例，本案中被告人德尔塔（Delta）被诉抢劫罪，指控该罪行的关键证据是被害人及其同伴的证词。被告人德尔塔被逮捕后，受害人及其同伴立刻就指出了德尔塔正是实施抢劫的人，在随后由司法警察分别对被害人及其同伴的询问中，二人确认了德尔塔就是作案人，但都没有与德尔塔进行对质。在轻罪法院进行的一审中，德尔塔否认作案并申请与证人对质，但被害人及其同伴都没有出庭，法院仍以本案被害人及其同伴的庭前证言认定其有罪。德尔塔不服并向上级法院上诉。不过，在后来的国内法院救济中仍驳回了其依据《欧洲人权公约》第6条第3款d项要求与被害人及其同伴对质的请求，认为本案证据足以认定事实。欧洲人权法院受理了德尔塔的救济请求，在梳理了本案在国内法院的审理以及国内《刑事诉讼法》的相关规定后，认为法国国内法院未给予德尔塔及其辩护人质问对其不利证人的适当机会，德尔塔的有罪认定建立在其从未与之对质过的证人（即被害人及其同伴）的庭前证言的基础上，故而违背了《欧洲人权公约》第6条第3款d项之对质权要求。[2] 该案也加强了法国国内法以包括判例在内的形式对被指控人对质权利的保护，尤其是重罪法庭要求必须听取证词，除非有不

---

[1] Echr, Delta v. France, Judgment of 19 December 1990; Echr, Cardot v. France, Judgment of 19 March 1991; Echr, Saïdi v. France, Judgment of 20 September 1993.

[2] Echr, Delta v. France, Judgment of 19 December 1990.

可克服的困难。①

在证人口头作证的一般性原则要求下，法律也允许有例外的情形。法国学者的解释认为，证人应当口头作证，审判长不得责成证人宣读书面证词，但如证人未到庭，或者为了对出庭的证人刚刚提供的口头证词进行监督的情况，不在此限。②不过，庭前笔录在什么样的情形下可以使用，立法规范并没有明确。而且，法国《刑事诉讼法》第429条也确认了笔录或者报告具有证明价值，但是需符合法律规定的条件："任何笔录或报告，仅在其形式符合规定，制作人是在履行职责并且是在其管辖权限内，就亲自所见、所闻或所查证的事实作出报告时，始具有证明价值。"③

应该说，在对庭前笔录的规制方法上，法国刑事程序虽然要求严格的言词辩论原则，原则性地规定证人应当出庭作证，并辅以制度性的保障，但是缺乏对例外情形的明确规制，证人不出庭的情形下可否使用以及如何使用庭前笔录也很难在立法规范中找到指引，因此，从法国刑事程序的立法来看，其对庭前笔录的规制方法上可操作性不强。不过，我们并不能据此就轻易推断法国刑事程序对庭前笔录的运用是持一种开放的态度。如果刑事程序关于证人出庭作证的制度性安排在实践中能够得到严格执行，那么从其效果上来说，也是对庭前笔录的一种限制方法，只不过这一方法更多地可能需要借助于法庭在具体司法过程中的裁判。

（二）笔录资料规制与运用的现实状况

从一般的经验来看，任何一国刑事司法的实际状况都不是立法规

---

① 参见贝尔纳·布洛克：《法国刑事诉讼法》，罗结珍译，中国政法大学出版社2009年版，第497页。

② 参见贝尔纳·布洛克：《法国刑事诉讼法》，罗结珍译，中国政法大学出版社2009年版，第496页。

③ 《法国刑事诉讼法典》，罗结珍译，中国法制出版社2006年版，第292页。

范的标准成像，而是往往会突破立法规则的限制和要求。为了考察审前笔录对于庭审活动和事实认定的影响和作用，笔者选择法国刑事司法中对一起谋杀案的审判作为分析的对象。在这方面，澳大利亚学者布龙·麦基洛普（Bron McKillop）就法国刑事司法的实证研究为我们打开了一扇正视这一问题的窗口。

这是一起发生于1991年3月的谋杀案，审判活动于1993年4月进行。从麦基洛普就谋杀案的庭审观察来看，本案除了一名控方证人正处于怀孕后期而无法到庭外，案件涉及的证人包括控方证人、被指控人提供的两名熟悉其个人状况的证人（就被指控人人格状况作证）、案发后最先到现场的三名司法警察，以及专家证人（包括一名精神病专家、一名心理学专家、一名法医和一名弹道学专家）都按要求到庭，而且庭审中对证人的询问也确实是以口头方式进行。但是，麦基洛普注意到法庭宣读了因怀孕未到庭参加诉讼的证人庭前向司法警察所作的陈述笔录（在庭前调查活动中，被指控人也曾有与该证人对质的机会）[1]，而且在控方一名证人的要求下，法庭也宣读了其庭前的证言笔录，然后该证人才接受询问。而其他证人（包括专家证人）虽然是以口头方式向法庭陈述了案件具体情况，但是其陈述的内容与其庭前笔录内容并没有实质性的差异。不仅如此，从庭审中各方对证人的询问来看，以法官的询问为主，辩护律师对证人的询问并不多，控辩双方的对抗性也不明显。[2] 因此，尽管庭审是以口头方式进行，但是其内容与卷宗所记载的笔录并无实质性的差异，而且由于法国刑事庭审中

---

[1] 大陆法系国家并不太重视对提交法庭的证据进行直接——"当面"——质证的问题，这在盛行于大陆法系国家的关于在法庭上构成恰当"争论"的标准中得到反映。要求当事人应被准许就对方证据提出质疑的古老原则"兼听则明"应被解释为，只要诉讼双方有机会提供反驳证据并"对抗"对方的证明结果即可，而不必在证据被提交法庭时在场。参见米尔建·R. 达马斯卡：《漂移的证据法》，李学军等译，中国政法大学出版社2003年版，第112页。

[2] Bron McKillop, "Anatomy of a French Murder Case", *American Journal of Comparative Law*, Summer 1997, pp. 548-561.

并未规定类似于英美法的交叉询问制度，辩护律师对本来就在"重复"证言笔录的证人所进行的质询也并不彻底，期望律师经过充分质询以呈现证言巨大缺陷的愿望并不符合实际，这就造成了案件的裁判事实上最终并未脱离庭前案卷笔录的实质性影响。

　　熟悉卷宗内容的主审法官在庭审中的积极角色也加强了卷宗的实质性影响。与对抗式诉讼程序中当事人控制诉讼进程不同，大陆法系刑事诉讼中法官的作用要积极得多，而且范围广泛。在法国，法官在庭审中之所以能够有效控制程序并询问证人，其原因在于法官从程序一开始就从卷宗中知悉了所有的分歧、事实以及证言。[①] 而且，主审法官在审前研究卷宗也是其职责所在。麦基洛普注意到，对被告人以及证人的询问主要由主审法官完成，而卷宗就摆放在法官面前。检察官与辩护律师虽然也会对被告人和证人发问，但是远远不具有对抗的特点。[②] 而且，知悉卷宗材料的主审法官往往会向被告人或者证人询问他们在陈述中漏掉但与案件相关联的事实，比如在谋杀案的庭审中，法官通过询问被告人表明被告人有意选择了装有两种弹药的散弹猎枪，并论及被告人在开枪之后清理了枪支，还通过询问揭露了被告人后来藏匿枪支的事实，最后主审法官表明被告人在开枪时并非一时冲动，而是计划并算计好了一切。对此被告人没有回答。不仅如此，主审法官也会对卷宗中存在的可能对被告人有利而被告人和证人却未提及的事实向证人发问。[③] 因此，事先研究卷宗的法官经由积极询问展现了诸多庭前笔录有所记载而庭审中各方却没有口头提出的案件相关事实。

---

① Sharon Finegan, "Pro Se Criminal Trials and the Merging of Inquisitorial and Adversarial Systems of Justice", *Catholic University Law Review*, Winter 2009, p. 496.

② 达马斯卡教授注意到，在事实认定活动中，司法介入得越多，当事人双方的对抗紧张性就越低。参见米尔建·R. 达马斯卡：《漂移的证据法》，李学军等译，中国政法大学出版社 2003 年版，第 111 页。

③ Bron McKillop, "Anatomy of a French Murder Case", *American Journal of Comparative Law*, Summer 1997, pp. 548-561.

另一方面，比较法学者达马斯卡教授也注意到，尽管主审法官被禁止与其同行公开交流他从卷宗中了解到的内容，而且法律也规定在讯问被告人的过程中，主审法官不得对被告人是否有罪表露自己的意见。但是，知识的传播可以以无数其他方式进行：某种语调、暂停，或者举止中微妙的偏斜均可以向其他庭审成员提供重要的暗示。庭审成员也可能会受主审法官从卷宗中得出的见解的影响，虽然主审法官拒绝通过指出见解来源的方式对这些见解作出解释。经由此，来自卷宗的笔录资料可以轻易地影响到审判合议庭的所有成员。[①]

麦基洛普的最后总结，指出侦查在法国刑事司法中起着决定性的重要作用，而审判也无非是把侦查的结果公开展现出来。这就意味着侦查活动的特征代表了整个程序的特征，因此，侦查活动所制作的卷宗包含了后续一系列就案件所作出裁决的实质材料，并且为程序不同阶段的延展提供链接。在此基础上，作者甚至指出书面形式的卷宗意味着整个程序在实质上是书面的。[②] 应当说，这一指责与评价略有夸张的色彩，且主要是从英美法系控辩对抗式的诉讼模式出发来审视法国刑事司法。如果我们从大陆法系国家职权主义刑事审判的视角来看待这一案件，则会有完全不同的认识。一方面，从此案的证人作证的方法来看，本案的证人基本都按照要求出庭作证，唯一没有出庭的证人也有恰当的理由（怀孕后期），且在审前调查程序中也已经被指控人质证过，这不仅符合法国《刑事诉讼法》的规定，而且也不违背《欧洲人权公约》第6条第3款d项公正审判权下的对质权要求。在证人普遍出庭的情形下，只要是恰当地引入审前询问笔录，无论是恢复证人记忆还是质疑证人庭审陈述的目的，证人都可以在庭审中以口头方

---

① 参见米尔建·R. 达马斯卡：《漂移的证据法》，李学军等译，中国政法大学出版社2003年版，第99页。

② Bron McKillop, "Anatomy of a French Murder Case", *American Journal of Comparative Law*, Summer 1997, p. 582.

式作证并接受被指控人的质证，至于法庭最终是以证人当庭证言还是审前笔录作为裁判的实质依据，这是大陆法系自从大革命以后所确立的自由心证制度的问题，《刑事诉讼法》本就不应该予以规范。另一方面，大陆法系国家职权主义审判方式下，法官有责任发现事实真相（法官的事实澄清义务），主导证据调查过程，故而庭审中证人之作证主要是以法官的认知为导向的，法官的积极询问与控辩双方的消极对抗也正是这一证据调查和事实探知方法的必然结果。为了查明真相，法官可以将证据调查延展到一切与案件事实有关系的事实和证据，那么当事先研究并熟知案卷的主审法官在职司审判的过程中，发现了被告人或者证人没有提及，但在卷宗中却有记录并与案件事实的发现有关联的证据材料时，法官主动提及并对被告人和证人进行询问就是理所应当的了。事实上，这一案例也展现了大陆法系国家处理庭前笔录的方式，这种方式不是以否定其证明能力为前提，而是当这些案卷笔录以恰当的方式或者公正的程序引入庭审之后，方可将证据调查延展到这些原始证据的替代品上来。

不过，仍旧无法否认的是，麦基洛普对此案的观察的确深入揭示了法国现代刑事司法深深刻下的传统烙印，卷宗笔录与定罪在纠问式诉讼制度下的紧密关联并没有被有效阻断，立法所渴望的强化刑事庭审在诉讼活动的重心地位并经由独立而公正的审判程序确定被告人罪责问题的理想与司法的现实状况并不对等。而尤其值得我们深思的是，这种不对等性并不是直接对立法规范的违背，而是在以合乎法律规范的形式下发生的变异。①

---

① 庭前笔录的这种难以衡量但又确实存在的影响，在典型的大陆法系国家中都是较为普遍的。关于刑事卷宗笔录对德国刑事程序和司法裁判的实质影响的深入分析，参见米尔吉安·R.达马斯卡：《比较法视野中的证据制度》，吴宏耀等译，中国人民公安大学出版社 2006 年版，第 278 页。

（三）对法国法规制庭前笔录方法的思考

法国刑事程序对庭前笔录的限制与德国的刑事程序存在显著差异。从审理程序的原则要求来看，德国刑事程序确立了直接审理和言词审理原则，而且对庭前笔录的限制主要体现在直接原则上，要求在审判中的证据提出应当以原始的证据方法"实况地"进行，在此原则下明示列举笔录资料可以宣读的例外情形，可谓理论逻辑清晰，实践操作明确；在法国的刑事程序中，言词辩论原则在立法中得以确立，该原则虽然对庭审的口头辩论提出要求，但是很难涵盖到证据的提出应当以原始的证据方法进行，故而法国法在立法上就主要体现为对证人出庭的强制性要求，但是对于笔录之限制运用却缺乏具体的规则可循。不过从对法国刑事审判程序的实例考察来看，重罪法庭审理案件对口头辩论原则的坚持是非常严格的。① 由此看来，并不能因为法国刑事程序对庭前笔录的立法限制不明确就推导出其对于笔录资料是持开放而不是限制的态度。但是，不可否认的是，证人在什么样的情形下可以不出庭作证，以及证人出庭后在什么状况下可以借助于文件或笔录材料作证，也只有留待法庭来裁断。②

那么，为何在法国的刑事程序中，对于庭前笔录的规制不以制定法明确，而是蕴含在证人出庭作证问题中，并进而由法庭来裁断呢？笔者以为，这可能与法国刑事证据制度以证据自由为原则相关。根据

---

① 审判程序的言词性要求在重罪法庭的贯彻是严格的，证人一般都被要求出庭作证，庭前笔录在审判长的准许下可以辅助证人作证。所不同的是，在轻罪法庭的审理中，证人经常不出庭，庭前笔录的运用仍然是较为广泛的。参见 Bron McKillop, "Readings and Hearings in French Criminal Justice: Five Cases in The Tribunal Correctionnel", *American Journal of Comparative Law*, Fall 1998, pp. 757-783。

② 比如，法国最高法院刑事审判庭的相关判例就指出，如果证人出庭接受质询存在恐吓、报复等危险的，可以拒绝被指控人庭前证言的申请，但是法庭必须说明理由。参见 Echr, Saïdi v. France, Judgment of 20 September 1993, series A no. 261-C, §31。

法国《刑事诉讼法》第 427 条第 1 款的规定:"除法律另有规定外,犯罪可以任何证据形式认定(any type of evidence shall be admissible to substantiate a criminal charge),并且法官可依其内心确信作出判决。"可见,法国刑事程序对于证据的形式是持开放性的态度,并被称为证据自由。对于这一原则,施鹏鹏教授认为,"证据自由"(la liberté de lapreuve),即在刑事诉讼中,法律及判例原则上不对证据形式作特别要求,犯罪事实可通过各种形式的证据予以证明。证据自由解决的是证据资格或者说证据的可采性问题,并与证据自由评价及内心确信共同构成现代自由心证制度的三大支柱。① 也就是说,证据自由与证据评价自由是不同的,所涉及者只是证据之资格或者可采性问题。按照这一观点,庭前笔录只要不违反法律之规定,并按照《刑事诉讼法》第 429 条之规定具有证据价值,那么其是否可以作为犯罪事实认定的基础则由法庭裁断。如此,则诚如陈朴生教授所言:"大陆法,因采职权主义及自由心证主义,调查证据,虽属法院之职权,但证据之所以应由法院直接调查之者,即采所谓直接主义,原在使证人在法院直接调查,方得判明其证言之凭信性,形成自由心证,以判断其证明力。传闻证据,无从直接观察,其供述证据之真实性,无从判明。惟法兰西法认为传闻证据之证据能力,应由裁判官自由裁量之,法律上不加以限制,而德意志法之否定传闻证据之证据能力,其理由则在其违背调查证据之直接主义,但具有不得利用原供述者为证人之情形时,仍得为证据。"②

---

① 自由心证制度,又称为"情感证据制度",是由证据自由、证据自由评价及内心确信三大支柱所构建的证据证明制度,对应于中世纪的法定证据制度。证据自由解决的是证据资格或者说证据的可采性问题;证据自由评价解决的是证据的证明力问题;内心确信解决的是判决的形成问题。参见施鹏鹏:《刑事诉讼中的证据自由及其限制》,《浙江社会科学》2010 年第 6 期,第 40 页。

② 陈朴生:《刑事证据法》,台湾三民书局 1979 年版,第 545—546 页。

四、对大陆法系国家规制笔录资料方法的思考

大陆法系国家处理笔录资料不以可采性规则为方法,而主要是以直接言词原则和公正审判权下的对质权要求来规制,同时也体现在裁判之正当化论证上。通过对德国、法国规制庭前笔录立法之分析和实践之考察,可见两国虽然在具体的规制路径上有差异,但在效果上都实现了对庭前笔录的严格规制。那么,如何理解和认识大陆法系的规制方法呢?它们与英美法系国家相比较,又有什么值得我们深思的地方呢?

(一)大陆法系国家限制庭前笔录的原因

庭前笔录资料在英美法系国家是作为书面传闻来对待的,其排除传闻的原因在于这些笔录资料的运用无法接受当事人的对质诘问,真实性无法担保,故而不得作为证据使用。那么,大陆法系国家限制庭前笔录的原因是什么呢?在大陆法系国家,法官承担着查明事实真相的职责,因此,对证据之调查也需要以原始的证据方法进行,而笔录资料作为原始证据方法的替代品,事实认定者既无从以直接调查之方法察言观色,辨其真伪,也无从直接询问以释心中之惑,从而难以对事实形成内心之确信。因此,大陆法系国家对庭前笔录资料的限制运用也是基于事实认定的真实性考量的。只不过与英美法系国家所区别者在于,大陆法是从法官事实认定的视角出发进而限制笔录资料,而英美法是从当事人双方对质诘问的视角出发进而对庭前笔录资料予以排除,双方可谓着眼点不同,但在根本上却是一致的,即为了保障事实认定的准确性。

(二)大陆法系国家对对质诘问的态度

在庭前笔录具备了充分的真实性保障的情形下,对质诘问是否仍

是必需的？或者说，对质诘问作为被指控者面对不利证人之最基本的要求是否可加以限制呢？如前文所述，对英美法系国家传闻证据与对质诘问权的考察已经对这一问题予以回答，真实性保障理论不足以作为对质诘问权的理论基础，仍需以防止政府滥权对未经对质诘问之供述性（testimony）传闻证据加以限制，以对质诘问权保障事实认定在程序上的准确性，从而实现事实认定准确性与程序公正的统一。大陆法系的刑事程序则不同，由于法官的直接调查是查明事实的关键，而不是英美法系国家的对质诘问方法，因此，对质诘问在大陆法系国家的《刑事诉讼法》中不是权利要求，而是视证据调查是否必要。① 如果庭前笔录已具备真实性保障的，则自然无须进行对质，德尔塔案在法国的审理就说明了这一问题。在德尔塔以其定罪违背《欧洲人权公约》所要求之对质权为理由向法国最高法院刑事庭上诉后，最高法院驳回了他的上诉请求，理由就是证人庭前证言足以认定被告人有罪，因此被告人提出对证人对质的申请是没有必要的。② 由此看来，大陆法系国家在对质的问题上，坚持的是以真实查明为主导的，注重事实认定的准确性，并不注重被告人之对质与诘问的基本情感，从程序上来说是显失公正的。不过，《欧洲人权公约》关于公正审判权的基本要求补足了大陆法国家在立法上的这一缺憾，并以判例的形式对德国、法国等大陆法国家之国内立法与司法形成制约，因此，从对庭前笔录资料的限制使用上来看，大陆法系国家也具备了公正审判的基本要求。

---

① 对此无论是德国《刑事诉讼法》第 58 条第 2 款还是法国《刑事诉讼法》第 120 条都将对质视为一项调查之方法，而非被指控人之权利，是否对质视调查之必要与否而定。

② "refused this application on the grounds that those statements satisfied it that the defendant was guilty of the offences charged and made the requested examination of witnesses unnecessary." 参见 Echr, Delta v. France, Judgment of 19 December 1990, series A no. 191-A, § 21。

（三）大陆法系国家规制庭前笔录方法的效果

对于庭前笔录资料的规制方法，两大法系之间也是大相径庭的。英美法系国家，视庭前笔录资料为书面传闻，以可采性规则排除其证据能力，注重被告人对质诘问权的保障，对于其中具备真实性保障的，才以例外的形式承认其证据能力。大陆法系国家对待庭前笔录资料，不以可采性规则处理，而是以直接审理和言词辩论原则为基本方法。原始的陈述者出庭作证的情形下，其庭前笔录也可以作为辅助使用，比如证人作证漏掉了笔录中曾经记载的内容，法官可以通过询问而揭示出来。而在原始的陈述者不能出庭的情形下，法律也容许在特定的情形下为发现真实之目的宣读笔录。从表面上看来，大陆法系国家对待庭前笔录资料的态度似乎是宽容的，但从实质上看，直接言词原则的贯彻是禁止以庭前笔录代替当庭证言的，原始陈述者本人出庭作证是最佳的证据调查方法，而且从对司法实务的考察来看，证人在重大刑事案件中的出庭也是一种较为普遍的现象，庭前笔录对案件事实的认定不起决定作用。在被告人不认罪的案件中，即使是轻罪案件（例如德尔塔案），欧洲人权法院也要求缔约国应当保障被告人质疑不利证人的基本权利，庭前未经对质诘问的笔录同样不能成为事实认定的主要依据。因此，从大陆法系国家规制庭前笔录的效果上来看，与英美法系国家传闻规则相比较，也很难判断各自限制之范围大小与孰优孰劣。比较法学者达马斯卡教授也指出："就可以采纳的第二手资料的实际数量而言，德国的刑事诉讼制度与英美证据制度之间的差别，并没有我们通常想象的那么惊人。"[①] 因此，只能说不同的规制方法和路径选择是与其历史传统、制度背景、国民感情以及配套措施相关联的，故而也并不是很容易就可以互相借鉴的。

[①] 米尔吉安·R. 达马斯卡：《比较法视野中的证据制度》，吴宏耀等译，中国人民公安大学出版社 2006 年版，第 281 页。

第三节 "混合式"诉讼模式下笔录资料的处理方式

"混合式"诉讼模式是相对于大陆法系的职权主义诉讼和英美法系的当事人主义诉讼而来的概念。孙长永教授认为:当今世界刑事诉讼制度发展的一个明显趋势是不同法系之间相互借鉴,不断融合。表现在刑事庭审的构造方面,除了传统的职权主义诉讼不断借鉴当事人主义诉讼的程序规则进行"内部微调"之外,还出现了汲取当事人主义诉讼与职权主义诉讼二者各自长处的"混合式"诉讼。这种诉讼无论在真实发现方面,还是在程序推进方面,既不是主要属于当事人之间的"双方作业",也不是主要由法院独自依职权完成的"单方作业",而是控、辩、审共同进行的"三方作业"。其代表性的法例有日本法、意大利法以及我国台湾地区的审判程序。①

一、日本的立法和经验

日本近代刑事诉讼制度是在明治维新以后形成的。明治十三年(1880),日本以法国法为蓝本制定了《治罪法》。不过,后来的不断发展和完善则更多受到德国法的影响,在日本学者看来,这可能是因为:"一是人们感到在任何一个法学领域,德国法学体系理论都是超群的;二是特别是刑事诉讼法学强调实体的真实主义,正好符合日本的情况。"② 在此情形下,第二次世界大战之前日本的刑事诉讼制度主要是职权主义模式。第二次世界大战之后,在占领军的指导下,日本刑事诉讼制度无论从理念抑或诉讼结构上都发生了重大转型,并向当事人主义靠拢。这些转变在日本学者看来,是从重视处罚转变为重视保障

---

① 参见孙长永:《日本和意大利刑事庭审中的证据调查程序评析》,《现代法学》2002年第5期,第90页。
② 松尾浩也:《日本刑事诉讼法》(下卷),张凌译,中国人民大学出版社2005年版,第356页。

人权，从权力行使型的诉讼结构转变为权力抑制型的诉讼结构。① 不过，日本刑事诉讼制度的转变并非完全倒向当事人主义，而是保留了传统职权主义的一些因素，比如，在诉讼理念上以程序公正和真实发现并重，在审判程序上以"当事人追行主义"为主②，同时又以法院依职权调取证据和诉因变更命令为辅助，这使得日本的刑事诉讼制度表现出不同于英美当事人主义的"混合式"特征。

（一）日本规制书面传闻的方法

现行日本《刑事诉讼法》对书面传闻的规制借鉴了美国法。一方面经由《宪法》第37条第2款的规定："刑事被告人享有询问所有证人的充分机会，并享有使用公费依强制程序为自己寻求证人的权利"，保障刑事被告人的"询问证人权"；另一方面则在《刑事诉讼法》中规定了传闻排除规则及其例外。③ 接下来笔者将对该传闻规则及其例外予以解读和分析。

日本《刑事诉讼法》第320条第1款是关于传闻规则的一般规定："除第321条至第328条规定的以外，不得以书面材料作为证据代替公审期日的陈述，或者将以公审期日外其他人的陈述为内容所作的供述作为证据。"该条款是日本《刑事诉讼法》排除传闻证据的一般规定，

---

① 参见田口守一：《刑事诉讼法》，张凌、于秀峰译，中国政法大学出版社2010年版，第23页。
② 日本学者认为当事人主义的核心是当事人追行主义。参见田口守一：《刑事诉讼法》，张凌、于秀峰译，中国政法大学出版社2010年版，第197页。
③ 在日本法的条文中并没有使用"传闻"这一术语，其规则也与美国法相去甚远，故而有学者（小野清一郎）争议《刑事诉讼法》条文第320条并非传闻规则，而是强化了大陆法系中的直接原则。不过，松尾浩也教授认为主张直接原则的观点忽视了《宪法》第37条第2款（给予被告人询问证人的机会）的意义和《刑事诉讼法》制定的经过，故而不能作为解释现行法的原则。参见松尾浩也：《日本刑事诉讼法》（上卷），丁相顺译，中国人民大学出版社2005年版，第59页。除此之外，也有人以证人审问权利理解日本传闻规则的理论，认为传闻法则核心的反询问权是保障当事人发现真实的制度，但是根据保障反询问权说，被告人的供述笔录却是不适用传闻证据的一种情况。因为被告人到庭参与审判并不影响反询问权。参见田口守一：《刑事诉讼法》，张凌、于秀峰译，中国政法大学出版社2010年版，第309页。

需要排除的内容既包括了书面笔录，也包括了传闻证人，即既排除书面传闻，也排除口头传闻。

日本《刑事诉讼法》第321条至第328条通过列举的方式明确规定了可以使用传闻证据的例外情形，即在符合法定的条件之下具备证据能力。归纳起来，大致包括以下几种。

1. 被告人以外的人之书面陈述或笔录。根据《刑事诉讼法》第321条的规定，被告人以外的人书写的陈述书或者记录该人的陈述而由陈述人签名或盖章的书面材料，包括六种类型的文书，依次为：法官面前之陈述笔录、检察官面前之陈述笔录、司法警察面前之陈述笔录、公审准备或公审期日之陈述笔录与法官勘验笔录、侦查机关勘验笔录、鉴定书。对这六种文书之证据使用各需符合一定的条件。

（1）法官面前之陈述笔录（《刑事诉讼法》第321条第1款第1项）。

法官面前陈述之笔录包括法官询问证人笔录、询问其他案件的笔录、审判笔录等（《刑事诉讼法》第226、227、228、179条等）。法官面前之笔录在两种情形下都可以作为证据使用。其一，为不能作证的法定情形，即陈述者死亡、精神障碍或身体障碍、下落不明或者在国外，不能在审判准备期间或审判期间陈述的。其二，为陈述者在审判准备期间或者审判期间作出与以前不同的陈述的，此为证人作出相反陈述的例外要件。至于当庭陈述与以前陈述笔录相异的情况下如何采信，日本学者土本武司认为"两者都可作为证据，其是否可信，则根据法官以自由心证来确定"[①]，即二者的证明力由法官自由判断。

（2）检察官面前之陈述笔录（《刑事诉讼法》第321条第1款第2项）。

检察官面前之陈述笔录是记录在检察官面前陈述的文书，由于检

---

① 土本武司：《日本刑事诉讼法要义》，董璠舆、宋英辉译，台湾五南图书出版公司1997年版，第359页。

察官是法律专家，客观上又要求其正当地适用法律①，故对其证据能力的要件规定较为宽松，在效力上类似于法官面前之笔录，不过在实务上却是运用最广的笔录之一。检察官笔录在以下两种情形下可以作为证据使用。

其一，不能作证的法定情形，即陈述者死亡、精神障碍或身体障碍、下落不明或者在国外，不能在审判准备期间或审判期间陈述的。不过，由于检察官面前之笔录具有侦查笔录的性质，无论是学者的解释还是判例上的态度，都对其作为证据使用提出了更为严格的要求，比如学者提出同时还应当具备特别可信性的条件，判例上对该要件的认定也更为严格。②

其二，检察官面前之笔录与审判准备期间或者审判期间的陈述相反或者有实质性差异的，而且有相对的特别可信的情况。

关于相对的特别可信情况是相对于庭审陈述而言的，不过如何判断和认定相对"可信性"的情况保障却是更为实际的问题。①在判断"可信性"的情况保障上，日本学者土本武司认为，法官可以从"供述外部的附带情况"和"供述内容本身"两方面来判断。"供述外部的附带情况"包括当庭证言可能是在暴力人员、骨肉亲属、兄长、上司、恩人等面前作出的，以及证人在录取笔录之后是否与被告人发生特别的利害关系进而影响到当庭陈述等情形；"供述内容本身"包括在笔录

---

① 日本学者松本一郎认为，检察官的客观义务这一概念是以实体的真实主义和职权审理主义为基本原理的德国法学的产物，日本旧《刑事诉讼法》承继了德国法的基本精神和原理，尽管没有客观义务的规定，但是把检察官作为公共利益的代理人，保护被告人的正当利益被视作当然的事情。现行《刑事诉讼法》虽然以当事人主义为基调，但都掺进了职权主义的色彩，故而日本学者仍旧承认检察官的客观义务，只不过有的解释是从仅仅以"保护被告人为目的技术性的当事人结构"的立场，有的从"检察官负有作为国家机关在公正的审判工作中进行合作，为客观正当的刑法秩序而努力的义务"的立场，随后在1960年前后，又出现了由重视正当程序的理论家们提倡的立足于新的观点上的"客观义务"论。参见松本一郎：《检察官的客观义务》，郭布、罗润麒译，《法学译丛》1980年第2期，第49—51页。

② 田口守一：《刑事诉讼法》，张凌、于秀峰译，中国政法大学出版社2010年版，第314—315页。

中陈述了不利于己的事实而在法庭陈述中则做暧昧表现的,书面笔录比当庭陈述条理更清楚、更符合实际情况的,等等。① 笔者以为,土本武司教授所阐释之"供述外部的附带情况"和"供述内容本身"颇为令人疑惑。因为从其提供的"供述内容本身"的具体情形来看,仍旧是关于供述的外部"状况"的描述,若果然从"供述内容本身"来判断"可信性",怎么会不涉及证明力问题? ②日本学者松尾浩也进一步认为,"可信性"情况保障,"是对陈述所提供的'状况'进行判断,而不是对陈述的'内容'进行判断,判例中经常出现'条理井然'等评语,如果这一评语为了表现原陈述是在冷静状态下提供的'状况',还可以接受;但如果这一评语表示'内容'明确、证明力程度高,那么就有疑问了"。② 笔者以为,松尾浩也教授的这一阐释更为可取也尤为重要,因为对"可信性"的情况保障之判断归根结底是为了证据能力的认定,而如果法官的判断深入到笔录之"内容",则易出现以证明力或者证明信息的高价值而决定其信息载体之可信性或证据能力问题,这是违背证据规则的基本要求的,当然也对我国审前笔录的认定和运用极有借鉴意义。③对"可信性"的情况保障的证明问题,松尾浩也教授指出,应由请求人(通常是检察官)表明存在特信状况,但证人作出与以前陈述相反的陈述或者在实质上有矛盾的陈述时,在主询问阶段也可以诱导询问(日本《刑事诉讼法》第199条之三第3款第6项)。检察官应充分利用这一规定,让特信状况浮现出来。④最后,检察官面前之笔录可以取代庭审陈述作为证据的条件还应当允许对笔录进行充分的反询问,这是为了保障被告人在宪法上的"询问证人权"。松尾浩也教授也指出:"对于'以前陈述'的内容,当然应该给被告人

---

① 土本武司:《日本刑事诉讼法要义》,董璠舆、宋英辉译,台湾五南图书出版公司1997年版,第362页。

② 松尾浩也:《日本刑事诉讼法》(下卷),张凌译,中国人民大学出版社2005年版,第16—17页。

反询问的机会,不允许在证人退庭之后突然提出这类文书。"①

(3)司法警察面前之笔录等(《刑事诉讼法》第321条第1款第3项)。

这一例外情形包括甚广,《刑事诉讼法》是以法官笔录和检察官笔录之外的其他书面材料概括规定的,大致来说包括陈述人自己记载陈述内容而形成的文书(例如日记、报案文书、驾驶日记、值班情况报告等),辩护人会见诉讼关系人时记录其陈述内容而形成的文书,以及司法警察所记录的证言笔录、报案笔录、呈报文书、侦查报告、搜查查封笔录、醉酒鉴别卡片(限于问答记载部分)等。②

这一类书面材料需要满足三个方面的要件才可以作为证据使用。其一,陈述者死亡、精神障碍或身体障碍、下落不明或者在国外,不能在审判准备期间或审判期间陈述的。其二,必要性要件,即该陈述是证明犯罪事实存在或者不存在所必不可少的。其三,特别可信的情况保证,如案发不久之后的冲动性陈述、临终陈述、违反财产利益的陈述等。日本学者也指出,实务中能够满足该条款要件要求的笔录很少。不过,即使不能满足规定的要件,如果当事人同意,也可以成为证据,并由此导致大部分文书都可以作为证据。③

(4)公审准备或公审期日之陈述笔录与法官勘验笔录(《刑事诉讼法》第321条第1款第3项)。

公审准备期间之陈述笔录是在公审准备期间询问被告人以外的人之陈述笔录,公审期日之陈述笔录其实就是审判笔录。法官勘验笔录是记录法院或法官的勘验结果的文书。这些笔录无条件地具有证据能

---

① 松尾浩也:《日本刑事诉讼法》(下卷),张凌译,中国人民大学出版社2005年版,第64页。
② 参见土本武司:《日本刑事诉讼法要义》,董璠舆、宋英辉译,台湾五南图书出版公司1997年版,第318页;松尾浩也:《日本刑事诉讼法》(下卷),张凌译,中国人民大学出版社2005年版,第64页。
③ 松尾浩也:《日本刑事诉讼法》(下卷),张凌译,中国人民大学出版社2005年版,第60—61页。

力。因为这些文书中的陈述,是在陈述时保障了反询问权的情况下作出的。

(5)侦查机关的勘验笔录(《刑事诉讼法》第321条第1款第4项)。

检察官、检察事务官或者司法警察职员,因侦查的需要在取得法官的令状后可进行勘验。侦查机关的勘验笔录即是在勘验过程中制作的。与法官的勘验笔录不同,侦查勘验笔录的目的不仅是为了弄清事实,同时作为侦查活动的一环也是为了保全证据。侦查机关勘验笔录的记述者,在庭审中作为证人接受询问并陈述自己正确地制作了笔录时,该笔录可以作为证据。不过,松尾浩也教授也指出,接受询问的内容并不限于正确地制作了笔录,还包括"见证人资格、测量机械和器具的精度、勘验时的气象条件、记述的意义、推测性表述的根据"等等。①

(6)鉴定书(《刑事诉讼法》第321条第1款第4项)。

鉴定书是由鉴定人写成的记载法院命令的鉴定经过和鉴定结果的文书。鉴定书作为证据使用,其条件与侦查勘验笔录一样,也需要鉴定人出庭作为证人接受询问,陈述鉴定结果制作的真实性时,鉴定结果可以作为证据。

2. 被告人供述笔录(《刑事诉讼法》第322条)。

(1)被告人书写的供述书或者在庭审以外作出的供述笔录(比如检察官笔录、法官笔录、辩解笔录等),这些笔录的陈述内容是承认对被告人不利的事实或者在特别可以信赖的情形下,可以作为证据。被告人承认不利事实的笔录本身不是自白,也应当适用口供补强规则。但是,如果对该笔录是否是在强制状态下所作出的存在疑问时,不能作为证据。

(2)记载被告人在审判准备阶段或审判期间所作供述的笔录,如

---

① 松尾浩也:《日本刑事诉讼法》(下卷),张凌译,中国人民大学出版社2005年版,第92页。

果是非强制作出的,可以作为证据。

对于检察官面前之笔录作为证据使用,从被告人的角度看,是很难理解的,因为检察官是与被告人相对立的当事人。在现行日本《刑事诉讼法》制定当时,有关起草人对原则上排除侦查人员采录的侦查笔录有些举棋不定。在野的法律界人士认为,与警官相比,(他们)更信赖检察官。检察官笔录在审判实务中发挥了重大作用,这是事实。① 因此,从以上的规定和学者解释来看,被告人供述笔录不管是在检察官面前作出的,还是在法官面前作出的,都是可以作为实质证据的。

3. 特别可信的书面资料(《刑事诉讼法》第323条)。这一类笔录是具有高度可信性和必要性的笔录,是无条件的有证据能力的笔录。主要包括:其一,公文文书,如户籍副本、公证书副本和其他公务员就其职务上可以证明的事实所书写的书面材料;其二,商业文书,如商业账簿、航海日志以及其他在通常的业务过程中书写的笔录;其三,其他特别的新的文书。

4. 依当事人的同意而具有证据能力(《刑事诉讼法》第326条)。如果检察官和被告人表示同意,书面材料或者陈述也可以作为证据。不过,法院在考虑笔录制作时的状况和作出该陈述时的状况而认为二者相当时方可以采用。实际上因当事人的同意而成为证据的情况非常多,可以说使用第326条所允许的"同意笔录",基本左右着日本的现实审判实务。② 不过,书面笔录依当事人的同意而具有证据能力,仍需要注意两个方面的问题。

其一,法院在考虑笔录制作的状况时何为"相当"的?事实上,法院之所以在当事人同意之下仍旧考虑笔录之制作状况,是为了保证各种笔录符合基本的法律要求,比如没有自愿性的供述笔录,即使当

---

① 松尾浩也:《日本刑事诉讼法》(下卷),张凌译,中国人民大学出版社2005年版,第62页。
② 松尾浩也:《日本刑事诉讼法》(下卷),张凌译,中国人民大学出版社2005年版,第73页。

事人同意使用也不能作为证据。而实际情况更多的可能是没有签名或者盖章的笔录，法院需要调查没有签名或者盖章的原因以决定是否是"相当"的。①总而言之，考虑是否是"相当"的问题，更多的是对笔录证据本身的基本性要求，不能以违背法律规定的笔录在当事人的同意下作为证据。

其二，关于当事人双方同意的效果，即在同意笔录作为证据之后，是否意味着放弃了反询问权。如果要对这一问题有准确和清晰的理解，我们必须先认识到日本司法实务当中存在的一种现象。日本刑事司法在书面笔录的运用方面是较为宽松的，如前文所述，检察官的笔录作为证据在实务中是比较常见的，故而"即使被告人拒绝同意笔录而对原陈述人进行询问，并在反询问方面取得了进展，也很可能事后被提出不利于被告人的笔录（即以检察官笔录的方式提出）。如果是这样，倒不如在对笔录表示同意之后进行证据调查，然后再询问作为原陈述者的证人，向有利于被告人的方向引导。这是一种很好的辩护技术。而辩护人的这种辩护方针，恰恰符合了法院和检察官想要利用笔录的方针，由此形成了现在法庭的惯例"②。正是基于这样的现实状况，关于同意的效果，通说认为同意的性质即意味着放弃了反询问权。所以已经表示同意的，不能为了争辩证明力而申请询问证人。这个观点的逻辑结论是，把"放弃反询问权"理解为日本《刑事诉讼法》第326条规定的同意，使现实的庭审从笔录万能状态中摆脱出来，同时期待代之采用以证人为中心的审理方式。这一同意效果的观点看似严格，其实也是为了约束当事人在同意笔录的问题上慎重对待，而不是像实务中那样基本都予以同意（因为实务的做法是同意以后，仍旧可以请求询问原陈述者）。

---

① 松尾浩也：《日本刑事诉讼法》（下卷），张凌译，中国人民大学出版社2005年版，第75页。
② 松尾浩也：《日本刑事诉讼法》（下卷），张凌译，中国人民大学出版社2005年版，第77页。

5. 合意笔录（《刑事诉讼法》第327条）。合意笔录指的是检察官和被告人（辩护人）达成合意并把某种文书的内容记载为笔录作为证据提出时，法院可以将该笔录作为证据采用。合意笔录是从美国法引进的，现实当中很少适用。

6. 争辩证明力的证据（《刑事诉讼法》第328条）。前述第321条至第324条之书面笔录或者陈述，即使不能作为证据使用，但是根据《刑事诉讼法》第328条的规定，为争辩审理准备程序或者审理程序中陈述之证明力，也可以作为证据。只不过，该条款明确界定了这种情形下只是作为争辩证明力使用，也即只能作为弹劾证据，而不得作为实质证据。

（二）书面传闻广泛运用的现状及其原因

从日本刑事诉讼程序规制书面笔录的规则和判例来看，日本刑事程序对书面笔录的限制是比较宽松的，不仅检察官面前之笔录在符合条件后常常作为证据，其他书面笔录也多以当事人同意为条件作为证据。日本学者指出："在审判中，经常是在征得对方同意的前提下，或者以证人丧失记忆、陈述矛盾为理由，使用侦查过程中制作的陈述笔录作为证据。在许多案件中，'口头辩论'在很大程度上被用来朗读证据文书（或者是叙述主旨）。"[①] 对此，日本的许多学者也提出了尖锐批评。[②]

[①] 参见松尾浩也：《日本刑事诉讼法》（下卷），张凌译，中国人民大学出版社2005年版，第16—17页。

[②] 如土本武司教授指出："就日本实务上现状而言，刑事诉讼的实质变成侦查程序为主，判决已不是'判断是否有罪的程序'，而仅仅是为'确认'检察官有罪确信的程序。日本的司法是'检察官'司法，日本的第一审不过是'对检察官裁判的上诉审'。"参见土本武司：《日本刑事诉讼法要义》，董璠舆、宋英辉译，台湾五南图书出版公司1997年版，第16页。平野龙一教授也指出实际上定罪的依据是检察官提供的详细调查结果，自白是定罪的核心证据，法官不是在法庭上通过询问或交叉询问所产生的供述形成直接的心证，而是在自己的办公室，通过阅读警察或检察官提供的审讯结果报告——自白笔录等材料——形成心证，这是以书面审理为中心的做法。参见六本佳平：《日本法与日本社会》，刘银良译，中国政法大学出版社2006年版，第272页。

我国学者孙长永教授也认为,"笔录裁判""默读审判"的常态化使得日本刑事审判呈现出明显的"书证中心主义"的倾向,书证中心主义的法庭审判及庭后审查,表明了审判对于侦查的过分依赖,其直接后果是无罪判决的比例长期低下。而且,书证中心主义不仅使传闻规则名存实亡,更重要的是导致整个刑事程序中的审判中心主义形式化,使得本来由于起诉状一本主义而被切断的侦审关系通过侦查期间制作的自白笔录或其他传闻证据而重新连接起来,侦查成为决断罪责的关键阶段,法官则成了有罪笔录的"确认机器",因而日本《宪法》和《刑事诉讼法》设计的法定程序被严重扭曲,并由此造成了震惊朝野的一系列错判,受到日本学者和国际人权联盟的一致谴责。①

"笔录裁判""默读审判"的常态化作为一种现象背离了刑事司法程序的理想模式,那么我们又如何来认识和理解这一现象背后的经验和逻辑呢?首先,在刑事司法的观念上,日本刑事程序尽管接受了当事人主义的改造,但是并没有完全脱离职权主义的根基,实质真实主义的司法观仍旧发挥着重大影响。在日本的刑事审判中,唯有对实体真实的追求才是国民所能接受的,而在侦查中发现真实,确定真实,并在裁判中对其予以论证和明确的做法,更能为国民的感情所接受。②其次,日本国民强烈的集体主义观念,也使得法官对出于同属法曹这一集体的检察官建立起了良好的信赖关系,加之受职权主义诉讼影响,检察官"客观义务"也深入到司法过程中来,即使证人于审判过程中作出的陈述与侦查中的内容不同,法官仍经常相信侦查中的书证。有一位日本资深法官也曾说过,他非常相信侦查中的陈述,因为审判中的证人多说谎。③再者,被告人或者辩护人对于检察官向法庭提交侦查

---

① 孙长永:《日本刑事诉讼法导论》,重庆大学出版社1993年版,第12—13页。
② 颜飞:《书面证言使用规则研究——程序法视野下的证据问题》,中国法制出版社2012年版,第165—166页。
③ 参见汪振林:《日本刑事诉讼模式变迁研究》,四川大学出版社2011年版,第269、288页。

中的笔录通常都不会表示异议，即使表示异议，也只是对少数几个项目，其原因在于：第一，提出异议则意味着检察官必须传唤证人出庭作证，必然造成审判的严重迟延，影响到法官结案的速度，为法官群体所反感；第二，异议也会造成被告羁押时间的延长，为被告人及其辩护人所不愿；第三，异议与否其实际意义也不大，因为法官往往更相信侦查中的笔录，在与庭审陈述相比较，法官几乎毫无例外地会找到侦查笔录中更具有正当性的依据，比如"笔录条例清晰""证人在被告人跟前不能充分作证""笔录是在案件发生后没有时间间隔，证人的记忆还新鲜的时候作成的，所以可以相信"等等。而且，如前文所说，在实务中被告人和辩护律师选择同意也是一种极好的辩护策略。① 最后，可能也是最重要的，因为在日本刑事程序中没有类似于美国的答辩交易制度，而进入审判的案件大部分是自白案件，无论是被告人还是律师都会积极选择合作并试图在量刑中获取优惠。

（三）对日本规制书面传闻方法的评价

日本刑事程序是建立在职权主义和当事人主义调和之下的诉讼模式，追求的是在正当程序之下最大限度地发现事实真相，在审判程序上以当事人追行主义推动诉讼，但是法官仍保留了一定的事实探知的职权，而且这一职权在司法实务当中基于真实发现的目的往往自发地扩展其范围并表现出一定程度的积极性。在这一司法的理念和制度背景之下，虽然从诉讼制度上建构了传闻规则并对庭前笔录资料的证据运用进行规制，但是从司法实务的运作来看，笔录资料的运用仍旧是较为常见的。由此也可见，传闻规则的有效适用是有其制度土壤的，也就是典型的当事人主义诉讼模式，而在糅合了当事人主义与职权主义诉讼相关要素的"混合式"诉讼模式下，无论是诉讼观念和制度构

---

① 参见汪振林：《日本刑事诉讼模式变迁研究》，四川大学出版社2011年版，第268—269页。

成都表现出一定的折中性,由此也就造成了传闻规则的适用在一定程度上的滞涩性。

日本刑事程序表现出来的"笔录裁判""默读审判"的常态化现象是否意味着与正当程序的根本冲突和紧张关系呢?笔者以为不然。诚然,"笔录裁判"在刑事程序中是较为普遍的现象,这也导致了立法者所追求的审判中心主义在实务中严重扭曲,但我们不能据此就认为这是与正当程序根本冲突的。日本刑事程序的理念是真实发现和正当程序二者的并重,且希望在正当程序之下最大限度地发现事实真相,如果说大量书面笔录作为证据为事实的认定者提供了更多的信息来源,并在这个意义上引导裁判者更进一步地接近了案件事实的话,那么保障被告人宪法上的"询问证人权"或者说其核心反询问权就是正当程序之基本要求了。而日本刑事司法的实务中,无论是当事人同意笔录作为证据,还是检察官以其先前笔录与庭审陈述不一致而引入法庭作为证据,这两种情形下被告人在宪法上的"询问证人权"都有得到保障的机会。

二、意大利的立法和经验

意大利近现代刑事程序有着悠久的职权主义传统。1865 年制定的意大利《刑事诉讼法》是以法国 1808 年《刑事诉讼法》为蓝本的。这部法典确立了预审法官主持审前程序的基本架构,包括调查、收集证据,有权决定逮捕并提起刑事诉讼,确立了自由心证、陪审制度以及职业法官和非职业法官组成合议庭进行审理等制度。这部法典虽然确立了近现代意大利刑事程序的基本框架,但审前程序不公开进行,被告人权利保障问题突出,于是在 1913 年对《刑事诉讼法》作了重大修改,主要是扩大了被告人在审前程序中的权利,改善被告人的诉讼地位。不过,随着法西斯主义在意大利的崛起,意大利当局于 1930 年颁布了第三部《刑事诉讼法》。这部法典的框架仍是将诉讼分为侦查和审判两大阶段。预审法官把侦查中收集的证据材料固定在卷宗中,并由其决定提起诉讼。在意大利以往的司法实践中,预审法官在侦查阶段所收集的案卷材料,就成为以后裁判的基础,审判流于形式,只不过是确定在审前阶段曾进行过的一切。①

第二次世界大战以后,在民主、人权等主张日益高涨的背景之下,意大利当局对刑事程序作了一些改良,主要是通过宪法法院的一系列裁决,加大了被告人权利的保障力度。之后,在宪法法院和社会舆论的推动下,《刑事诉讼法》的修订工作逐步提上日程,其间虽有所中断,但最终于1988年通过了新的《刑事诉讼法》。新法典所作的最大改革是按照英美法系国家对抗式诉讼制度的标准对意大利刑事诉讼程序进行了重新设计。② 其主要特征体现在三个方面:在诉讼的结构、职能和审判方式上对旧的刑事程序进行了全面改造。从结构上来看,旧法普通程序中预审和审判两大阶段,在新法中改为初期侦查、初步庭审(审查起诉)和审判阶段;从职能变化上来看,旧法中由预审法官负责的侦查和预审,在新法中侦查工作则由检察官负责;从审判方式的变革来看,则由职权主义修改为对抗制模式,不过在一定程度上也保留了法官的职权原则。与刑事诉讼制度和审判方式的变革相适应,在如何使用侦查案卷并阻断侦查对审判的实质影响上,意大利创设了全新的案卷模式。

(一)意大利1988年《刑事诉讼法》规制庭前笔录的方法

在意大利旧的刑事程序下,庭前笔录的运用几乎没有任何限制。预审法官主导着预审程序,有职责监督并进行证据收集活动,包括可

---

① 《意大利刑事诉讼法典》,黄风译,中国政法大学出版社1994年版,第1—2页。
② 陈瑞华:《意大利1988年刑事诉讼法典评析》,《政法论坛》1993年第4期,第82页。

以听取证人陈述，进行搜查和扣押，收集书证，也可以传讯被指控人，所有收集起来的信息都被记录于调查卷宗中[1]，并于起诉时一并移送审判法官。在审判程序中，为了熟悉案情，法官在开庭审判之前经常反复研读卷宗材料，以其为根据拟定法庭审判提纲，确定法庭证据调查的范围、顺序和方法。[2] 对检察官的犯罪指控，虽然辩方有反驳的权利，甚至还可以提出有利于本方的证据，不过，由于检察官几乎可以不受限制地宣读侦查阶段收集到的各种侦查笔录，而审判法官往往已经通过庭前阅览侦查卷宗对检察官的诉讼主张以及据以支持该主张的各项证据材料了然于胸，进而对案件的最终结论产生预断，加之案件侦查是在案发后不久就展开的，而审判却是在很长时间之后，故而审判法官对侦查案卷也就更为重视，其结果是侦查卷宗自然成为法庭判决被告人有罪的关键因素[3]，在这一情形下，审判程序也就沦为了对侦查卷宗的内容和预审法官的结论进行审查与确认的程序，审判流于形式，只不过是确定在审前阶段曾进行过的一切。

新的刑事程序为了避免侦查案卷对审判程序的实质性影响，保障当事人双方的平等对抗，既没有保留传统的案卷移送方式，也没有采用英美式的起诉状一本主义，而是创设了独具特色的"双重卷宗"制度（double-dossier system）。所谓"双重卷宗"是相对于旧法中的单重卷宗而言的，在侦查终结后，审前程序的侦查卷宗只能面向当事人开放，而审判法官却无法看到。与此相对应，审判法官只能看到一份全新的审判卷宗，这份卷宗不能存入审判前收集的证据，而只能由法庭

---

[1] Michele Panzavolta, "Reforms and Counter-Reforms in the Italian Struggle for an Accusatorial Criminal Law System", *North Carolina Journal of International Law* 30, 2005, p. 579.

[2] Raneta Lawson Mack, "Its Broke So Let's Fix it: Using a Quasi-inquisitorial Approach to Limit the Impacy of Bias in the American Criminal Justice System", *Indian International and Comparative Law Review* 7, 1996, p. 82.

[3] Michele Panzavolta, "Reforms and Counter-Reforms in the Italian Struggle for an Accusatorial Criminal Law System", *North Carolina Journal of International Law* 30, 2005, pp. 579-582.

审判过程中收集的证据构成。故而，侦查卷宗就会一分为二：一个是"厚厚"的检察官卷宗；另一个是专门为庭审法官准备的非常"薄"的审判卷宗。① 从理论上来讲，审判卷宗最先提交给首席法官的时候应当没有任何证据，但是《刑事诉讼法》基于特殊情况也规定了几种例外，允许侦查卷宗中的几种记录放入审判卷宗。这些例外情形包括：其一，客观上不可能在法庭调查中提出的证据，比如证人濒临死亡的；其二，如果在法庭上提出可能面临重大危险的，可以申请在初期侦查期间（preliminary investigation）进行附带证明（incidente probatorio）②，比如证人可能受到贿赂、威胁等改变证言的；其三，报案记录以及先前定罪记录等极为有限的资料③。

除了双重卷宗制度对庭审法官接触侦查卷宗的限制之外，1988年《刑事诉讼法》还要求在原则上证据应当在法庭上产生，检察官在初期侦查阶段所收集的证据材料在法庭上不能作为实质性证据。不过法典也规定了极少数控方卷宗中的笔录可以作为实质证据的例外情形：其一，根据《刑事诉讼法》第500条的规定，证人庭前陈述只能作为弹劾证据向法庭提出，但是如果该陈述是在检察官或司法警察在搜查期间获取的或者是在犯罪现场当场获取的，可以在弹劾证人可信性之后作为实质性证据使用；其二，根据《刑事诉讼法》第503条的规定，被告人以及共同被告人的先前不一致供述是检察官在辩护人在场的情形下获取的，也可以作为实质性证据；其三，根据《刑事诉讼法》第

---

① Michele Panzavolta, "Reforms and Counter-Reforms in the Italian Struggle for an Accusatorial Criminal Law System", *North Carolina Journal of International Law* 30, 2005, pp. 587-588.

② 附带证明是初期侦查阶段收集和保存证据的一种机制，在证据有可能灭失或者被污染的情形下使用。不过，法律要求，在这一审前的证据提取机制下，应当由法官主持并遵循法庭审判的规则，不得违背对抗和口头原则，只是直接原则受到了限制。因为主持听审的法官不是作出审判的法官。参见 Michele Panzavolta, "Reforms and Counter-Reforms in the Italian Struggle for an Accusatorial Criminal Law System", *North Carolina Journal of International Law* 30, 2005, p. 588.

③ Michele Panzavolta, "Reforms and Counter-Reforms in the Italian Struggle for an Accusatorial Criminal Law System", *North Carolina Journal of International Law* 30, 2005, p. 588.

511 条的规定，收入法官卷宗中的有关侦查活动记录的文书①；其四，根据《刑事诉讼法》第 512 条的规定，公诉人或法官在初步庭审中取得的文书，由于不可预见的事实或情形而不能重复有关证明行为时可作为实质证据②。

从意大利 1988 年刑事程序规制庭前笔录的方法来看，应该说是极为严格的。不仅创设了双重卷宗制度，限制审判法官接触案卷材料，而且除了极少数的例外情形，在庭审中也一般性地禁止侦查卷宗笔录作为实质性的证据使用，这无疑极大地限制了侦查案卷的实质影响，从立法规范上割裂了侦查与审判之间的紧密联系，当然，这一限制性的规定与传统大陆法系国家的处理方法大相径庭。

（二）司法部门的质疑以及规制方法的反复

跨越法律文化的制度移植总是困难重重的，成功的根本需要对新制度大范围的价值认同。如果缺乏这种认同，抵制和拒绝的风险就会很高。1988 年法典的缺陷就在于在法律文化上还没有完全准备好，律师界和司法界也还没有完全融入改革之中。③ 因此，该法典一旦施行即引来了诸多争议和批评。

不出所料，最先的批评就是来自检察官和法官群体，他们对新法典的首批解释就与控诉精神分道扬镳。法院的判决更倾向于扩大庭审证据的例外情形，其他的解释则涉及扩大法官证据调查的权限。更多的法官则质疑 1988 年法典的正当性，声称其违背宪法。这些评价说明了新法并没有获得一致赞同。不过，对新法最为激烈的质疑出现于

---

① Elisabetta Grande, "Italian Criminal Justice: Borrowing and Resistance", *American Journal of Comparative Law* 48, 2000, p. 237.

② 《意大利刑事诉讼法典》，黄风译，中国政法大学出版社 1994 年版，第 182 页。

③ Giulio Illuminati, "The Frustrated Turn to Adversarial Procedure in Italy (Italian Criminal Procedure Code of 1988)", *Washington University Global Studies Law Review* 4, 2005, p. 573.

1992年宪法法院和立法机构对控诉结构的销蚀和解构。①

宪法法院的第一击就拆除了维系控辩制度的两个支柱。在1992年1月，宪法法院认为禁止司法警察就侦查阶段证人陈述向法庭作证违背了宪法。仅仅五个月之后，宪法法院第254号判决认为《刑事诉讼法》第513条第2款违宪，理由是法官承担着真实发现的职责，该职责不应当被限制和禁止，并相信任何旨在加强法官发现真相的机会都是应当许可的。由此根据修改后的第513条，同案被告人B的供述笔录在另案审理被告人A的场合下，如果B拒绝出庭或者出庭后拒绝陈述，那么B的供述笔录可以作为认定被告人A罪行的实质证据。②

随后，意大利宪法法院1992年255号判决宣布《刑事诉讼法》第500条部分违宪，理由是第500条对搜查期间以及当场获取的陈述赋予实质性证明价值，而其他场合下的陈述只能作为弹劾证据，这种区分是不合理的（irrational disparity）。宪法法院的态度体现了大陆法理念对新法的抵制，即该条款没有将公正审判与真实发现结合起来。宪法法院认为为了确保真实发现，审判法官作为事实的裁判者，需要对他们在庭审中所获知的所有证据予以评判。由此根据修改后的第500条，检察官卷宗中的证人之任何先前陈述在当事人的申请下可以向法庭提出，如果该陈述笔录与证人当庭陈述不一致，还可以作为实质性证据。③

到了1992年夏末，控诉程序（accusatorial process）已非新法典所确立的标准样态，在宪法法院和立法机构修正后的制度是一个混合体制：一方面检察官在侦查期间收集的证据被允许广泛适用，与此同时

---

① Giulio Illuminati, "The Frustrated Turn to Adversarial Procedure in Italy (Italian Criminal Procedure Code of 1988)", *Washington University Global Studies Law Review* 4, 2005, pp. 573-574.

② Elisabett a Grande, "Italian Criminal Justice: Borrowing and Resistance", *American Journal of Comparative Law* 48, 2000, p. 238.

③ Elisabett a Grande, "Italian Criminal Justice: Borrowing and Resistance", *American Journal of Comparative Law* 48, 2000, p. 238.

又否定法官完全探寻事实真相的职权。这一混合体制既不同于控诉程序，也没有确认纠问程序。①

直到 1997 年，议会决定重新确立控诉程序。1997 年的修法废除了直接言词原则的一些例外情形，以期审判阶段能够成为刑事程序的中心，尤其是这次修法又确定了同案被告人 B 的供述笔录在另案审理被告人 A 的场合下，如果 B 保持沉默，那么 B 的供述笔录是不可采的。这次改革向着修复控诉制度的方向前进，保留了被告人的对质权。不过，宪法法院对修正后的条款审查后仍旧认为这是违宪的，这深刻反映了宪法法院对事实真相的执着态度②，由此，议会与司法界之间的矛盾就公开化和尖锐化了。

事实上，意大利宪法并不禁止控诉制度，相反还是有利于建立当事人主导的诉讼体制，并以在中立法官面前之交叉询问下的证据资料作为证据。而宪法法院对于宪法的一系列解释也让议会认识到有必要对宪法予以修订以明确其理想的诉讼制度。最终，议会还是赢得了这场关乎公平审判权的斗争。③ 1999 年《宪法》第 111 条得到修订，修改后的条款规定刑事案件中的证据应当在当事人和中立法官面前被听取，并以此确保审判作为刑事程序的核心阶段。在《宪法》修订之后，《刑事诉讼法》的修订也派上日程。2001 年，议会公布了旨在将宪法原则贯彻到刑事诉讼中的第 63 号法令在议会通过。该法令恢复了 1992 年宪法法院废除的大部分规范。另外，《宪法》第 111 条又赋予被指控人对质权，规定罪行的认定不能由未被被告人及其辩护人质证的指控人的陈述确定，唯一的例外是当被告人同意、证人非法行为被证实、

---

① Giulio Illuminati, "The Frustrated Turn to Adversarial Procedure in Italy (Italian Criminal Procedure Code of 1988)", *Washington University Global Studies Law Review* 4, 2005, p. 575.

② Giulio Illuminati, "The Frustrated Turn to Adversarial Procedure in Italy (Italian Criminal Procedure Code of 1988)", *Washington University Global Studies Law Review* 4, 2005, p. 576.

③ Elisabetta Grande, "Italian Criminal Justice: Borrowing and Resistance", *American Journal of Comparative Law* 48, 2000, p. 257.

在庭审中不能取得证据的情形下，才允许庭外陈述作为证据，与之相应，该条款也在《刑事诉讼法》中予以规定。至于庭外陈述是否可以作为证据，此次立法重新引入了弹劾式诉讼的"黄金法则"——庭外陈述只作为弹劾证据。只有当事人意愿之外的原因致使不能对证人交叉询问的，比如证人被威胁、被贿赂以及双方当事人同意等。另外，同案犯的庭外供述也不能作为指控另一名同案被告人的证据。①

在这些立法的修订之后，宪法法院同样进行了合宪性审查。不过与1992年所不同的是，宪法法院没有再维持以前的保守观点，而是基本上肯定了新修订法令的合宪性，这些变化最终把侦查程序与审判程序从实质上分离开来，并为侦查阶段收集的证据进入审判程序设置了重重藩篱。②

（三）对意大利规制庭前笔录方法的评价

意大利移植当事人对抗式刑事程序的过程可谓一波三折，立法上的确立不等于实务中就可以顺利运转，相反，扎根于制度深处的职权主义传统对新的制度表现出了强烈的抵制。由检察官和法官所组成的司法共同体在旧的刑事程序中所继受、内化并承载的司法观念与新制度的理念难以调和。在这一背景下，新制度曾走了"回头路"，这一方面是缘于司法群体对新制度的诸多不满，另一方面也是因为现实环境的压力，特别是有组织犯罪的猖獗，迫切需要降低立法中定罪的证据障碍。不过，随着法官又可以大范围地以侦查卷宗中的笔录作为定罪的证据，审判程序似乎又向着纠问式的方向退步，而这与立法机构引入对抗式程序的初衷是不一致的。于是，在议会成功地在《宪法》第

---

① Giulio Illuminati, "The Frustrated Turn to Adversarial Procedure in Italy (Italian Criminal Procedure Code of 1988)", *Washington University Global Studies Law Review* 4, 2005, pp. 576-577.

② Giulio Illuminati, "The Frustrated Turn to Adversarial Procedure in Italy (Italian Criminal Procedure Code of 1988)", *Washington University Global Studies Law Review* 4, 2005, pp. 576-577.

111条中引入"正当程序"条款,规定"不得根据任何故意逃避被告人及其辩护人询问的人的声明而证明被告人有罪"这一被告人的对质权之后,意大利刑事程序又逐步"回归"于控诉式程序。

相比于日本刑事程序的变革,意大利刑事程序对庭前笔录资料的规制方式是相当严格的,可是,如此严格的立法规范对司法实务所形成的压力也是显而易见的。即使从现在来看,控诉—对抗的模式在意大利刑事程序中已经得到吸收并内化,但是这并没有解决意大利刑事司法中的突出问题,即司法拖延和效率低下,特别是引入对抗式程序之后大量的案件积压使这一问题更为突出。尽管在刑事程序改革之初就创设了案件分流机制,可是这些特别程序在实践中的运作并不理想,在加速审判方面并没有取得显著成效,以至于意大利学者在评价刑事程序的对抗式回归时认为,司法现状远远没有观念上看起来那么好。[1]

三、我国台湾地区的规定与实践

进入 21 世纪后,我国台湾地区刑事诉讼制度处于一个跃动蜕变的转型时期,由所谓的职权主义向当事人主义发展。在审判程序的证据调查方式上,采用了当事人进行原则的两个核心规范:其一为作为一方当事人之检察官负实质举证责任;其二是由当事人主导证据调查的范围、顺序及方式,架构了当事人进行原则的基础。接下来再次修正刑事诉讼相关规定,以证据法则为修改的中心,关于证据能力的部分,修正了相关规定第 159 条采行"传闻法则",并增订第 159 条之一至同条之五规定传闻证据可以作为证据的例外情形。[2]

---

[1] Giulio Illuminati, "The Frustrated Turn to Adversarial Procedure in Italy (Italian Criminal Procedure Code of 1988)", *Washington University Global Studies Law Review* 4, 2005, pp. 580-581.

[2] 陈运财:《刑事诉讼制度之改革及其课题》,《月旦法学杂志》2003 年 9 月,第 73 页。

（一）对传闻法则的探讨和争议

台湾地区刑事诉讼制度在清末移植了西洋法制，是以大陆法系的国家刑事程序为蓝本的，在审判程序上，向来采用直接审理主义。在 1967 年刑事诉讼相关规定曾经经过大的修改，其中关于证据制度，不仅导入了第 155 条证据能力的概念，更是在第 159 条中规定，审判外之陈述不得作为证据。按照当时的法学权威陈朴生教授的观点："第一百五十九条虽然称证人于审判外之陈述，除法律有规定外，不得作为证据；……乃专就证人之陈述方式设其限制规定，藉以符合直接审理主义及言词主义之要求，并非传闻法则之规定，即不宜援用英美法及日本法之法理，为排斥传闻证据之根基。"[①]

遗憾的是，在司法实务中却并没有完全贯彻直接审理主义，庭前笔录资料特别是警讯笔录的运用较为普遍。这表现在，对于以证人庭前自书的陈述代替证人作证，实务界通常认为是违背第 159 条规定之直接审理主义的，但是如果这些庭前陈述是在警讯过程中由证人陈述而为警方录取的，实务界却普遍认为并不违背第 159 条，只有在庭审出示证据的过程中没有宣读或者告以要旨的，台湾地区所谓"最高法院"才认为是违背了直接审理主义，而在经过宣读或者告以要旨，让被告人就此辩论的，就认为是符合了第 159 条的规定。[②] 因此，在实务中，直接审理主义影响下的第 159 条并没有起到限制侦讯笔录证据能力的作用，台湾的直接审理主义也被实务界曲解成侦讯笔录只要经过宣读或者告以要旨，就意味着保障了直接审理，造成警讯笔录证据运用的泛滥化。转变的契机出现在所谓"最高法院"1997 年度台上字第 6210 号判决，这一判决指出：刑事诉讼为发现实质之真实，采直接审

[①] 陈朴生：《刑事证据法》，台湾三民书局 1979 年版，第 283—284 页。
[②] 台湾地区"最高法院"1999 年度台上字第 1592 号判决；台湾地区"最高法院"1989 年度台上字第 40 号判决；台湾地区"最高法院"1987 年度台上字第 681 号判决。转引自林钰雄：《直接审理原则与证人审判外之陈述》，《台湾本土法学杂志》2000 年 1 月，第 60—83 页。

理及言词审理主义,证据资料必须能由"法院"以直接审理方式加以调查,证人必须到庭陈述,始得采为判断之依据。"司法警察"本于职务作出之报告文书,或系基于他人之陈述而作出,或为其判断之意见,其本身无从直接审理方式加以调查,应无证据能力,也不属于"其他文书可为证据"之证据书类,纵令已将之向被告宣读或者告以要旨,亦不能采为有罪判决之论据。不久,1999 年度台上字第 2204 号判决也坚持了这一真正意义上的直接审理主义,不过,这些判决虽然正确妥当,却并不算是实务的多数见解。[①] 当时,台湾"最高法院"正值新旧见解交错的时代,在关于书面笔录的运用问题上选择何种方式的"立法例",也在酝酿之中。

赞同继续依靠直接审理主义的学者们,在对传闻规则的历史和发展简要梳理后指出,英美国家的传闻法则本身就走向了逐步消亡,而在意大利的刑事诉讼制度改革中则引入了严格的传闻规则,不过在随后的司法实务中却又产生了反复,宪法法院多次裁判几个重要的传闻规则违宪,以此说明在大陆法的传统下构筑传闻规则的艰难和不切实际。而且台湾地区并没有采用类似于日本的起诉状一本主义,"法官"在审判前仍能够接触证据并受其影响,而在审判中再要求排除,不仅在制度上不一贯,而且是否能够除去影响也令人怀疑。故而提出应当落实直接审理制度,限制警讯笔录于有必要和具有特别高之可信性时才应容许。[②]

支持引入传闻规则的学者则认为,传闻规则系由英美发展而来,随陪审团制度成长,与当事人进行主义密切相关,主要作用即在确保当事人之对质诘问权。因英美法与大陆法诉讼构造不同,英美法当事人进行主义重视当事人与证据的关系,排斥传闻证据,以保障被告之

---

① 参见林钰雄:《直接审理原则与证人审判外之陈述》,《台湾本土法学杂志》2000 年 1 月,第 60—83 页。

② 吴巡龙:《台湾地区采传闻法则的检讨》,《月旦法学杂志》2003 年 6 月,第 126 页。

反对诘问权；采大陆法职权进行主义者，则重视法院与证据之关系，其排除传闻证据，乃因该证据非在法院直接调查之故。① 由于台湾刑事诉讼相关规定的修订是向着当事人主义靠近的，且有意降低法院依职权调查证据的比重，因此修订最终借鉴并引入了传闻规则。

（二）传闻法则及其例外的情形

1. "法官"和"检察官"面前的审判外陈述。第159条之一规定：其一，被告以外之人于审判外向"法官"所为之陈述，得为证据；其二，被告以外之人于侦查中向"检察官"所为之陈述，除显有不可信之情况者外，得为证据。根据这一规定，"法官"和"检察官"被赋予了极高的信任度，被台湾学者称为体现"审判本位""审判神话"以及"检察官优位""检察优越"的典型条款。②

（1）"法官"面前所为之审判外陈述。对于在"法官"面前所为之审判外陈述作为传闻例外的"立法理由"为："陈述系在'法官'面前为之，系在任意陈述之信用性已受确定保障之情况下所为，因此该等陈述应得作为证据。"但是，学者们对此也提出了质疑。因为从"立法理由"的表述来看，似乎"立法上"认为传闻法则的理论基础在于"任意性"，殊不知"任意性"乃是自白法则的理论基础，而传闻法则的理论基础在于"可信性"，二者定义不同，目的有异，不能混为一谈。而且具备"任意性"的陈述并不代表其具有"可信性"。③由此可见，从学者们的共识来看，传闻法则的理论基础乃是在于"可信性"。

对于在"法官"面前所为之陈述，王兆鹏教授认为该"法例"类

---

① 林俊益：《台湾地区传闻法则之研究》，《法官协会杂志》2003年12月，第3页。
② 参见陈运财：《台湾传闻证据规则研讨会》，《月旦法学杂志》2003年6月。
③ 参见王兆鹏：《2011年刑事程序相关规定发展回顾》，《台大法学论丛》第41卷特刊（2011），第1594页。

似于美国法之"先前证词"的例外,但是又不完全相同。这是因为美国法证人先前的证词得采为证据的前提要件有三:其一,证人在先前的诉讼程序中宣誓作证;其二,被告有完全及恰当的机会对之诘问;其三,证人于审判中又有"未能作证"的情形。而台湾刑事诉讼相关规定之"法官"面前陈述的传闻例外却没有这样的要求,不能不说是重大瑕疵。因此王兆鹏教授批评该"法例"乃是"迷信"权威,认为证人于审判外向"法官"所为之陈述,当然得为证据,并不恰当。[1]

(2)"检察官"面前所为之审判外陈述。对于在"检察官"面前所为之陈述作为例外的"立法理由"为:"检察官""原则上均能遵守法律规定,不致违法取供,其可信性极高"。故而"立法"认为这种陈述具备了较高的可信性,故除了显有不可信之情况外,得为证据。这一条款对在"检察官"面前所为之陈述的证据能力做了放宽的要求,这种"立法例"很难在其他国家的传闻规则中找到类似的情形,即使是在日本这样检察官拥有较高信誉度的国家,检察官面前的笔录也只是在与证人当庭陈述不一致的情况下,并且具备了可信性的保障后才可以作为证据。学者们也认为该"法例"是"检察官优位""检察优越"的典型条款,并提出诸多质疑。比如,王兆鹏教授指出,新规定认为证人于侦查中向"检察官"所为之陈述,原则上得为证据,"与前述迷信'法官'之权威相同,为何对'检察官'所为之陈述,原则上皆得为证据,而不论其是否具结、被告是否有机会交互诘问、是否有未能作证的情形"。而且,"侦查讯问为不公开,被告或其辩护人未必能参与。'检察官'以秘密方式讯问证人,常有动机及能力,使证人依照自己所期待的方式回答问题。美国法实务即证明,检察官或执法人员常会在讯问的过程中威胁、恐吓、利诱证人,或以非常技巧、有极度暗

---

[1] 王兆鹏:《论最新修正"刑事诉讼法"之传闻法则》,《万国法律》2003年4月,第7页。

示性的方法诱导证人"。① 这一例外情形不仅在理论界引起争议,在司法实务中也存在许多分歧,特别是对于如何判断"除显有不可信之情况者",实务中的标准并不统一。

第一,仅引用相关规定条款而未叙明理由者。例如台湾地区"最高法院"2004 年台上字第 2368 号判决:被告以外之人于侦查中向"检察官"所为之陈述,除显有不可信之情况外,得为证据。本件证人杨某于"检察官"侦查时之证言,系陈述者己身查访听闻所经历之事,既无显不可信之情况,自得为证据。上诉意旨称该证言属于传闻应无证据能力云云,自属误会。

第二,以证人所述事实是否相符为断者。例如,台湾地区"最高法院"2005 年台上字第 5259 号判决:陈某上述于"检察官"侦查中有关上诉人交付枪管供其出售及于上诉人共同贩卖改造手枪于李某部分之陈述,佐以上述逼讯监察资料、扣案证物等,并无显不可信之情况,自得为证据,原判决采为论罪依据,已难认有何不可。

需要注意的是,陈运财教授认为,以证人在侦查中向"检察官"之陈述内容与其他佐证相符为据,从而适用本条款,显然混淆了证据能力及证明力的区别,如此可能会架空传闻法则,将证据能力的问题降回过去自由心证的范畴,并不妥当。②

第三,以证人所述是否经具结为断者。例如台湾地区"最高法院"2004 年台上字第 2297 号判决:查证人等三人与被害人及上诉人俱无亲属雇佣关系,业经渠等于侦查中结证明确,彼等于侦查中向"检察官"所为之证言,并无不可信之情况。

第四,以证人陈述作成之客观条件以环境为断者。例如,台湾地区"最高法院"2005 年台上字第 1776 号判决:至于被告以外之人于

---

① 王兆鹏:《论最新修正"刑事诉讼法"之传闻法则》,《万国法律》2003 年 4 月,第 8 页。
② 陈运财:《传闻法则及其例外之实务运作问题探讨》,《台湾本土法学杂志》2007 年 5 月,第 141 页。

侦查中向"检察官"所为陈述是否具备非显不可信之要件而具证据能力,"法院"应就被告人以外之人于审判中记载"检察官"面前所为陈述之外部附随之环境或条件,比较判断之。陈运财教授认为,这一见解基本上最合于设定传闻例外的理论基础。除了考量司法警察人员询问证人时有无诱导或施压等询问的外部客观环境,更重要的应该是审慎评估证人陈述的时间点是否为犯罪当场或犯罪后立即至派出所向警察作出陈述,以及其陈述知觉事实经过时有无发生错误的危险,以及从知觉事实到警局陈述的时间内有无其他干扰因素介入,等等。①

第五,以被告对证人之诘问是否获得妥适保障为断者。例如台湾地区"最高法院"2005年台上字第3728号判决要旨认为,审判外向法官所为之陈述应保障被告或者其辩护人有行使反对诘问权之机会,方得为证据,除非该陈述人因死亡或身心障碍致记忆丧失等原因无法传唤或传唤不到。该项判决对"法官"面前之陈述的证据能力做了限缩解释,而且不仅仅是针对在"法官"面前之陈述,也包括在"检察官"面前所为之陈述。②

2. 先前不一致的警询陈述的证据能力。第159条之二规定:被告以外之人于"检察事务官"、司法员警官或司法警察调查中所为之陈述,与审判中不符时,其先前之陈述具有较可信之特别情况,且为证明犯罪事实存否所必要者,得为证据。从这一条款来看,陈述如果是在"检察事务官"、司法员警官或司法警察调查中作出的,那么一般是没有证据能力的,但是在具备特殊条件(先前陈述与审判中不符),而且有较可信之特别情况,并且具有必要性时,可以作为证据。这一规定相比于日本法只限于检察官面前之供述,显然更为宽泛化了,不过,

---

① 参见陈运财:《传闻法则及其例外之实务运作问题探讨》,《台湾本土法学杂志》2007年5月,第142页。

② 参见陈运财:《传闻法则及其例外之实务运作问题探讨》,《台湾本土法学杂志》2007年5月,第143页。

因为仍旧要求证人出庭，故并不妨碍被告人反对诘问权的实现。

不过，在对先前陈述具有"较可信之特别情况"的认定中，台湾"最高法院"在判例中申明："事实审法院"不得仅以证人先前陈述，依案重初供，遂认为证人于审判外之陈述具有证据能力，而应依审判中及审判外各该陈述外部附随之环境或条件，比较前后之陈述，并于判决理由内详述其采用先前且与审判中不一致之陈述的心证理由，始为适法。至有无相对可信之特别情况，应就侦查或调查笔录制作之背景、原因、过程等客观事实加以观察。① 而且，台湾"最高法院"还特别指出："事实审法院"不得仅以先前证人陈述与案发时间接近，记忆清晰为由，遂认警询笔录有证据能力，亦即不应笼统的案重初供，否则警询中之陈述恒较于审判中接近案发时间，无异直接容许证人在警询中之陈述为证据，剥夺被告在审判中诘问证人之权利，影响程序正义之实现。②

3. 证人出庭不能或作证不能情况下警询陈述的证据能力。第159条之三规定：被告以外之人于审判中有下列情形之一，其于"检察事务官"、司法员警官或司法警察调查中所为之陈述，经证明具有可信之特别情况，且为证明犯罪事实之存否所必要者，得为证据：其一，死亡者；其二，身心障碍致记忆或丧失无法陈述者；其三，滞留"国外"或所在不明而无法传唤或传唤不到者；其四，到庭后无正当理由拒绝陈述者。

在证人不出庭或出庭后拒绝陈述的情形下，无法保障被告人的反对诘问权，一般情况下是不能作为证据的。但是相关规定也规定在满

---

① 参照台湾地区"最高法院"2005年度台上字第5704号判决；台湾地区"最高法院"2005年度台上字，第5709号判决。转引自陈运财：《传闻法则及其例外之实务运作问题探讨》，《台湾本土法学杂志》2007年5月，第144页。

② 参照台湾地区"最高法院"2005年度台上字第5084号判决；台湾地区"最高法院"2005年度台上字，第5681号判决。转引自陈运财：《传闻法则及其例外之实务运作问题探讨》，《台湾本土法学杂志》2007年5月，第144页。

足三个要件之后也具有证据能力：合乎规定的出庭不能或作证不能；可信性之特别情况以及证明犯罪事实之必须。对于这一规定，王兆鹏教授认为只因为证人死亡、无法记忆、无法传唤，其先前未经对质诘问、未经具结之陈述，即得成为证据，对于被告极为不公平，甚至违反了被告之对质诘问权。①

不过，其他学者对这一条款的解释则更符合制定相关规定的意图，即判断这一条款是否公平主要在于对传唤不能要件如何理解，特别是对"滞留'国外'或所在不能而无法传唤或传唤不到"如何处理。对这一问题，台湾"最高法院"也有不少判决指出，所谓"传唤不到"系指因"滞留'国外'或所在不明而无法传唤或传唤不到"而言，并非谓证人"经传唤未到"，而不问其是否"滞留'国外'或所在不明"，均得依该条款规定处理。强调"事实审法院"不得仅因证人经合乎规定之传唤而不到，即径行认为有符合该条款所谓传唤不能要件，仍应调查究明证人有无因"滞留'国外'或所在不明"而无法传唤或传唤不到的情形，否则有害于被告诉讼防御权的行使。② 看来，无论是台湾"最高法院"还是"事实审法院"对这一要件的认识都是非常清晰的，并没有因其规定用语不甚清晰而扩大其适用范围，仍旧将其限制在因客观情形而未能出庭的范畴之内，应该说这是符合制定相关规定的原意的，而且也符合被告人诉讼防御权的基本要求，否则将会出现大量的情况，使客观上不具有不能出庭的情形，套用"经传唤而不到"的解释而具备证据能力，这无疑是对台湾地区宪制性规定赋予被告人的反对诘问权的巨大限制。

4. 对特信文书证据能力的规定。第159条之四规定，除前三条之情形外，下列文书亦得为证据：其一，除显有不可信之情况外，公务

---

① 王兆鹏：《论最新修正"刑事诉讼法"之传闻法则》，《万国法律》2003年4月，第8页。
② 陈运财：《传闻法则及其例外之实务运作问题探讨》，《台湾本土法学杂志》2007年5月，第137—138页。

员职务上制作之纪录文书、证明文书。其二，除显有不可信之情况外，从事业务之人于业务上或通常业务过程所须制作之纪录文书、证明文书。其三，除前二款之情形外，其他于可信之特别情况下所制作之文书。这一条款事实上将书面材料的证据能力进一步扩大，与美国法上的传闻证据例外情形有一定的相似性。

不过需要特别注意的是，特信性文书的规定并不清晰，界定也不明确，故在实务上其具体种类可以涵盖哪些文书，一直以来都存在诸多争议。从"事实审法院"的态度来看，是大幅度地容许实施刑事诉讼程序的公务员将审判外所制作的个案调查、勘验等文书纳入特信性文书中。例如"高雄高分院"2005年上诉字第672号判决：本件屏东县警察局东港分局员警侦查报告、"内政部"警署刑事警察局枪弹鉴定书均系公务员职务上制作的文书，亦无不可信之情况，具有证据能力；"高雄地院"2004年诉字第3252号判决：本件搜索扣押物品清单、监听译文及监听录音带等证据，均系公务员职务上制作之文书，经查并无证据证明系公务员违背规定程序所取得，亦无显有不可信之情况，则上述证据均有证据能力；"高雄地院"2004年交诉字第18号判决：本件关于相验尸体证明书、验断书、"检察官"勘验笔录、警察制作之道路交通事故现场图、道路交通事故调查报告表等均系审判外公务员所制作文书陈述，唯因均系公务员职务上作之记录文书、证明文书，并无显不可信情状，均得为证据，应有证据能力。[①] 这些在我国大陆刑事程序中类似于勘验、检查笔录类证据的相关调查笔录，在台湾地区学者看来列入特信性文书并无不妥，但是他们仍旧指出："如当事人表示同意，且'法院'认为适当者，固可容许作为证据，惟当事人有争议者，仍应就待证事项传唤制作该文书之公务员到庭依法调

---

① 台湾地区"高雄高分院"2005年上诉字第672号判决；"高雄地院"2004年诉字第3252号判决；"高雄地院"2004年交诉字第18号判决。转引自陈运财：《传闻法则及其例外之实务运作问题探讨》，《台湾本土法学杂志》2007年5月，第137页。

查,始为'适法'。"①

5. 当事人同意或拟制同意下取得证据能力。根据第159条之五规定,不符合前述例外的情形,但当事人于审判中同意或在言词辩论终结前无异议(即拟制同意),"法院"审酌该审判外之陈述作成时之情况认为适当者,亦得为证据。

最后,需要特别指出的是,在传闻例外的情形中,台湾地区的刑事诉讼相关规定一般都要求具备可信性的条件,而证据可信性的认定问题是属于证据能力的问题,并不涉及证明力的问题,此点尤为重要。从台湾地区"最高法院"2005年度台上字第5709号判决来看:"所称'除显有不可信之情况',系指可信之情况保障;所称'有较可信之特别情况',指相对之可信而言,亦即被告以外之人,先前之陈述背景,具有特别情况,而使其较审判中之陈述为可信时,例外地赋予证据能力;然判断是否有可信之情况保证或者相对可信之特别情况,纯属证据能力之审查,无关证据力之衡量,有无可信之情况保障或相对可信之特别情况,应就侦查或调查笔录制作之背景、原因、过程等客观事实加以观察,依无证据能力即不生证据力之原则,自不容就被告以外之人之陈述,先为实质之价值判断后,再据以逆向推论其证据能力。"②从台湾"最高法院"认定可信性的方法来看,也类似于日本刑事司法中以陈述的外部状态而判断可信性,不能深入到笔录之内容中,以证明力的价值而反推其证据能力。

从台湾地区传闻规则及其宽泛化的例外情形来看,其刑事诉讼相关规定虽然确立了传闻规则,但在规则之外又规定了诸多例外情形,而且这些例外与日本传闻规则的例外情形相比甚至于广泛得多,"检察

---

① 陈运财:《传闻法则及其例外之实务运作问题探讨》,《台湾本土法学杂志》2007年5月,第137页。
② 台湾地区"最高法院"2005年度台上字第5709号判决,转引自王兆鹏:《2011年刑事程序相关规定发展回顾》,《台大法学论丛》第41卷特刊(2011),第1594页。

官"所录取的陈述除了明显不可信的情形,即使未经过被告人的反对诘问,依然可以作为证据,而警察所收集的陈述在与当庭陈述不一致的时候,也可在一定条件下作为证据。故而也有学者批评,相对于直接审理原则,2003年新的刑事诉讼相关规定引入传闻法则之名,实际上反而大幅承认侦讯笔录的证据能力。①

(三)被告人对质诘问权的保障

现代刑事诉讼制度下,被告人并非纯粹的客体,为真实发现和公平审判的目的,被告人一般来说都被赋予了诘问证人的权利。台湾地区刑事诉讼制度中,被告人的对质诘问权是由所谓"大法官会议"释字第384号对台湾地区宪制性规定的解释而实现的:"对质诘问权是第8条保障正当法律程序的内涵之一。"②而且在2003年刑事诉讼相关规定确立传闻规则及其例外之后不久,"大法官会议"释字第582号裁判要旨也进一步指出:"被告诘问证人之权利既系诉讼上之防御权",又属"正当法律程序所保障之权利"。此等权利之制度性保障,"有助于公平审判('本院'释字第四四二号、第四八二号、第五一二号解释参照)及发现真实之实现,以达成刑事诉讼之目的"。③经由这些解释,被告人对质诘问的权利不仅被提上了台湾地区宪制性规定的权利的层面,而且还具备该宪制性规定上之诉讼防御权和"正当法律程序"的双重保障,而目的也具有双重的性质,既是为了公正审判,也是为了真实发现。

不过,公正审判与真实发现的目的并不总是可以兼得。从刑事诉讼相关规定第159条之一所确定的传闻例外来看,被告以外的人在"法官"和"检察官"面前的陈述,得以不经被告人的对质诘问而作为

---

① 林钰雄:《刑事诉讼法》(下册),中国人民大学出版社2005年版,第148页。
② 吴巡龙:《对质诘问权与传闻例外——美国与台湾地区裁判发展之比较与评析》,《台湾法学杂志》2009年1月,第116页。
③ 台湾地区"大法官会议"释字第582号。

证据，是该相关规定为了真实发现的意图而例外地赋予具有可信性之书面传闻而使其作为证据的。但是，如果从公正审判的视角来看，这一传闻的例外情形又剥夺了被告人宪制性规定上的对质诘问权，构成对对质诘问权利的实质性限制，那么如何理解相关规定规则与宪制性规定权利的这种冲突呢？实务中这一问题又是如何解决的呢？

首先，从理论上来看，需要考察被告人对质诘问权的目的或者说理论基础。关于被告人对质诘问权的理论基础，在理论上有所谓最狭义之对质诘问权理论、证人产生理论、可信性理论、主要证据理论、防止滥权理论、当事人进行主义之诉讼防御权理论，其中较为重要的是可信性、证人产生、防止滥权三种理论。① 如果对质诘问权的理论基础是可信性，那么就与刑事诉讼相关规定第159条之一所列之传闻例外具有共同的基础，即在"法官"面前的陈述以及"检察官"面前陈述除显有不可信外，因为具有可信性所以可以成为例外，那么既然这些陈述是具有可信性的，与对质诘问权的目的是一致的，当然就无须再进行对质诘问了。不过，如果对质诘问权的理论基础是证人产生或者防止滥权理论，那么，不管"法官""检察官"面前的陈述多么有可信性，也不能剥夺被告人反对诘问的权利。

其次，实务中对这一问题的态度也存在许多争议。在新规定修改不久，"大法官会议"释字第582号解释指出："为确保被告对证人之诘问权，证人（含其他具证人适格之人）于审判中，应依人证之法定程序，到场具结陈述，并接受被告之诘问，其陈述始得作为认定被告犯罪事实之判断依据。至于被告以外之人（含证人、共同被告等）于审判外之陈述，依'法律'特别规定得作为证据者（刑事诉讼相关规定第一百五十九条第一项参照），除客观上不能受诘问者外，于审判

---

① 参见王兆鹏：《2011年刑事程序相关规定发展回顾》，《台大法学论丛》第41卷特刊（2011），第1592页。

中,仍应'依法'践行诘问程序。"①"大法官会议"的这一解释虽然以多数意见勉强获得通过,但其立场鲜明,即认为即使根据第159条第一项可作为传闻例外的情形,在审判中仍应当保障被告人对质诘问的宪制性规定的权利,除非被告以外之人具备客观上不能受诘问的情形。在学术界和实务界看来,这一解释如同平地一声惊雷,与刚刚得到确立的传闻规则之"立法意图"直接相悖。与台湾地区"大法官会议"意见相左的是其"最高法院"的立场,在该解释公布之后,"最高法院"随即两度召开记者会,以罕见的严厉语气抨击"大法官"越权。而站在释宪方的民间司法改革基金会则反击"最高法院""知法犯法、本位主义作祟"。② 由此可见,实务界对于传闻例外与对质诘问权之间冲突的意见存在很大分歧,不过,无论如何,第582号解释终究通过,其对台湾地区刑事诉讼相关规定的未来走向将会产生深远影响。

再者,随着"大法官会议"释字第582号解释发挥其影响,刑事诉讼相关规定第159条第一项之传闻例外逐步受到限缩解释,被告人宪制性规定上的对质诘问权逐步得到充分保障。比如,台湾地区"最高法院"2005年度台上字第3728号判决认为:"审判外向'法官'所为之陈述,得为证据,实质上应解释为系指已经被告或者其辩护人行使反对诘问权之机会,除非该陈述人因死亡,或身心障碍致记忆丧失等原因无法传唤或传唤不到者外,均应当传唤该陈述人到庭使被告或其辩护人有行使反对诘问权之机会,否则该审判外向'法官'所为陈述,不容许作为证据。"③ 该项判决就对"法官"面前之陈述的证据能力做了限缩解释,受到学者所称赞。台湾地区"最高法院"2012年度台上字第4120号判决也表达了相似的旨意:"为保障被告之反对诘问权,

---

① 台湾地区"大法官会议"释字第582号。
② 参见林钰雄:《盖上潘多拉的盒子——释字第五八二号解释终结第六种证据方法?》,《月旦法学杂志》2004年12月,第57页。
③ 参见陈运财:《传闻法则及其例外之实务运作问题探讨》,《台湾本土法学杂志》2007年5月,第143页。

并与'现行法'对传闻例外所建构之证据容许范围求其平衡，证人在侦查中虽未经被告诘问，倘被告于审判中已经对该证人当庭及先前之陈述进行诘问，即已赋予被告对证人诘问之机会，则该证人于侦查中之陈述即属完足调查之证据，而得作为判断之依据。"①

从对质诘问权与传闻法则例外情形的冲突来看，台湾地区传闻法则的规定背后，深刻印记着对实体真实发现的重视，具备可信性的"检察官"面前之陈述，可以不经被告人宪制性规定上的对质诘问权的质疑而作为证据，而且这样的规定在传闻法则中也是极为少见的。只不过，这一规定在司法实务中为"大法官会议"对宪制性规定的解释所拘束，真实发现虽然重要，但被告人对质诘问权的保障也不能放弃。虽然从解释出台的最初情况来看，实务界存在着重大分歧，但是在随后的司法过程中，随着"大法官会议"解释影响的不断深入，对质诘问权的保障逐步为台湾"最高法院"所接受并在实务中对各级"法院"的审判程序发挥影响，被告人的公正审判权得到了体现和保障。

四、对"混合式"诉讼模式下笔录资料规制方法的思考

"混合式"诉讼模式下的日本和意大利以及我国台湾地区处理书面笔录资料的方式及其实践对我们而言具有极高的借鉴意义。日本和意大利都是传统上的大陆法系国家，台湾地区的刑事诉讼制度也深受大陆法传统的影响，真实发现的理念在刑事诉讼中影响深远。不过，这些国家和地区或被动或主动地对职权主义进行了当事人主义的改造，同时又保留了不少职权主义的因素，这使得制度特征表现出"混合式"的色彩。在这样的制度背景下，各司法区处理书面笔录资料不约而同

---

① 参见台湾地区"最高法院"2013 年度第 13 次刑事庭会议：《被告以外之人于侦查中未经具结所为陈述之证据能力》，《法规人·判解集》第 22 期，第 35 页。

地借鉴传闻证据规则及其例外的方式，而且也在卷宗制度上作出了相适应的转变，或者也正试图在卷宗制度上作转变，这些应当与其进行的当事人主义改造有关。不过，在考察之后可以发现，各司法区对书面笔录资料的法律规制在司法实务中并没有得到有效运作。意大利的限制是最为严格的，但实践中的运行却很困难，由此可见，在深受大陆法传统影响的司法区进行较为彻底的制度移植是极其困难的。日本法律和台湾地区相关规定在采用传闻规则后基于本司法区的实际情况，对庭前笔录的运用设置了相对宽泛化的限制规则，而实务中书面笔录的运用也是比较频繁。这也进一步揭示了传闻规则的运用有其特定的制度土壤，离开了当事人主义的制度背景，传闻规则对庭前笔录资料的规制效果也会在一定程度上失之过宽。

另一方面，在"混合式"诉讼模式下，日本和台湾地区的刑事司法有效保障了被告人质疑不利证人的权利，即使在符合传闻例外的情形下，被告人依然得以对不利证人进行反对询问。由此被告方得以经由诘问揭示证人陈述的瑕疵，裁判者也得以直接观察证人举止并听取其当庭证言。因此，尽管庭前笔录依然对法庭的事实认定活动形成较大的影响，甚至于因为比当庭陈述更具有可信性而成为事实认定的根据，但却并不能排他性地对事实认定起到决定性的作用。

本章小结

从历史的视角来看，庭前笔录资料在刑事诉讼中曾扮演着极为重要的角色，在其基础之上，官僚层级式的审理方式才得以成为可能。不过，在现代刑事程序中，无论是大陆法系、英美法系抑或是"混合式"模式下的刑事诉讼，无不对书面笔录作为证据使用予以严格限制。不过，从主要考察的境外司法区来看，各国和各地区受到其法律文化传统和刑事诉讼历史的影响，对书面笔录进行限制的理论基础是有差异的，限制的方法和程度更是有区别的。从英美法系国家的理论和实践来看，其处理书面笔录资料的基本方法是传闻证据规则，这与英美法系刑事诉讼的诸多制度背景和特点是相契合的。与英美法系国家以传闻证据规则及其例外的方式处理书面笔录资料不同，大陆法系国家的典型代表法国和德国刑事程序的处理方式主要是直接言词原则，这也是与大陆法系国家的制度背景和特点相一致的。"混合式"诉讼模式下的日本、意大利以及我国台湾地区的刑事程序或主动或被动地进行了当事人主义的改造，并借鉴了传闻法则与之相适应。不过，这些"混合式"的诉讼模式仍然保留了一定的职权主义因素，由此也造成了传闻规则在这些司法区域的适用略显滞涩，效果并不理想。因此，庭前笔录资料的规制方法并不是孤立的，而是有其制度和环境土壤，并与不同的诉讼模式相适应。

尽管在不同的诉讼模式下，各个司法区所采用的规制庭前笔录资料的基本方法和具体路径不尽相同，但从其规制的效果来看，却很难说孰优孰劣。英美法系因强调正当程序，注意保障对质诘问权，审前笔录只有在符合传闻规则的例外条件的情况下才能作为实质证据使用，作为裁判基础的事实是当庭举证、质证、辩论的结果，而不是事实裁判者审阅审前笔录的结果。大陆法系因强调实体真实的发现，注意以直接言词原则践行法庭上的证据调查程序，审前笔录也只是特定条件下才能出于发现真实和唤醒记忆以及消除矛盾的需要而加以宣读，虽然看上去对笔录的证据能力较为宽容，但实际上证人出庭率是比较高的，笔录对案件事实的认定同样不起决定作用，尤其是在被告人不认罪的案件中。至于"混合式"模式下的诉讼程序，虽然司法实务中的笔录运用远远突破了立法规范的要求，但这也是与其制度背景相一致的，而且从其对被告人反对询问权的有效保障来看，庭前笔录的广泛运用本身也并不意味着这些笔录资料对事实认定起到决定性的作用。

第三章　笔录资料在我国庭审中运用的立法、实践及其问题

在我国的刑事程序中，虽然在诉讼理论上接受了直接言词原则，但庭前笔录的法庭运用既未在立法规范上予以限制，也未能在司法实务中实现规制，笔录资料作为证据在庭审中运用是较为普遍的现象，以至于庭审程序表现出以笔录为中心的特征。那么，相比于境外司法制度下庭前笔录的限制与运用，尤其是相比于笔录资料的运用较普遍的司法区域，笔录资料在我国刑事程序中的广泛运用又有什么本质上的不同呢？这种以笔录为中心的庭审方式在当前的诉讼体制下又存在哪些问题呢？

第一节　笔录资料的立法规制

从历史沿革来看，我国的刑事诉讼程序有着深厚的大陆法传统和职权主义倾向。1979年《刑事诉讼法》是新中国成立30年以来的第一部刑事诉讼法典，不过囿于当时的政治状况、经济条件、历史文化传统以及立法水平等因素，存在"重打击，轻保护"、程序规则不完善等多方面问题，不可避免地显示出其历史局限性。1996年《刑事诉讼法》借鉴了当事人对抗式程序的技术性要素，并以控审分离、控辩对

抗、审判中心为基本元素对庭审方式予以重构，在证据调查方法上则以控辩双方举证和质证为中心，以法官的询问为补充，随后在2012年《刑事诉讼法》的再次修订中，坚持了这一庭审方式改革的成果，完善了相关的配套机制，如证人出庭作证制度的进一步完善、庭前会议制度的建构等，并在2018年《刑事诉讼法》的修订中得到再次确认。

从对庭前笔录资料的规制上来看，1996年《刑事诉讼法》在立法上没有明确证人是否应当出庭作证的问题，而且对笔录作为证据也没有设立任何障碍性的规范，诉讼理论上广为接受的直接言词原则并没有在当时的立法中得到体现。2012年《刑事诉讼法》修订时注意到了这一问题，直接言词原则在立法规范中得到一定程度的体现，其具体表现为2018年《刑事诉讼法》以及2021年《最高人民法院关于适用〈中华人民共和国刑事诉讼法〉的解释》（本书简称为《解释》）的相关规定。

一、书面证言的规制方法

（一）以证人出庭作证作为规制书面证言的一般方法

1. 《刑事诉讼法》对书面证言的宽泛化规制。在1996年修订的《刑事诉讼法》中对于证人是否应出庭作证没有明确规定，但是1998年《最高人民法院关于执行〈中华人民共和国刑事诉讼法〉若干问题的解释》第141条对此进行了补充规定，即"证人应当出庭作证"，并将它作为一个原则性的规定。不过《解释》又规定符合以下情形的，经人民法院准许的，证人也可以不出庭作证：其一，未成年人；其二，庭审期间身患严重疾病或者行动极为不便的；其三，其证言对案件的审判不起直接决定作用的；其四，有其他原因的。从立法方式来看，该条规定采用了"原则加例外"的方式，但是从其内容来看，其中的几项例外规定又过于粗疏，为执法留下了很大的空白，实践中可以方便取舍，故而证人应当出庭作证的原则规定也就难以真正落实。

我国2012年以及2018年的《刑事诉讼法》并没有再采取"证人应当出庭作证"的原则性规定，而是限定了哪些证人应当出庭的务实性规定。根据《刑事诉讼法》第192条的规定，证人证言对案件定罪量刑有重大影响，并且控辩双方有异议的，人民法院认为证人有必要出庭作证的，证人应当出庭作证。同时也要求人民警察当其执行职务时目击了犯罪情况的，也需要根据同样的规则作为证人出庭作证。从这个规定来看，证人出庭作证应当具备三个要件，即：关键证人、控辩有异议以及法院认为有必要。

与证人出庭作证的制度相配套，《刑事诉讼法》也规定了强制证人出庭的基本规则。根据《刑事诉讼法》第193条的规定，经人民法院通知，证人无正当理由不出庭作证的，人民法院可以强制其到庭，不过被告人的配偶、父母、子女除外。证人没有正当理由拒绝出庭或者出庭后拒绝作证的，人民法院可予以训诫乃至于拘留。这是对证人不履行出庭义务的制裁措施。

从法律规定来看，可总结如下：其一，证人应当出庭作证不是一般性的原则，而是为务实性的规定取代；其二，控辩双方如果对书面证言作为证据没有异议的话，证人可以不出庭，也就是说书面证言可基于控辩双方的同意而取得证据能力；其三，控辩任一方对证言有异议的，证人是否应当出庭，仍由人民法院视必要性决定，也就是说，即使控辩各方对证言有异议，书面证言也是可能作为证据使用的；其四，证人拒绝出庭或者出庭后拒绝作证，制裁措施是及于证人本人，并未规定不出庭作证的证人之书面证言的证据能力问题；其五，法律并未规定证人作证豁免权，而只是规定法院不能强制被告人的近亲属出庭作证。[①]

[①] 不免除近亲属作证义务，只是免除强制其到庭，在实务中存在很大问题，尤其是对被告人而言极为不利。

在实践中,证人证言对定罪量刑有重大影响的,即应当是关键证人,这一条件相对而言是容易满足的,可以说大部分的证人证言都会对定罪量刑有重大影响,这样一来,在控辩任何一方对证人证言有异议的场合,证人应否出庭作证的关键是法院的自由裁量权。那么,法院依据什么作出必要性的判断呢?法律及司法解释并没有相关的规定和指引,各级法院依据该条款作出认定也无所适从。笔者以为,最好的解决途径是以指导性案例的方法给各级法院以指引,并在指导性案例中说明作出认定的依据,如该书面证言的不可替代性、维护司法的正义所必须等因素考量。① 比如,在一起故意杀人案中,目击证人在庭前对案件事实的多份证言前后矛盾,但该证人证言是定案的关键证据,被告人对证人证言提出异议,法庭基于在案证据无法判断证人证言真实性的情况,就有必要让该证人出庭作证,接受控辩双方的质证和法庭的询问,查清相关疑点和矛盾,确保事实真相的发现。②

2. 明确了证人可以不出庭作证的正当理由。根据《解释》第253条的规定,证人可以不出庭的正当理由包括:其一,在庭审期间身患严重疾病或者行动极为不便的;其二,居所远离开庭地点且交通极为不便的;其三,身处国外短期无法回国的;其四,有其他客观原因,确实无法出庭的。同时又规定,在这些情形下,也可以通过视频等方式作证。

现代社会生活纷繁复杂,期望所有具有必要性的证人都出庭作证也是不现实的,故任何一个司法制度都是允许例外情形的。在这种情形下,对证人庭前笔录的运用就是无法避免之结果。因此,因正当理

---

① 这一处置方法实质上类似于美国《联邦证据规则》所规定之"概括传闻例外"的方法,即法官在考量该陈述对案件的重要性、该陈述的不可取代性及司法的正义,从而容许该审判外的陈述为证据。参见王兆鹏:《美国刑事诉讼法》(第二版),北京大学出版社2014年版,第438—439页。

② 参见南英等主编:《刑事审判方法》,法律出版社2013年版,第213页。

由不出庭的，其证言之证据能力自不受限。在此，关键的问题是对证人不出庭的正当理由予以合理界定，特别是"有其他客观原因，确实无法出庭的"这一概括式规定，不能任由法官自由裁量，而应当建构一定的标准，或者以解释为之，或者以指导性案例为之，总之，下级法院对这些情形的认定应当受到拘束。

不过，《解释》又为这些无法作证的情形提供了"视频作证"的选择模式，与德国《刑事诉讼法》之"视频作证"有一定的相似性，从其解释意图而言是极为有意义的。不过，唯一令人产生疑问的是，既然《解释》在作证方法上确认了"视频作证"的可接受性，同时又未能明确证人有正当理由不出庭作证，那么在具备"视频作证"条件的情形下，证人是否应当"视频作证"呢？笔者以为，从解释精神来看，允许证人可以不作证的原因是客观而非主观的，那么在具备"视频作证"条件的情况下，其不能作证的客观原因已经消失，故当然不能免除其作证的义务。因此，在此情形下，证人如果拒绝"视频作证"，其效果也当然相当于应当作证而不作证。而且，此处还应当借鉴德国《刑事诉讼法》关于视频作证之同时传送的要求，以保证作证的实时性。

3. 庭前不一致证言可以作为实质证据。《解释》第91条对证人出庭作证后庭前证言的运用问题作出了规定，即证人当庭证言经控辩双方质证、法庭查证属实的，应作为定案的根据。但是，证人当庭证言与庭前证言矛盾的时候，证人能作出合理解释，并有其他证据印证的，应当采信当庭证言；不能作出合理解释，而庭前证言有其他证据印证的，可以采信庭前证言。也就是说，在当庭证言与庭前证言相矛盾的时候，如果庭前证言具有"可信性"保障的，可以采用庭前证言。这一书面证言的采信方法与大陆法系国家的处理方式具有内在的一致性，也与日本刑事程序处理检察官面前之笔录的方法相似，更与我国台湾地区处理警询笔录的方式相似，即庭前不一致陈述不仅可以作为弹劾证据，而且可以作为实质证据，只不过《解释》所评价的"可信性"保障是以庭前证言能够与其他相关证据的相印证为条件。

4. 书面证言具备"真实性"保障的，其证据能力不受限制。《解释》第91条第3款对书面证言的证据能力做了兜底式的规定，即经人民法院通知，证人没有正当理由拒绝出庭或者出庭后拒绝作证的，其庭前证言并不当然不具有证据能力，而是认为"法庭对其证言的真实性无法确认的，该证人证言不得作为定案的根据"。也就是说，如果法庭经过审查认为该书面证言具有"真实性"保障，那么其证据能力是不受限制的。

该《解释》条款事实上是无限度地扩大了书面证言的证据能力，尽管从规则来看需要"真实性"保障，但真实性也是对证据的基本要求，没有"真实性"保障的证据材料是不能成为证据的，所以其唯一的限制也就无所谓限制了。那么，从《解释》的规定来看，其实这是对于按照现有法律规定，证人应当出庭但经通知后没有出庭或者出庭后拒绝作证的庭前证言，给予一次重新获得"生机"的机会。可是，这样做是否也意味着法律对于书面笔录所设定的层层限制失去了意义呢？对此，笔者以为，尽管这一解释在事实上无限扩大了书面证言的证据能力，但这也是为保障法官的事实认定提供的一种现实选择，也就是说，法庭在确认该证人证言有真实性保障的情形下，可以将其作为证据，以服务于事实认定活动。而法律对书面证言所设定的其他限制方法依然有效，只不过可能受此条款的影响而有所消解甚至于被架空，比如可能弱化了控辩双方促使关键且必要证人出庭作证的动力。

当然，这并不是说笔者赞同这一条款，恰恰相反，笔者认为这一条款是应当废除的，因为其不具有逻辑上的合理性。我国《刑事诉讼法》并未规定证人出庭作证作为一般性的要求，而是务实性地要求具有必要性之证人出庭，如果能够确认庭前证言之真实性，且无须对证人再行询问的，那么证人也就没有出庭之必要。而如果法院通知证人出庭作证,那么或许是因法院仍需对证人进一步询问以查明事实,或许是对庭前证言笔录的真实性无从判断,但不论是何种情形,证人出庭作证之必要性就已经说明庭前证言之可信性可能是无法判断的,那么,既然如此,为何在证人无理由不出庭或者出庭后拒绝作证的情形下又能够确认庭前证言之真实性呢?这在逻辑上是很难自圆其说的。

(二)鉴定人应当出庭作证——对鉴定意见的严格限制

对于鉴定意见的规制方法,《刑事诉讼法》采取了与证人证言截然不同的态度。第192条第3款的规定,一方面,控辩任何一方对鉴定意见有异议,同时人民法院认为鉴定人有必要出庭的,鉴定人应当出庭作证。另一方面,经人民法院通知后,鉴定人拒不出庭作证的,鉴定意见就不能作为定案的根据。

根据这一条款的规定,《刑事诉讼法》对鉴定意见是设置了较为严格的限制的,在鉴定人应当出庭作证但其拒不出庭的情形下,鉴定意见就不能作为证据,这一限制方式是不同于证人证言的。因为证人即使应当出庭,经通知而不出庭的,法律所规定的制裁方式也只是及于证人本人,而证人证言却并不受限制,只要法庭认为证人证言有真实性保障,依然可以作为证据。故而《刑事诉讼法》对鉴定意见的规制方法是较为严格的,这也符合现代法治国家刑事诉讼程序对庭前笔录的基本态度。

(三)被害人陈述笔录的规制方法

被害人陈述是刑事证据中比较常见的证据类别,由于被害人对犯罪事实有一定的亲历性,故而在证明被告人罪行方面往往发挥着重要的作用。被害人作证具有证人作证的特点,不过,由于被害人具有当事人的身份,拥有庭审参与权,因此被害人作证不同于证人作证。

《刑事诉讼法》对证人设定了作证的义务,但是并没有要求被害人作证的义务。因此,《刑事诉讼法》及其司法解释对庭前证人证言的各种限制方法,对被害人庭前陈述而言并不完全适用。不过,《刑事诉讼法》之《解释》的第 92 条也规定了对被害人陈述的审查与认定,参照适用证人证言的有关规定。

1. 被害人作为当事人出庭的情形。被害人出庭参与审判的,根据《解释》第 244 条的规定,经审判长准许,控辩双方可以向被害人发问;第 245 条规定,审判人员在必要时,可以向被害人发问。即被害人可以作为证人作证并接受交叉询问。同时,被害人也是当事人,因其拥有庭审参与权,可以全程参与庭审程序,并了解包括证人证言在内的其他证据,这可能导致被害人陈述处于一个不断修正的过程中,因此,如果被害人出庭的,庭审环节最好对被害人陈述先进行举证质证,必要时可以进行交叉询问。[①] 至于被害人当庭陈述与庭前陈述有矛盾的,可参照《解释》第 91 条证人先前不一致陈述的认定方法,即被害人庭前陈述有可信性保障的,可以作为实质证据。

2. 被害人没有出庭的情形。被害人没有出庭作证的义务,故在其没有出庭的场合,被害人庭前陈述笔录并不当然不具有证据能力。根据《解释》第 92 条的规定,应当认为被害人庭前陈述具备真实性的保障的,可以作为证据,具备证据能力。

二、被告人庭前供述笔录的规制方法

根据我国《刑事诉讼法》第 50 条的规定,犯罪嫌疑人、被告人供述和辩解是我国《刑事诉讼法》规定的法定证据种类之一。可见,立法者是把犯罪嫌疑人、被告人作为证据来源看待的。不过,从《刑事诉讼法》的规定来看,并不对犯罪嫌疑人的庭前供述与被告人的当庭

[①] 参见南英等主编:《刑事审判方法》,法律出版社 2013 年版,第 222 页。

供述作出证据能力上的区分,而是承认二者都可以作为证据,由此可见,从立法规范上来说,犯罪嫌疑人向侦查人员、检察官的供述之笔录也可以作为实质证据运用。

最高人民法院的司法解释也遵循了这一逻辑,根据《解释》第96条的规定,其一,被告人在庭审中翻供,但是不能合理说明翻供原因或者其辩解与全案证据矛盾,而其庭前供述与其他证据能够相互印证的,就可以采信其庭前供述。其二,被告人的庭前供述和辩解存在反复,但庭审中又供认,且能够与其他证据相互印证的,就可以采信其庭审供述。其三,如果被告人庭前供述和辩解存在反复,庭审中不供认,而且又没有其他证据与庭前供述印证的,不得采信其庭前供述。也就是说,被告人庭前供述与当庭供述不一致的,只要庭前供述具备真实性的要求,那么就可以作为实质证据,当然更可以作为弹劾当庭陈述的证据使用。不过,需要指出的是,关于庭前供述"可靠性"保障的评定方法与证人庭前证言的判断方法一致,也是以这些庭前笔录与其他相关证据的印证性为条件的。

三、笔录类证据及其他书面材料的规制方法

根据我国《刑事诉讼法》第50条的规定,勘验、检查、辨认、侦查实验等笔录是法定的证据种类之一,经查证属实的,可以作为定案的根据,我国学者从学理上将这类证据称为笔录类证据。①

一般而言,笔录类证据是由侦查人员制作的,特殊情况下也可能是检察官或者法官制作的,比如法官在庭外调查实施勘验过程中制作的,而这类笔录所记载的事项一般是勘验、检查、辨认、侦查实验等

---

① 参见龙宗智:《进步及其局限——由证据制度调整的观察》,《政法论坛》2012年第5期,第6页;又见马明亮:《笔尖上的真相——解读刑事诉讼法新增笔录类证据》,《政法论坛》2014年第2期,第50页。

侦查或者调查行为及其结果。从《刑事诉讼法》的规定来看，这一类笔录证据为法定的证据种类之一，其笔录本身即具备证据能力，法律并未要求笔录的制作主体作为证人在法庭上就笔录的制作过程接受控辩双方的质疑和法官的询问。不过，在勘验、检查人员等笔录的制作主体不出庭的情形下，法庭又如何能够对其所制作之笔录的真实性作出判断呢？从境外司法制度处理这一类笔录资料的方法来看，无论是在当事人主义诉讼制度下还是在职权主义诉讼制度下，笔录的制作者都应当作为证人出庭作证。虽然在法官拥有调查职权的司法制度下，也赋予法官勘验笔录以证据能力，以区别于警察和检察官之勘验、检查等笔录资料，但这是因为法官在进行勘验、检查等调查活动时，一般情形下是保障了被告人及其辩护人的在场权的。

除了上述所列举的庭前笔录资料之外，我国《刑事诉讼法》及其《解释》还涉及记录言词证据之录音录像资料，行政机关在执法过程中收集的笔录等书面材料，司法实务中还涉及公安机关出具的到案说明、情况说明等书面材料，以及其他具有笔录性质的书面记录资料。这些书面材料的共同特点是具有一定的派生性和非直接性，都不是最原始的证据来源，但在《刑事诉讼法》的证据类型中，它们有的可以归入视听资料，有的可以归入言词证据笔录，有的可以归入勘验、检查等笔录类证据。对于这些笔录材料的证据能力，只要其具备真实性，《刑事诉讼法》并没有特别的要求，即法律规范并没有因其作为原始证据方法的替代品就对其进行特别限制。

四、笔录资料立法规制的特点

（一）笔录资料证据能力立法规制的宽松

从以上关于各种笔录类型的立法及司法解释的梳理来看，唯有鉴定意见作为证据使用被设置了较为严格的规范，即控辩双方有异议，法院认为有必要通知鉴定人出庭作证，经通知后，鉴定人仍不出庭作证的，鉴定意见不得作为证据。也就是说，在这种情形下，鉴定人必须出庭接受控辩双方的质证和法庭的询问，否则鉴定意见不能作为证据。如此规定，一方面固然是由于鉴定人出庭作证可以陈述鉴定意见作出的根据，并接受对方的质疑，为法庭审查鉴定意见提供参考；另一方面也为对方提供了当面质疑的机会，从程序上来看符合公正的要求。

除了鉴定意见之外，其他类型的笔录只要具备了真实性保障，证据能力即不受限制，可以在法庭审理过程中作为实质性的证据。对笔录资料这种原始证据方法的替代品设置如此宽松的限制条件，无论是在以传闻证据规则及其例外规制书面传闻的司法制度下，还是在以直接言词原则为基本方法对书面笔录进行限制的司法区域，都是难以想象的。

（二）笔录资料的证据能力不因录取主体而作区分

在刑事诉讼过程中，庭前笔录不仅可以类型相区分，而且还可以因录取的主体不同而进行区分。这些主体一般而言包括警察、检察官、法官和律师，不过由于这些不同身份者在刑事诉讼中承担着不同的职责，一般来说法律会根据他们身份的不同而对其所录取的笔录赋予不同的证据能力。一般而言，法官面前的询问笔录可靠性较高，往往被赋予证据能力。比如美国刑事程序中在法官面前宣过誓并经对质诘问的供述录取（deposition），法国刑事程序中在预审法官主持下并经对质后录取的证言笔录，德国的司法询问笔录，日本在法官面前作出的笔录，等等。与之不同的是，证人在警察和检察官面前的询问笔录，其证据能力则受到了不同程度的限制，除非这些笔录（在日本是检察官面前之笔录）因与证人的当庭陈述不一致而被引入法庭，或者为唤起记忆而被引入法庭。但是，在我国刑事程序中，无论是警察、检察官抑或是法官，笔录的录取主体的不同并不影响其庭前证言的证据能力。除此以外，被告人庭前供述笔录的证据能力同样不受其录取主体的不同而有所区分，这与境外司法制度下对被告人庭前警询笔录的严格限制显然不同。

（三）证人、被害人庭前笔录的运用不以对质权为条件

证人、被害人的陈述在刑事程序中是经常运用的证据类型。如果法院对案件事实的认定是基于这些不利于被告人的证人、被害人之陈述时，那么无论是从事实认定的准确性出发，还是从被告人不可被剥夺的与不利证人当面对质的根本要求出发，都应当赋予被告人对质的机会，这一基本权利在大多数的法治成熟国家得到了确立和保障，故而一般认为，凡是以证人、被害人庭前笔录作为认定罪行的根据的，刑事程序都应当保障被告人与其对质或者曾经与其对质的最低要求。不过，我国刑事程序关于证人、被害人庭前笔录的规制方法只见于真实性的保障，却没有对质权的保障，这不仅有失公平，而且也难以保障事实认定的准确性。

第二节　笔录资料运用的现实状况

笔录资料的立法规制在我国刑事程序中是较为宽松的，也就是说大量的书面笔录都是具有证据能力的，在法庭审理过程中，控辩双方出示这些笔录资料以供法庭调查，并不存在法律规范上的过多限制，这样，各种笔录资料就涌入法庭审理活动中，致使法庭审理表现出书面性的特征。以下笔者拟以中国庭审公开网全程直播的被告人安某文涉嫌运输毒品罪一案（一起常见的被告人不认罪案件）的庭审为例说明这一现象。①

安某文涉嫌运输毒品罪一案的基本情况是这样的：太原铁路运输检察院指控，2018年1月10日被告人安某文持用本人身份证购买的列车车票进入太原南车站，欲乘车前往大荔，在4号安检台安检时被安检人员查获，被告人安某文现场先后将其散放在黑色上衣内侧右下口袋、左下口袋内的冰毒抖落在安检台附近地上，被告人安某文被当场抓获。经收集称量，散落在地上的冰毒净重9.49克，执勤民警将被告人安某文带至太原南车站派出所办案区后，从其穿着的上衣左侧内口袋搜出的冰毒净重3.11克，上衣右侧内口袋及裤子右口袋内搜出的冰毒共净重2.69克，共计净重15.29克。后经公安部物证鉴定中心鉴定，在送检的三份检材中均检出甲基苯丙胺成分，其中落在地上的毒品中甲基苯丙胺含量为80.1%。针对指控的事实，被告人安某文的主要辩解是：第一，其进站时未实施撒落毒品（9.49克）的行为；第二，公安民警两次将本案扣押的毒品在没有封装的情况下拿出办案区，不排除对毒品进行了更换；第三，其准备将携带的毒品在进站后丢弃，主观上无运输毒品的故意。安某文的辩护人进一步指出，本案毒品收集、送检、鉴定的证据链有严重瑕疵，起诉指控犯罪事实的证据不足。②

一、法庭调查的笔录化

安某文案开庭以后，审判长先核对了被告人的身份。然后介绍了

---

① 选择该案的审判作为分析的素材，是基于两方面的考虑：第一，安某文否认指控罪名，辩护人也重点围绕指控事实和证据进行辩护，控辩双方争议和分歧大，在这类案件中，庭前笔录的法庭规制有其实质意义；第二，安某文案并不具有特殊性，是司法实务中极普通的一起案件，因其普通更有代表性。这一样本分析法试图借鉴王亚新教授提倡和应用的"微观的却又是整体的"（local but total）研究进路。参见王亚新：《纠纷秩序法治——探索研究纠纷解决和规范形成的理论框架》，载马俊驹主编：《清华法律评论》（第二辑），清华大学出版社1999年版，第31页。对"微观的却又是整体的"研究进路，学者易延友进行了诠释，即以个案的调查和分析为对象，同时又以整个中国的法律制度为分析背景和框架，得出具有较为普遍性的结论和命题。参见易延友：《中国刑诉与中国社会》，北京大学出版社2010年版，第174页。

② 太原市铁路运输法院（2018）晋7102刑初10号刑事判决书。

庭前会议的基本情况，即就关于是否申请回避，是否申请排除非法证据，有无新的证据，出庭证人名单以及其他与审判有关的程序问题，等等，听取控辩双方意见。同时庭前会议也听取了控辩双方对证据和指控事实的意见，这为法庭在接下来的审判中明确了争议和重点问题。接下来，审判长介绍了诉讼参与人的情况，并告知了被告人的诉讼权利，然后开始法庭调查。①

在法庭调查阶段，针对起诉书指控的事实，公诉人围绕太原南站安检查获被告人、现场提取抛撒物、办案区内人身检查并对毒品简易称量、太原火车站尿检、太原公安处办案区称量毒品、毒品送检和鉴定等事实节点分别举示证据加以证明。从所举示证据的形式来看，主要包括了相关工作人员的证人证言笔录、现场勘验笔录、检查笔录、鉴定意见、各类情况说明以及照片和视频资料等证据。对于本案所有笔录资料类的证据，举示方式均是以公诉人概括式陈述证据主要内容的方式展开的，作出陈述、鉴定和情况说明的相关人员均未出庭接受质证。我们以本案中争点事实的举证和质证来说明。

被告人安某文当庭对公诉机关指控现场抛撒物颗粒状物品系其所抖落予以否认。为了证明该指控事实，公诉人举示了证人孟某鑫、李某的询问笔录，根据两人庭前向侦查人员的陈述，证实 2018 年 1 月 10 日，被告人安某文持车票在太原南站 4 号安检机安检，工作人员孟某鑫、李某发现其上衣内侧口袋有颗粒状物品，对其询问却并不正面回答，被告人随后揪住上衣衣角将其口袋内的白色颗粒状物品抖落在安检台周围，还试图用手机拨打电话，随后被民警制止和带走。随后，公诉人举示了工作人员韩某辰的证言笔录，证实其目睹了证人孟某鑫、李某安检的过程，并且证明在打开执法记录仪之前，被告人就已经抖

---

① 参见安某文涉嫌运输毒品罪一案庭审视频，资料来源于中国庭审公开网：http://tingshen.court.gov.cn/live/3749556，2021 年 9 月 6 日最后访问。

落了颗粒状物品。公诉人举示了现场监控视频及情况说明,由于监控视频角度问题,未能拍摄到被告人抛撒的过程。以上证人均未出庭,公诉人以概括证言笔录的方式向法庭举示相关证据。在质证过程中,被告人对证人陈述内容表示异议,辩护人也认为现有证据不能证明现场颗粒状物品系安某文所抛撒。

被告人及辩护人对涉案疑似毒品称量的同一性提出质疑。在正式称量过程中,办案民警将尚未称量且未封存的涉案疑似毒品带出办案区,不排除被调包或者性状及重量被改变的可能性。为证明关于涉案疑似毒品称量的事实,公诉人举示了太原公安处办案区称量笔录,证明了在见证人的见证下对涉案疑似毒品的称量过程,举示了称量过程的全程录像视频资料,举示了办案民警段某、田某昕、刘某涛、张某东的情况说明和证言笔录,结合视频资料等,证明在称量过程中将未封装的疑似毒品带至办案区门口,第一次移动是为了查看缴获毒品数量以确定是否为刑事案件,第二次移动是为了向分管领导汇报案件情况,时间很短,均未打开过物证袋。被告人及辩护人对以上情况说明和证言笔录均持异议,认为侦查人员将未封存的疑似毒品带出办案区缺乏合理性,也无法保证涉案疑似毒品的同一性。

关于本案疑似毒品的鉴定也是控辩双方争议的焦点,特别是针对从现场提取的抛撒颗粒物的鉴定,因为提取过程中,被提取物不可避免地会与地面杂质物相混合,进而导致控辩双方对该疑似毒品的鉴定存在分歧。公诉人就疑似毒品送检、鉴定的事实,举示了鉴定聘请书和公安部物证鉴定中心的检验报告以及关于检验报告说明函,证明从现场提取的抛撒物中检出甲基苯丙胺成分,含量为 80.1%;举示两份情况说明,证明送检毒样过程的合法性以及鉴定过程中的取样由公安部物证鉴定中心人员完成;举示送检疑似毒品照片,证明系鉴定意见的检材。辩护人在质证过程中表示,开庭以前申请鉴定人出庭作证,但是法庭没有同意,现就公诉人举示的证据,辩护人认为,第一,本案没有举示物证，辩护方不清楚现场提取的抛撒颗粒物是否包含大量的杂质，如毛发、碎屑等；第二，检验报告不能体现出抽样过程，是刨除了杂质还是混合了杂质，进而含量为 80.1% 的意见就是不准确的；第三，公安部物证鉴定中心关于检验报告的说明函作为检验报告的组成部分，加盖的是单位公章，不是由鉴定人签名的，不符合鉴定意见的证据要求。也就是说，鉴于鉴定人没有能够出庭，关于本案的鉴定过程和结论是无法确定其真实情况的。

值得注意的是，在本案庭审中控方是申请了证人出庭作证的。为了证明送检过程的合法性，办案民警关某、郭某旭出庭作证，结合《鉴定事项确认书》等证据，证实公安民警关某、郭某旭于 2018 年 1 月 12 日将封装后的全部涉案毒品送到公安部物证鉴定中心，并根据鉴定机关要求的鉴定需要留检和签字确认的过程。但是，结合本案争点事实和法庭质证情况来看，出庭作证的关某、郭某旭事实上不是关键证人，辩方持有争议的是鉴定取样的过程，而非送检的过程，根据控方举示的情况说明来看，鉴定过程中的取样由公安部物证鉴定中心人员完成，与两名出庭证人并无关联性。

从以上对安某文运输毒品案庭审实录来看，庭前书面笔录在法庭调查阶段的运用表现出几个特点：

1. 法庭举证笔录化。从控辩双方的举证来看，当然主要是控方的举证，材料主要是庭前笔录证据，包括证人证言笔录、勘验检查笔录、情况说明以及鉴定意见书，即使在被告人及其辩护人对证人书面笔录表示异议后，关键证人、鉴定人都没有出庭接受控辩双方质证和法庭的询问。庭审中虽然两名民警就涉案疑似毒品的送检过程出庭作证，但是该证明事项非控辩双方的争议事项，该类证人出庭作证本就缺乏必要性，其出庭作证不能改变争议事实法庭举证笔录化的实质。

2. 被告方质证笔录化。根据我国《刑事诉讼法》及其司法解释的规定，证据应当由控辩双方出示，并接受对方的质证后才可以作为定案的根据。在本案的审理中，控方所出示的证据主要以书面笔录为形式，关键证人、鉴定人并不出庭，因此质证活动表现为对控方书面笔录的质证。问题是，对于被告方的质疑，书面笔录是无法回答的。以本案中侦查人员两次将未封装的疑似毒品带出办案区的质证为例，辩护人认为，公诉人举示的情况说明等证据材料表述带出办案区是为了查看涉案毒品数量以及向领导汇报工作，这些理由完全不符合生活经验，不具有合理性。对这样的质疑，书面笔录无法回应，公诉人也无力进一步加以证明。因此，对书面笔录的质证并不充分，疑惑仍旧存在，而解开这个疑惑只能留待庭审法官在庭后重新研究书面卷宗笔录，并从中发现可支持某一方的依据。

3. 书面笔录的证据能力不受限制。尽管这些书面性笔录都不是原始的证据方法，具有派生性和非直接性，但是在法庭上都可以作为证据提出，即使证人、鉴定人不出庭，其庭前笔录材料的证据能力也是不受限制的，这与直接言词原则的要求不一致。

从安某文案的庭审来看，法庭调查的笔录化非常明显，尽管口头原则被遵循了，但是直接言词原则并未贯彻，证人出庭作证困难，特别是关键证人出庭作证的情况不多，这一现象也是我国刑事庭审法庭调查的现实状况，而且从笔者从事刑事审判的经历以及从其他实务工作者那里所了解的情形来看，多数案件中的庭审调查甚至还没有达到本案的精细水平。比如，控方举证书面证言不是全文宣读，有的是节选，有的是概述，有的是"见侦查笔录第某某页至某某页"的提示，之后便要求被告人及辩护人对该笔录予以质证。如果该案有辩护人并事先已阅卷尚可进行质证，但是在没有辩护人的场合，被告人甚至不知道证据的具体内容，那么又如何质证呢？这就不仅仅关乎事实认定的程序公正问题，更关乎事实认定的准确性问题。不仅如此，大量的勘验、检查、辨认等笔录也充斥于卷宗之中，并在法庭调查中被提出，这就导致了法庭调查看似口头进行，实质上却是对书面性的派生资料进行的核实工作。

　　事实上,我国的刑事审判程序一直以来都存在一大难题,即证人出庭作证困难。1996年《刑事诉讼法》并没有关于证人出庭作证的规定,只是在当时的《刑事诉讼法》司法解释中一般性地要求证人应当出庭作证,且对证人依法可以不出庭的例外情形规定也极为粗疏。而在实务中证人、鉴定人等则普遍不出庭作证,证人应当出庭作证的一般原则反倒成了例外,这已是一个公认的事实。① 2012年《刑事诉讼法》修改之后虽然确立了在法院认为有必要的情形下,证人应当出庭作证的原则,但是实务中证人出庭作证的情况并没有明显好转。② 也正是因为证人不出庭,特别是关键性证人不出庭作证的司法现状突出,法庭通过证人询问发现事实真相的设想在事实上难以实现,证据调查活动也就明显表现为对庭前笔录资料的调查,因此,法庭调查活动的笔录化特征并不是仅在个案中呈现,而是有其普遍性。③

二、判决依据的笔录化

　　仍以安某文案的审判为例,就上述指控安某文持车票进入候车室准备乘车,在安检中被查获随身携带毒品共计净重15.29克的事实,法庭在判决中对这一指控事实予以认可,认定本案事实的证据主要是由庭前证人证言笔录、现场勘验检查笔录、书面鉴定意见、情况说明、被告人庭前供述笔录以及视频资料等组成,法庭在作出事实认定活动

---

　　① 参见左卫民:《刑事证人出庭作证程序:实证研究与理论阐析》,《中外法学》2005年第6期,第642页。

　　② 参见郑未媚等:《法治中国视野下的刑事程序建设——中国刑事诉讼法学研究会2014年年会综述》,资料来源于中国社会科学网:http://www.cssn.cn/fx/fx_xsfx_990/201401/t20140120_948137.shtml,2017年12月20日最后访问。

　　③ 证人普遍不出庭作证的司法现实也是法庭过度依赖笔录资料的原因之一,笔者将在下一章中详述并以实证调研资料的分析说明证人出庭作证的困难。

过程中并没有对相关争议事项的证人、鉴定人及情况说明的陈述人进行询问，而是从案卷笔录所载相互可以印证的书面笔录中找到事实认定的路径。

以上述争议事实现场抛撒物颗粒状物品是否系被告人安某文所携带为例，合议庭认定这一事实的依据主要是可以相互印证的庭前证言笔录以及被告人庭前曾作出的供述笔录："证人孟某鑫、李某（太原南车站安检员）的证言，证实2018年1月10日9时50分许，孟某鑫、李某在太原南车站进站口4号安检台安检时，孟某鑫发现一名约40岁身穿一身黑色衣服的男性旅客（被告人安某文）上衣右面内侧口袋里有颗粒状物品，手检时，安某文用手揪住自己上衣右面的衣角，开始往外抖搂里面的东西，掉在地上的是白色透明的颗粒状物质……证人韩某辰（太原南车站安检员）的证言，证实2018年1月10日9时50分许其在太原南车站3号安检台处置岗工作时，见到相邻的4号安检台同事孟某鑫、李某手检时拉住一位男性旅客（被告人安某文），随即赶过去准备打开执法记录仪时，那名男性旅客提起自己穿着的上衣向外抖搂一些小的白色晶体，散落在4号安检台附近的地上……被告人安某文于2018年1月10日两次讯问时供认在安检过程中将上衣内口袋的毒品撒落在地面上。之后三次供述及当庭供述均否认在安检台撒落毒品的行为。"①

从法庭对于安某文携带运输毒品的事实认定中，可以发现判决中事实认定的基础或者依据正是庭前书面笔录。从这一事实的认定及证据能力的认定来看，我们还可以发现几个特点：

1. 被告人庭前不一致的供述不仅可用作弹劾证据，也可用作实质证据。尽管被告人安某文在庭审中极力否认相关事实，但是，控诉方出示了安某文在庭审以前的两次供述笔录，因此不仅可以以这些庭前

---

① 太原市铁路运输法院（2018）晋7102刑初10号刑事判决书。

不一致供述弹劾安某文庭审陈述的真实性，而且法庭最终采纳了庭前不一致供述作为实质证据以支持法院的事实认定。

2. 被告人供述的证据能力不以自愿性为基础。从法庭关于被告人庭前供述笔录证据能力的认定来看，被告人称受到引诱和欺骗（即被告人认为供述不是自愿的），不能作为排除证据的理由，只有在被告人的供述是在刑讯逼供等非法方法下取得的情况下，才可以排除。这个标准从我国刑事程序的立法规定来看是合乎法律要求的。

3. 书面笔录真实性的认定来自其可印证性。在庭审中被告人对证人孟某鑫、李某、韩某辰的证言笔录极力反对，辩护人对此也提出异议，认为是不可信的。因为证人没有出庭接受质证，也无法对其证言中的不合情理之处作出解释，这对法官的事实认定来说是一个困难。通常来说，欲解决这一认识上的困境，应当进一步调查核实，或是传唤证人出庭，或是法官进行庭后调查。不过，法庭选择了另一条路径，即以证据相互之间的印证建立起真实性的保障，这一认定方法是司法实践中通常的证据材料真实性的判断方法，但是在面对证据材料本身存在一定的合情理性疑惑的情形下，仍然以证据相印证性而认定其真实性，其结果并不令人信服，而且裁判的说理也是一种惯常的用语，并不能真正反映事实认定者的真实心证过程。

以上仅是通过个案的分析展示出来的判决依据笔录化问题。为了对刑事司法中判决依据笔录化的程度进一步调查，还有必要对已生效判决中庭前笔录运用的情况作一调研和分析。为此笔者拟以被告人不认罪的有罪判决裁判文书作为分析对象[①]，在北大法宝司法案例库中检索 2014 年"不认罪"刑事案件裁判文书，并从其中随机选取 10 个案由不同的初审判决书为样本，具体情况如表 3.1 所示：

[①] 不以被告人认罪案件作为分析对象，是因为在被告人认罪案件的审理过程中，笔录资料的运用往往也是诉讼效率价值所追求的，在这些案件中以庭前笔录为"中心"的审判程序是一种良性的常态。而在被告人不认罪案件中，法庭调查中证人出庭的必要性则大得多，以这类案件之裁判文书进行分析才具有实际意义。

表 3.1 2014 年被告人不认罪案件判决书抽样中笔录证据情况统计表

案件类型	是否认罪	是否定罪	证人、被害人是否出庭	证言笔录	被害人陈述笔录	庭前供认笔录	笔录类证据	其他笔录资料	其他证据
合同诈骗案	否	是	否	2名证人	1名被害人	无	辨认笔录	无	书证
强奸、非法拘禁案	否	是，仅认定非法拘禁	否	2名证人	1名被害人	供认强奸，但翻供	勘验笔录	抓获经过等	书证
盗窃案	否	是	否	2名证人	14名被害人	无	无	抓获经过等	书证
故意伤害案（附带民事）	否	是	被害人出庭	3名证人	1名被害人	无	勘验笔录	鉴定文书、讯问录像	书证、物证照片
抢劫案	否	是	否	4名证人	2名被害人	无	勘验笔录、辨认笔录	抓获经过	书证、物证照片
强奸案	否	是	否	8名证人	1名被害人	无	勘验、检查笔录、辨认、指认笔录	抓获经过等	书证
贪污、受贿案	否	是	否	7名证人	无	无	无	抓获经过、讯问录像等	书证
贩卖毒品案	否	是	否	3名证人	无	无	辨认笔录	抓获经过	书证、物证照片
诈骗案	否	是	否	2名证人	2名被害人	2名同案犯供认	辨认笔录	抓获经过	书证
非法行医案	对事实无争议，但不认罪	是	否	6名证人	无（被害人身亡）	庭前陈述笔录	鉴定文书	无	书证、物证照片

从表 3.1 的统计情况来看，即使在被告人不认罪的案件中，证人、被害人也基本上不出庭，唯一一个被害人出庭的场合也是作为附带民事诉讼的原告出庭的，法庭调查和辩论基本以庭前笔录为对象。而裁判文书中所列举的事实认定之基础，多数情况下是以证人、被害人庭前笔录为根据，并辅以笔录类证据和其他笔录资料，由此可见庭前笔录资料对事实认定是起着决定性作用的，判决依据的笔录化具有普遍性，至于书证、物证照片等证据材料仅是对事实认定起到一定的辅助作用。

三、上诉审查的笔录化

上诉审在我国刑事程序中一直以来备受争议，其原因在于不开庭审理，上诉审查往往只是对一审的书面笔录予以核查，表现出典型的书面审特征。2012 年《刑事诉讼法》修订之后，扩大了上诉审的开庭条件，要求：其一，被告人、自诉人及其法定代理人对一审判决认定的事实、证据提出异议，第二审人民法院认为可能影响定罪量刑的；其二，被告人被判处死刑的；其三，人民检察院抗诉的；其四，第二审人民法院认为应当开庭审理的其他案件，这四类案件应当开庭审理。不过，这并没有改变上诉审严重依赖庭前笔录的现实状况。一方面，大多数的一审上诉案件，尽管被告人对认定的事实和证据提出了异议，不过第二审法院并不认为可能影响定罪量刑，进而决定不开庭审理。[①]在司法实务中，上诉案件辩护律师经常面临的情形是，即使要求与主审法官见面口头沟通案件意见，多数法官也只是要求辩护律师尽快提

---

① 实证调查显示，抗诉案件开庭审理的规定在实践中得到了落实，而上诉案件"以开庭审理为原则，以不开庭审理为例外"的规定没有得到真正贯彻，以致"原则成为例外，例外成了原则"。即使在某些发达地区，上诉案件开庭率最高时也不过 10% 左右。参见陈光中、曾新华：《刑事诉讼法再修改视野下的二审程序改革》，《中国法学》2011 年第 5 期，第 8 页。

交书面的辩护意见即可，法庭完全可以基于书面意见的审查进而作出裁判。另一方面，即使二审法院决定开庭审理，该审理基本上仍是主要依据庭前笔录进行的，即使是在死刑案件的二审开庭审理中，书面审理的实质仍在延续。①

总体而言，从控辩审三方的法庭调查、判决依据、上诉审查等多个环节看，我国刑事审判程序显著地表现出以庭前笔录为"中心"的现象；从事实认定的结果上来看，庭前笔录资料对事实认定起着决定性的作用，不仅在普通刑事案件中是这样，而且在那些重大、复杂甚至于控辩双方争议较大的刑事案件中亦是如此，这种现象不仅在1979年《刑事诉讼法》和1996年《刑事诉讼法》实施期间存在，而且在2012年以及2018年《刑事诉讼法》实施以后仍然存在。

第三节　笔录中心主义的本质和问题

早在18世纪，英国著名的哲学家休谟在其《苏格兰刑事法评论》（Commentaries on the Law of Scotland, Respecting Crimes）中就对审前收集书面证据并在庭审中运用的现状予以批判。在其观察到的几个案件中，证人证言是提前录取的，审判的时候仅仅念笔录。当庭"仅仅有细微的调整"。但是，此举"并非唯一的，也非最糟糕的违规行为"。休谟认为，在最糟糕的情况下，法官根本就不见证人，证人在庭前向下级司法官作证。② 休谟早在两个世纪之前就予以批判的现象，难道不正是我们的刑事司法中常见的吗？

---

① 对这一问题详细的分析，参见陈海平：《死刑案件二审开庭审理的现在与未来》，《中国刑事法杂志》2011年第12期，第92页。
② 参见萨拉·J. 萨默斯：《公正审判——欧洲刑事诉讼传统与欧洲人权法院》，朱圭彬、谢进杰译，中国政法大学出版社2012年版，第68页。

一、笔录中心主义的本质

庭前笔录作为证据运用在我国刑事司法中是一个普遍而且显著的现象，并为实务工作者广泛接受，他们似乎认为这样做是极正常也极合理的。早期就有学者观察到这一现象并将其作为问题提了出来。孙长永教授在 1999 年于《现代法学》发表的《审判中心主义及其对刑事程序的影响》一文中就指出："书证中心主义"乃是我国刑事审判的突出特点，法院的审判在一定意义上不过是对于侦查结果的确认。[①] 何家弘教授在 2001 年也指出："笔录的发达是我国司法活动中职权主义和书面证据中心主义的产物。大量使用笔录，固然可以提高司法的效率，但是却容易导致司法的偏差，容易导致权力对权利的侵犯。因此，我们要从'笔录中心'向'言词中心'转化，要走出'笔录'的误区。"[②] 陈瑞华教授于 2006 年在《法学研究》上发表了《案卷笔录中心主义——对中国刑事审判方式的重新思考》一文，将这一现象归结为案卷笔录中心主义，并对其进行了较为全面和深刻的研究，其研究对案卷笔录中心主义的性质、表现形式、演变过程、加诸审判制度的多方面影响及其赖以存在的原因都有涉及。[③] 在这些学者持续提出问题并质疑这一显著现象之后，越来越多的学者和实务界人士注意到这一现象背后其实还隐藏着深刻的矛盾，只是被我们忽视了而已。

这一现象，笔者以为可称为笔录中心主义。这一现象的内容，正如前文所指出的，在立法和司法解释的规则上，书面笔录资料只要具

[①] 孙长永：《审判中心主义及其对刑事程序的影响》，《现代法学》1999 年第 4 期，第 93 页。

[②] 何家弘：《走出"笔录"的误区》，《检察日报》2001 年 3 月 8 日。

[③] 陈瑞华：《案卷笔录中心主义——对中国刑事审判方式的重新思考》，《法学研究》2006 年第 4 期，第 63—79 页。更多的研究可见何家弘：《刑事庭审虚化的实证研究》，《法学家》2011 年第 6 期，第 124—177 页。

备真实性保障，其证据能力是不受限制的（2012年《刑事诉讼法》对鉴定意见的规制是较为严格的）；在刑事审判程序中，这些证据能力不受限制的派生资料可以代替其原始证据方法，在法庭上作为证据而被举证、质证，最终成为裁判者作出事实认定的依据。因为其广泛性和普遍性，法庭审理活动就表现出法庭调查的笔录化、判决依据的笔录化以及上诉审查的笔录化等特征，直接言词原则未能有效贯彻，事实认定的基础不是建立在正式审判中当庭举证、质证并辩论的原始证据上，而是以庭前侦查机关所收集的各种案卷笔录为依据。因此，从本质上来讲，笔录中心主义表现为庭前笔录对事实认定起着决定性的作用，刑事程序的核心环节不是审判，而是审判前的侦查程序，刑事庭审程序也沦为一个对侦查阶段所收集之证据材料进行确认的环节。

那么，境外的司法制度下笔录之运用为何没有产生笔录中心主义的问题呢？首先，在英美法系国家的刑事诉讼中，庭审程序一直以来都是诉讼程序的核心阶段，尽管传闻的例外情形众多，但是具有"供述性"之传闻资料在庭审中并不多，而且还需受到对质诘问权的一般限制，其审判程序总体上表现出来的特征恰好是笔录中心主义的对立面。其次，从大陆法系国家运用庭前笔录的立法和实践来看，刑事卷宗的全案移送对主导证据调查的法官是极有必要的，在结果上也经由各种渠道将卷宗笔录之信息传导给事实的裁判者，不过这并不意味着庭审程序在这些国家里就是书面的。恰恰相反，由于直接言词原则的要求和立法规范的严格规制（特别是德国的刑事程序），庭前笔录的法庭运用被限制到了很小的范围，即使笔录资料可以经由帮助回忆、消除矛盾等情形而引入诉讼程序，但是在这样的情形下，陈述人本人也是出席法庭的，法官仍可以对原始的证据方法进行调查。而且，作为《欧洲人权公约》的缔约国，其刑事程序不能违背公正审判权之最低保障，被指控人质疑不利于己的证人之权利也为注重真实发现之职权主义庭审方式增添了程序公平的内核。再者，在"混合式"诉讼模式下，以日本的刑事程序为例，如前文所述，庭前笔录作为证据使用在日本刑事程序中也是比较常见的现象，因此学者们也曾以"笔录裁判""默读裁判"评价日本刑事审判。虽然书面笔录的运用也"遮蔽"了正式的庭审程序，但是在书面笔录运用的背后并不是其证据能力不受限制，相反，日本一方面以传闻证据规则限制书面传闻，另一方面又以宪法上的"询问证人权"保障被告人对不利证人的反询问，只不过其对于书面传闻的例外相对来说宽泛一些，检察官面前之笔录在具备可信性保障的情形下可以作为实质证据，但前提也是这些笔录与证人的当庭陈述不一致或者相矛盾，故而也是在证人出庭的情形下保障了反询问权的行使。因此，与境外国家的刑事程序对比，我们能够发现，一方面是立法上对庭前笔录的严格限制，另一方面是对被告人对质诘问权的现实保障，两方面的共同作用，使得即使在那些庭前笔录运用相对宽泛化的国家里，在正式的刑事审判程序中也不致形成笔录中心主义的现象。

二、笔录中心主义与控辩式庭审方式

控辩式庭审方式是我国刑事程序自 1996 年《刑事诉讼法》修改以来所确立的审判方式，并在 2012 年修改《刑事诉讼法》时因相关配套制度的改良而得到进一步改善。这一审判方式，借鉴了当事人主义对抗制的技术性要素，对抗性明显增强，具有向对抗制诉讼模式发展的趋势。① 一方面法庭的举证活动由控辩双方进行，法官在听取控辩双方对证据质证和辩论的基础上认定案件事实；另一方面，法官仍有权对被告人、证人以及鉴定人发问，有权决定休庭并在庭外调查核实证据，

---

① 参见龙宗智：《徘徊于传统与现实之间——论中国刑事诉讼法的再修改》，《政法论坛》2004 年第 5 期，第 81 页。

不过这些发问和庭外调查仅具有补充性。因此，在控辩式庭审方式下，法官居中被动性听审，举证和质证活动由控辩双方完成，制度设计者相信事实的准确认知可以在控辩双方的平等对抗和对证据材料的充分质证下完成。

但是笔录中心主义现象的广泛存在，致使法庭审判活动中充斥着庭前书面笔录，派生资料替代了原始的证据方法，以这样的证据材料举证，控辩双方又如何能够进行充分质证呢？由于证人没有出庭作证，辩方只能对书面证言提出质疑，控方也只能一口咬定证言是真实的，这种极不充分的对书面笔录的"质证"，又如何能够为被动听审的法官揭示事实的真相呢？

笔录中心主义与我国刑事审判的方式存在着难以调和的内在的冲突。这种矛盾和冲突可以从三个方面来看待：第一，笔录中心主义以派生资料替代了原始的证据方法，以控方在庭前所收集的笔录代替控方证人出庭作证，这样的证据举证方式削弱了控辩式庭审的基础——控辩平等对抗和控辩平等武装，使得证据的举证完全向着控方倾斜，损害了控辩式庭审方式的基本结构。第二，以庭前秘密侦查所取得之笔录，而不是在公开的庭审中提出并经过言词辩论之证据，作为事实认定的基础，那么如此的公开庭审只是形式上的公开，而在本质上却难掩其"幕后"裁判的性质。试想，书面化的笔录资料在庭审中提出，并以概括化方式或者摘其要点宣读，而且还无法回应辩护方的质疑，那么这种形式的审判公开如何能够让参与听审之公众明晓案件事实查明之来龙去脉呢？因章，笔录中心主义的庭审与其说是公开的，毋宁说是封闭的，这并不符合现代诉讼制度的普遍要求。第三，笔录中心主义的盛行，使得举证之后的质证阶段实质上无法进行，这就从根基上毁掉了控辩式庭审方式赖以查明事实真相的手段——对证据的交互诘问和法庭的补充询问，庭审程序形式化和虚置现象不可避免，控辩式庭审方式空有其骨架而无内核。

也正是在这个意义之上，学者们对审判方式的改革提出了深刻批判，认为"刑事诉讼法要求在法庭审理阶段由控辩双方举证、辩论，希望通过控辩对抗的方式揭示案件的事实真相，另一方面却出于打击犯罪的需要没有为辩方提供相应的程序保障，也未建立直接言词原则及证人出庭作证制度，导致刑事诉讼法的操作性极差。刑事诉讼的所谓当事人主义模式也仅是有其'皮'而无其'骨'"①。

不过，笔录中心主义虽与控辩式庭审方式相冲突，但立法与司法最关注者莫过于在这一庭审方式下事实认定的准确性。前述分析已经指出，控辩式庭审方式以笔录为审判的中心，那么事实真相就会因质证不能和质证不足而呈现出模糊性，因此法官不得不进行进一步的调查。可是，当法官行使庭外调查权时，这种核实性的调查仅限于勘验、检查、扣押、鉴定和查询、冻结，并无规定可以向庭外的证人施行调查和询问，因此，法官查明真相的职责虽然得到了保留，但相应的职权却极为有限。那么，如何解决这一现实困境呢？在这种情形下，为了对事实真相的发现负责，法官必须另辟蹊径。事实上，实践中法官的确找到了一条便捷之径——印证证明方法，即法官埋头于卷宗之中，仔细推敲笔录与笔录之间的联系，从不同类型的笔录中找到它们对案件事实的一致性描述，如果这些具有内容一致性的笔录类型越多，而且相同类型笔录中关于同一事实的描述越是坚定和一致，那么就越能够坚定法官的内心信念。于是，法官可以不出法庭，无须费力传唤证人，找到了一条解决问题的坦途。正是因为印证证明方法广泛运用于司法实践中，笔录中心主义与控辩式庭审方式之间的内在冲突才得到缓和，似乎找到了共存之道。

---

① 晏向华：《诉讼制度：符合国情才是最好的》，《检察日报》2004年1月5日第3版。

三、笔录中心主义与程序的公正性

程序的公正性是一个古老的话题，笔者无意在此展开，但是基本的观点是需要明确的：程序的正当性不是无止境的，因为它不能过分地阻止我们对事实真相的接近，而且它也不是工具意义上的正当性，即能够发现真实的程序就是正当的程序。程序的正当性应当以其能够对人类最基本的价值和尊严予以保障为必要，比如侦查取供不得以"使某人在肉体或精神上遭受剧烈疼痛或痛苦的任何行为"而为之①，我国《刑事诉讼法》规定"严禁刑讯逼供和以威胁、引诱、欺骗以及其他非法方法收集证据，不得强迫任何人证实自己有罪"，等等。这些都是对于最基本的程序公正的要求。在刑事庭审过程中，程序的公正性主要体现在其对于被告人的权利保障，比如《欧洲人权公约》第6条第3款所要求的公正审判权之最低限度保障，其中包括对指控的知悉权、有适当的时间和便利条件准备辩护的权利、获得无偿法律援助的权利、质问不利证人的权利并在相同条件下使对自己有利的证人出庭和接受询问的权利、无偿获得法庭翻译帮助的权利等等。②可见，在《欧洲人权公约》看来，对质权是被指控人应当享有的最低限度的公正审判权要求。事实上，从对质权在英国的最初发展来看，首先是来自被告人之强烈要求，即要求与不利证人面对面对质，后来演变为被告人之权利，并为各诸多国家和地区所确认，比如美国联邦宪法修正案第6条，日本《宪法》所要求之"询问证人权"，意大利《宪法》第111条赋予被指控人的对质权，《欧洲人权公约》第6条第3款d项之对质权要求，以及我国台湾地区"大法官会议"从宪制性规定所赋予

---

① 《联合国反酷刑公约》，资料来源于中国人大网：http://www.npc.gov.cn/wxzl/gongbao/2000-12/26/content_5002161.htm，2017年11月28日最后访问。

② 刘学敏：《欧洲人权体制下的公正审判权制度研究——以〈欧洲人权公约〉第6条为对象》，法律出版社2014年版，第77页。

的权利来解释对质诘问权，等等，由此足以表明被告人质疑不利证人的权利是其最基本的、不可剥夺的权利要求，如果不能保障这一基本的权利，审判程序也就失去了公平性。

我国刑事审判中的笔录中心主义对这一基本性的诉讼权利无疑是一大挑战。因为庭前笔录作为证据运用，而且证人不出庭并不影响其证据能力，故而被告人没有面对面质疑不利证人的机会，对证人的质疑沦为对书面笔录的"质证"，以通过这种方式形成的证据作为裁判的依据，对被告人而言是极不公正的，也违背了程序的正当性要求。

四、笔录中心主义与事实认定的准确性

在我国刑事程序中，庭前笔录的证据能力几乎是不受限制的。尽管这些证据材料的真实性仍待检验，但是证据能力不受限制的证据材料为事实认定者提供了充足的证据材料来源。这些证据材料承载着丰富的证明信息，并不会因为其派生性而使其不能在法庭上提出，比如证人不出庭作证，从而否认证言笔录之证明价值。这也是大陆法系国家排斥传闻规则的原因：一方面传闻规则缩小了事实裁判者可以使用的证据信息范围；另一方面，这也是更深层次的原因，传闻规则与下述制度前提存在着某种紧张，即证据的证明力不应由法律规则预先加以规定。[①] 而且，在某些情形下，传闻证据甚至比口头证据更为可靠，警察在庭前所取得的证人陈述更接近案发时间，但庭审的时候证人可能已经忘记了具体情形，或者在面对被告人的时候证人可能会退却，也可能会受到威胁或者被贿赂。因此，证据能力不受限制的书面派生资料为事实裁判者发现和查明真相，提供了一条捷径。

---

① 参见米尔吉安·R.达马斯卡：《比较法视野中的证据制度》，吴宏耀等译，中国人民公安大学出版社2006年版，第272页。

那么，是否可以据此认为笔录中心主义下的庭审方式在发现真实方面能够最接近客观真实？答案显然是否定的。笔录中心主义只是方便了事实认定者的事实探知活动，没有为其设置过多的障碍罢了，但仅此并不能说明这样的审理方式就是最接近真相的方式。

在此，笔者拟以曾经承办过的一桩刑事案件为例来说明。在一起抢劫案中，被告人在侦查阶段供述了两起在不同时间但同一地点实施抢劫的事实，两名被害人作为证人在庭前作出了陈述并进行了辨认，而且被告人家属还与其中一名被害人达成了对被抢劫的摩托车进行赔偿和谅解的协议。开庭后，由于被告人认罪，公诉人在宣读起诉书后概括式地介绍了本案的证据——被告人的供述笔录、两名被害人的陈述笔录、两名被害人分别进行的辨认笔录（照片辨认，记载极为简单，大致是被害人于某时某地对随机抽取的照片进行辨认，准确指出第几号照片就是作案人），被告人没有任何异议，并表示悔过。辩护人也没有异议，只是提交了与被害人之间的谅解协议，希望可以从轻处罚。在庭审结束后，笔者以为从现有证据来看，本案可谓事实清楚，证据确凿充分。不过，在书写判决书的过程中，按照惯例笔者仍然对卷宗笔录进行了简要阅读，并偶然发现其中一起抢劫存在疑点。据被害人陈述，案件发生当晚10点左右，被害人骑摩托车回家，途经一段没有路灯的崎岖小路，车速很慢，这时候从路两边冲出来两个人，用刀威胁被害人下车，然后抢车而去。当笔者翻阅被告人供述笔录时却发现，虽然被告人供认的案发时间、地点与被害人的陈述是一致的，但作案手段不太一致，即虽然也是两人，但没用刀，而且与被害人还发生了扭打。被告人供述笔录与被害人陈述存在差异，这一点让笔者感到奇怪，因为在侦查阶段警察制作的被告人与被害人笔录的内容基本都是一致的，而且很多情况下是有意如此，而一旦两者不一致的话，那就不是故意为之，而很可能是事实确实如此，故而这样的笔录就更值得信任了。于是疑点便呈现出来，其一，在夜间没有灯光的路上，被害人是如何看清楚作案人并在事后辨认出来的呢？其二，被告人与被害人的笔录之间不一致之处如何解释？是记忆错误还是本就是两个案件，只是由于疏忽大意被做到了一起？带着疑问，笔者向被害人进行了核实，被害人非常合作，坦诚告知，陈述是真实的，但辨认是警察指认的，并表示已经离开原居住地，不会出庭作证。笔者相信被害人所述是真实的，那么这个案件的真相是什么呢？似乎两种可能都存在：一种是被告人确实抢劫了被害人，但在供述中隐瞒了使用刀具威胁的情节，致使二人笔录细节不一致；另一种是被告人也确实在此地打劫，但报案的被害人并不是被告人所打劫之人，警察出于某种目的把两个案件做到了一起案件中，并从辨认笔录上完善了相关证据。检察官在审查起诉中可能也没有注意到细节差异，反正被告人都认了，证据之间又都吻合，自然就提起了公诉。

最后，笔者只对其中一起抢劫做了认定，另一起抢劫或许有之，但可能对象是其他被害人。在裁判说理中，笔者以被害人在当时的状况下不具有辨认的可能性而质疑辨认笔录的可信性，并以被告人和被害人笔录之间的不一致否定了该起指控。

这个案例的审判是刑事审判中极为普通的一例，而且像大多数案件一样，从举证、质证到认证，基本都是以笔录为中心进行的。但是，这种以笔录为中心的审判真的距离事实真相更近吗？本案被告人在法庭上认罪，但是他并不知道证人到底说了些什么，所以他的认罪带有盲目性；被害人的陈述和辨认是认定事实的关键，但是书面的而且记载极为简单的辨认笔录又如何能反映出辨认的实际情况呢？如果笔者在查阅卷宗的过程中稍微不小心，没有注意到证言笔录之间的些许差别，是很难发现本案另有隐情的。当然，本案被告人很可能是多次作案，只是没有找到那么多对应的被害人，所以即使将两起指控都认定有罪也未必加重了被告人实际应得的惩罚，但是这样做离事实真相不是接近了而是更远了，其结果不是真相被发现了，而是其他的可能存在的犯罪行为得到了惩罚。因此，笔者以为，笔录中心主义的裁判方式，或许可以发现事实真相，但并不是最接近事实真相的途径，而是最容易实现定罪的途径。

那么，最后仍需要追问的是，笔录中心主义这一现象，在我国刑事程序中存在的核心问题是什么呢？从以上的分析来看，它与控辩式庭审方式存在内在冲突，但是却通过证据印证的证明方法使之得到了缓和；它剥夺了被告人质问不利证人的基本权利，否定了被告人要求与不利证人进行面对面对质的最基本的情感要求，在程序上显然是不正当的；同时，对于真实发现而言，它也不是理想的方式，而只是实现定罪的理想方式。那么，问题的症结在哪里呢？似乎都有问题，但核心问题是什么呢？其实，这些问题集中起来，都可以指向被告人的对质诘问权无法得到保障的问题。① 不过，相对于与控辩式庭审方式的内在冲突以及事实真相发现的理想方式而言，对质诘问权的保障在我国更具有程序公正的意义。因为在个别重大、复杂、证据争议较大的刑事案件中，为了事实认定的准确性，法官也会要求证人出庭接受质疑，不过这只是个别的情形，而在立法上被告人并不具有对质诘问不利证人的基本保障。在大部分刑事案件中，即使被告人对证据有异议，多数情况下法院也不认为证人出庭有必要性，其事实认定的准确性在印证证明模式下可以得到基本的保障，但是事实认定程序的公正性却是一个重大缺陷。而且，如果从美国学者希拉里·普特南所提出的"合理可接受性"概念出发来认识事实是否得到查明，这一重大的程序性瑕疵所影响的还不仅是程序公正问题，而且也涉及事实认定的

---

① 龙宗智教授认为，禁止使用书面证言是基于三个方面的问题，即证据可靠性、公民权利保障以及维护诉讼程序的正当性，其实这几个问题与本书中所分析的三个方面在实质上的区分并不大。而且，龙宗智教授的三个问题，从其根本上来看，也是由于对质诘问权没有保障机制而形成的。参见龙宗智：《论书面证言及其运用》，《中国法学》2008年第4期，第130页。

可接受性问题。① 因为从普特南"合理可接受性"的概念出发,"真理性问题和正当性问题是密切联系在一起的。在理想的条件下,如果我们获得绝对真理,那么正当性问题就不存在了,因为绝对的真理就有绝对的正当性。但是在一个具体的条件下,我们无法获知绝对的真理,那么,相对真理的接受性就表现为它可以正当地被接受"②。然而,否定被告人对质诘问不利证人之机会的事实认定,在"合理可接受性"的概念之下,还可以正当地被接受吗?

本章小结

《刑事诉讼法》及其《解释》对庭前笔录资料的规范是宽松的(立法对鉴定意见的规制是比较严格的),只要笔录资料具备真实性保障的即可作为证据使用,并不要求笔录的制作者出庭就笔录资料之形成和内容的真实性作证,由此则是以笔录资料代替证人出庭作证,这与直接言词原则的基本内涵是背离的。与立法规范对庭前笔录的宽泛化态度相一致,在司法实务中,笔录资料的证据能力受到漠视,证人普遍不出庭作证,刑事庭审表现出强烈的笔录化特征:法庭调查、判决依据、上诉审查,其核心在于事实认定的基础是笔录,而不是法庭上的言辞辩论;控辩双方的举证、质证和辩论,法官的认证和裁判,基本上都依据笔录进行;一审是这样,上诉审、复核审、再审也是这样。因此,从本质上来讲,这一笔录中心主义的庭审方式,必然导致庭前

---

① "合理的可接受性"是美国学者希拉里·普特南提出的一个概念,认为如果一个陈述被人们认为是合理的,那么这个陈述就是有合理的可接受性。普特南在对真理的符合性和相对主义两种真理观的批判基础上提出真理就是合理可接受性的中间路线。参见希拉里·普特南:《理性、真理与历史》,童世骏、李光程译,上海译文出版社1997年版,第2页。

② 樊崇义:《刑事诉讼法实施问题与对策研究》,中国人民公安大学出版社2001年版,第244页。

笔录对事实认定起到决定性的作用。

  笔录中心主义在我国刑事程序中存在诸多方面的问题。首先，与控辩式庭审方式存在着内在冲突，只不过事实裁判者在实践中找到了缓解冲突的路径——印证证明的方法，正是在这一具有认识论依据的事实认定方法下，笔录中心主义与控辩式庭审方式找到了共存之道。其次，与刑事程序的正当性存在矛盾，因为从对质诘问权的历史形成来看，它并不是多么深奥复杂的理论，而是被告人受到不公平待遇的强烈要求使然，笔录中心主义下的刑事审判程序无疑不能保障被告人的这项基本权利，定罪程序的公正性无法彰显。再次，笔录中心主义虽然为事实真相的发现开启了方便之门，但并不能据此认为这一审判方式是最接近事实真相的，从案例的分析可见，事实上它只是实现定罪的理想途径。总而言之，笔录中心主义与刑事审判程序是相互冲突且不一致的，而且经由分析可见，其核心问题在于被告人对质诘问权缺乏制度性的保障，并在我国的刑事诉讼中凸显为定罪程序的正当性瑕疵。因此，解决笔录中心主义的司法现实问题，也应当注重对被告人对质诘问权的保障，以期契合于控辩式庭审方式，提高事实认定的准确性，并彰显审判程序的公正性。

第四章　笔录中心主义的成因

笔录中心主义在我国刑事司法实践中盛行，并不单是表面意义上的立法规范不够严格，使庭前笔录可以不受限制地"堂而皇之"进入庭审中，并经"质证"后作为定案的根据。从更深的层面来看，笔录中心主义的裁判方式深深地契合于中国刑事诉讼的实践运行之中，在刑事司法的体制、观念、制度规范和司法的现实中都可以找到其合理性的依据，或者也可以说我们的刑事司法内在地需要这样一种裁判方式。因此，笔录中心主义现象的成因是多方面的，是多种因素合力的结果。

第一节　司法的科层式结构及其一体化倾向

一、司法的科层式结构

科层式的司法系统与协作式司法系统是由达马斯卡教授提出的制度框架，分别用来对欧陆刑事程序和英美刑事程序的特性进行分析。科层式程序的独特之处在于其结构被设计为一系列前后相继的步骤，这些程序步骤渐次在镶嵌于上下级链条中的官员面前展开[①]，其程序结

[①] 参见米尔伊安·R.达玛什卡：《司法和国家权力的多种面孔》，郑戈译，中国政法大学出版社2004年版，第85页。

构表现为诉讼的阶段性和裁判审查的层级性。在这一制度框架下，诉讼程序表现出三个方面的突出特点。

第一，案件的卷宗是整个程序的神经中枢。在一个多阶段的科层式程序下，需要一种机制来把它的全部分支整合为一个有意义的整体。不同的官员逐渐搜集到的各种材料必须被汇集起来供决策之用，官方活动的所有记录都必须被保留起来以备复核。与协作式司法不同的是，在科层式司法结构下，卷宗里包含的文件并不是旨在帮助某一位特定官员组织其活动的官方内部文件，而是为初始决策和复合决策提供基础的信息源。而且，更为重要的是，收集于卷宗中的文件应尽可能是简洁的和概括性的，讯问简报比完整的讯问笔录更受欢迎。即使所有的询问都有完整的笔录，口语表达仍然会被代之以无法呈现出行为暗示和迹象的书面语句，呈现为"冷冰冰"的文档。在这样的情形下，决策就更容易借助于逻辑分析而不是依托厚重的、直接的经验。[①] 科层式司法的这一特征与我国的刑事司法程序有着高度的契合性。一方面，卷宗的存在维系着诉讼的不同阶段并形成一个整体，而卷宗中的笔录资料也并不是仅仅为制作人本人的诉讼使用，更重要的是为了向审判者提供信息的来源并供其作出决策，故而以卷宗笔录资料作为事实认定的基础是符合科层式诉讼结构之内在理性的；另一方面，生活化和经验化的陈述方式往往是杂乱的和没有规律可循的，远远没有书面记录下来的资料清晰和逻辑分明，故而这也可以解释为何在我国的刑事程序中，裁判者面对证人或者被告人的当庭陈述，更愿意从庭前的书面笔录中寻找相互印证性的材料，以作为心证形成之基础，却忽视以生活化和经验化之情理推断对当庭陈述作出评判，进而形成内心确信的来源。[②]

[①] 参见米尔伊安·R.达玛什卡：《司法和国家权力的多种面孔》，郑戈译，中国政法大学出版社2004年版，第76—77、85页。

[②] 法官对卷宗笔录可印证性的重视和对情理推断的排斥是我国刑事诉讼事实认定活动的常态。详细的分析，参见李滨：《情理推断及其在我国刑事诉讼中的运用检讨》，《中国刑事法杂志》2015年第1期。

第二，渐进式审判的影响。达马斯卡教授指出，一场集中进行的审判，即使准备得再良好，也要求判决在很大程度上立基于现场的印象，包括惊讶、震动、着力于表面的修辞技巧乃至于表演效果。官僚不喜欢在这样的基础上作决策。他害怕在日后从容不迫的反思下当初的第一印象会像蛋奶酥一样容易塌陷，他觉得更多的调查或论证可能是必要的。他毋宁选择一种牙医式按部就班的行为方式：在一个环节中考虑完一个特定事项之后，把其中引发出的新的要点留到下一个环节中去考察，并以此类推，环环相扣地进行下去，直到问题似乎完全澄清为止。于是，可以在一个最后的环节致力于将所有的线索串起来，重新审视前面的阶段性结果，并冷静地作出一项裁判。而且，常规审查机制的存在也强化了官僚对这种步步为营方式的偏好。[①]科层式司法的这一特性与我国刑事司法对案件事实真相的追求也存在内在的一致性。因为集中进行的审判存在太多的不确定性，决策的结果并不是完全建立在事实的基础上，而是受一定的技术化因素的制约，这与"实事求是"的认识理论是不相容的。而渐进式的审判则以步步推进、环环相扣的方式将一个稳定的、具有真实基础的案件事实展现在决策者面前，供其在冷静和深思熟虑之下作出裁判。在这一过程中，卷宗笔录的运用是不可避免的，其重要性也不言而喻，脱离卷宗笔录之记载，诉讼中就有太多的不确定性，事实的真相就变得更加不易把握并且扑朔迷离。

第三，官方程序的排他性。科层式的官僚系统服从于帕金森定理，并倾向于扩张自己的活动范围。通过严格划分内部和外部领域，它试图垄断程序性措施：将程序措施"委派"出去被认为是玩忽职守。因此，私人从业的律师不得行使刑事法律程序中的许多职能。官僚组织

---

① 参见米尔伊安·R.达玛什卡：《司法和国家权力的多种面孔》，郑戈译，中国政法大学出版社 2004 年版，第 78 页。

的行为倾向是如此偏颇,以至于由私人推进的程序活动通通受到压制。这种私人程序活动总是被怀疑受到私利的污染,因而无法"严肃地"履行分配正义的使命。官僚排外性的另一个结果也值得我们注意:科层式法律程序可以分解为负责某一程序片段的官员亲自履行的行为,或者至少是于他们在场的情况下以及在他们的直接监督下进行的活动。这便意味着,那些于他们不在场的情况下进行的活动不能被整合到科层式程序当中去。[1]官方程序的排他性作为科层式司法的一个特性,对非官方的诉讼行为表示出强烈的不信任感,它的另一面则刚好相反,即官方内部的强烈认同感和信赖感,其外在则表现为司法的一体化倾向。

二、司法的一体化倾向

在我国,刑事司法活动是由不同的诉讼阶段构成的,侦查、起诉和审判程序构成了诉讼程序的主要阶段。在这些不同的阶段里,官方主导着诉讼的进程,并负责收集查明和证明案件事实的证据资料。这一过程中,在官方内部建立起合作关系和信赖基础,而在外部则表现出一体化的倾向。具体而言,可以从以下三个方面来描述:

第一,在诉讼程序的不同阶段,官方之间保持着良好的合作。从我国《刑事诉讼法》基本原则来看,公检法三机关之间"应当分工负责,互相配合,互相制约",以完成《刑事诉讼法》赋予的任务。因此,公安、检察院和法院三机关之间虽相互制约,但对于诉讼任务的完成是一种职权上的分工关系,法律规范和相关司法解释也要求相互之间的合作,并为这种合作关系提供制度性的保障。比如,2010年最

---

[1] 参见米尔伊安·R.达玛什卡:《司法和国家权力的多种面孔》,郑戈译,中国政法大学出版社2004年版,第81—83页。

高人民法院、最高人民检察院在深入调研的基础上，制定了《最高人民法院、最高人民检察院关于人民检察院检察长列席人民法院审判委员会会议的实施意见》，根据该《意见》的规定，"对于人民法院审判委员会讨论的议题，人民检察院认为有必要的，可以向人民法院提出列席审判委员会会议；人民法院认为有必要的，可以邀请人民检察院检察长列席审判委员会会议"，"检察长或者受检察长委托的副检察长列席审判委员会讨论案件的会议，可以在人民法院承办人汇报完毕后、审判委员会委员表决前发表意见"。这一规定充分体现了检察机关和人民法院之间就重大疑难案件作出决断的审慎态度，但也蕴含了法院在裁判中对检察机关的尊重和寻求合作之心态，并在形式上表现出裁判形成的法检合作模式，而非控辩对抗与法庭居中裁判的三方角力。而且，如果深入司法实务，那么检法合作的范围和程度则远远超出立法及司法解释的预期目标。

　　第二，科层式结构也为合作之各方建立起信赖之基础。科层式结构内之官方主体的对外排他性和对内的信任与认同，来自两个方面。一方面，科层式结构作为体制内的官方结构，与体制外的领域是相区分的，并为体制内之主体建立起可信性的基本保障。在体制内，主体的官方身份本身就对主体行为构成约束，这不仅来自官方内部不间断的职业认同教育以提升主体的职业认同感，也来自越轨即可能面临主体身份丧失的惩罚机制的震慑。另一方面，科层式结构也因为其权力的公共性基础而对外宣称官方主体的中立性和客观性，以此为其官方行为的正当性辩护。比如，无论是大陆法系国家，还是在我国的刑事程序中，科层式司法都要求并宣称检察官的客观性义务，以此为国家公诉建构正当化基础。由此，科层式结构本身的内在要求就为官方主体之间的分工与合作建立起来了可资信赖的基础。

　　第三，科层式司法在外部则表现出一体化的倾向。相对于内部的分工与合作、信赖与认同，在外部科层式司法则展现出一体化的倾向，这种一体化在我国的刑事司法中尤其显著。比如，《刑事诉讼法》第110条要求："公安机关、人民检察院或者人民法院对于报案、控告、举报，都应当接受。对于不属于自己管辖的，应当移送主管机关处理，并且通知报案人、控告人、举报人；对于不属于自己管辖而又必须采取紧急措施的，应当先采取紧急措施，然后移送主管机关。"可见，从立法者的观点来看，公检法三机关对于报案者而言都是国家机关，具有一体性，不应当以其职权分配的不同而有所区分。而实践中，公检法联席会议机制的形成乃至三机关联合办案情况的频频出现也表明①，科层式司法自身对一体化的认同。而如果从普通民众的视角来看，司法的一体化则更是被视为当然，人们在口头上常说的"公家"，即不分机关地概指国家各机关，从而与体制外有所区分。

科层式司法的这一特性可以用来解读笔录资料在刑事司法中的核心作用。官方的主体之间的合作与信赖以及司法的一体化倾向使得侦查阶段所收集的笔录资料，并不是仅在侦查机关于查明案件事实上有意义，而是被用以作为证明案件事实的证据材料。虽然证人没有向庭审的法官亲自作证，但证人向警察和检察官作证，被告人向警察和检察官供述，从司法一体化来看也可以被认为是向作为整体的国家机关进行了陈述，在这里，司法者个体的角色和职责被忽视了，而一体化的官方机构凸显出来，因此，很难认为庭前陈述与当庭陈述有本质上的区别，进而这一庭前的陈述被庭审法官所接受也就是再平常不过的事情了，以至于在实践中，无论是诉讼的官方主导者，还是诉讼的体制外参与者，都很少意识到使用庭前的陈述笔录是存在问题的。更何况从法官的视角来看，基于官方内部的信赖基础，庭前向警察和检察官所作的陈述也有其可信性的身份和体制保障，进而更愿意从庭前笔

---

① 2013年10月9日最高人民法院发布《关于建立健全防范刑事冤假错案工作机制的意见》，要求"严格依照法定程序和职责审判案件，不得参与公安机关、人民检察院联合办案"。

录中寻找心证形成的基础，而不是从缺少威慑的法庭当庭陈述中形成内心确信的来源。

第二节　客观真实的诉讼观与必罚主义理念

一、客观真实与必罚主义

刑事案件事实的证明活动，在我国也是法官对事实的探知过程，并在对事实真相的查明之后适用刑事实体法。在这一过程中，我国长期以来在诉讼观上受辩证唯物主义认识论的影响，认为案件事实是客观的存在，不以人的意志为转移，而法官对事实探知的过程就是主观对客观的认识，凡是主观符合客观的内容都是真理，也就是客观的事实。① 即是说，法官的事实探知活动遵循的是真理的符合性标准。因此，在司法证明活动中，这一辩证唯物主义的认识论要求事实的探知应当符合客观的存在，即应当达到客观真实的标准，用通俗的语言说就是"实事求是"。尽管学界对客观真实的诉讼观也提出了诸多质疑，但是，在司法实践的层面上，刑事案件的事实查明活动并未脱离对客观真实的追求，裁判应当以事实为根据，体现在实践中则要求只有案件的事实真相得到了查明才可以作出司法裁判，这种方式被张卫平教授称为事实探知的绝对化理念。②

必罚主义严格来说是由日本学者对实体真实的进一步解释而来的。我们知道，实体真实是大陆法系刑事诉讼的基本理念，要求在诉

---

① 参见陈光中、陈海光、魏晓娜：《刑事证据制度与认识论——兼与误区论、法律真实论、相对真实论商榷》，《法学研究》2001年第1期，第41页。

② 参见张卫平：《事实探知：绝对化倾向及其消解——对一种民事审判理念的自省》，《法学研究》2001年第4期，第71—72页。

讼中尽可能地查明案件的事实真相，以便按照罪刑法定、罪刑相适应原则对有罪的被告人判处适当的刑罚。[①] 后来这一概念也为日本《刑事诉讼法》所接受，而且在日本刑事程序经历了当事人主义的改造之后，该原则得以在刑事程序中被继承。《日本刑事诉讼法》第1条就规定："本法的目的是，对于刑事案件，在维护公共福祉与保障个人基本人权的同时，查明案件真相，正确而迅速地适用刑罚法令。"日本学者认为，这一条款即强调了通过《刑事诉讼法》实现保障基本人权和查明案件真相即发现实体真实的目标，又在查明案件真相的基础上适用刑罚法令。[②] 关于实体真实到底是哪种程度上的真实，日本学者指出，实体真实是"诉讼法上的真实"，并非自然科学所探求的"绝对的真实"，它只是"尽可能接近于真相的事实"。由此可见，日本学者所认为的实体真实与我国诉讼理论上的客观真实是有差异的。不过，日本学者在对实体真实的进一步解构中又提出了两个概念：积极的实体真实主义和消极的实体真实主义。积极的真实主义力图追求凡是犯罪必然被发现，难逃法网，即有罪必罚；消极的真实主义力图做到无罪者不予处罚。如果采取有罪必罚方针，贯彻积极的真实主义，就必须承认违法侦查获得的证据具有证据能力，或者承认诉因变更命令的形成力，此谓必罚主义。与此相对，如果重视"无罪者不予处罚"的观点，则要求适用尊重人权的程序，避免无罪者错误地受到惩罚。[③]

由此可见，尽管对必罚主义的解释是来自实体真实主义，但是从其外在表现来看，凡是主张犯罪必然被发现、难逃法网、有罪必罚的追求，从根本上来说与坚持客观真实的观点之间是有着内在的一致性的。而且按照张建伟教授的观点，从司法实践的层面来看，由于"我国刑事

[①] 孙长永：《珍视正当程序，拒绝辩诉交易》，《政法论坛》2002年第6期，第45页。
[②] 参见田口守一：《刑事诉讼法》，张凌、于秀峰译，中国政法大学出版社2010年版，第14页。
[③] 田口守一：《刑事诉讼法》，张凌、于秀峰译，中国政法大学出版社2010年版，第15页。

司法注重客观真实发现,长期的司法习惯注重惩罚有罪,实行的乃是积极的实质真实发现主义",即必罚主义。① 也可以说,作为诉讼观上的客观真实主义,在司法实践的层面上具体地表现为必罚主义。

二、控辩式庭审下法官承继着事实真相查明的职责

自 1996 年《刑事诉讼法》修改以来,我国刑事审判方式发生了重大变革,按照学者们普遍的理解,这是汲取了当事人主义的合理因素,借鉴了技术性的程序规则,重构了法庭审理方式。在新的庭审方式下,控辩对抗取代了法官主导的证据调查,法庭调查主要依靠控辩双方的举证、质证、辩论活动来完成,法官被动听审并进行补充性询问。不过这并不意味着法官对事实的认知是完全建立在控辩双方所展示事实的基础上,事实上,无论是立法规范,还是司法解释都要求法官在庭审过程中为查明事实真相,可以依职权对案件事实予以进一步的探知,也有学者将法官的这一职权探知称为法官的澄清义务。② 其具体表现为:(1)法官的庭外核实调查权,不过庭外调查核实取得的证据,应当经过当庭质证才能作为定案的根据,但是,经庭外征求意见,控辩双方没有异议的除外;(2)审判期间,合议庭发现被告人可能有自首、坦白、立功等法定量刑情节,而人民检察院移送的案卷中没有相关证据材料的,应当通知人民检察院移送(作为澄清义务的内容,这也被称为法官的诉讼关照义务);(3)法庭辩论过程中,合议庭发现与定罪、量刑有关的新的事实,有必要调查的,审判长可以宣布暂停辩论,恢复法庭调查,在对新的事实调查后,继续法庭辩论;(4)被告人在最后陈述中提出新的事实、证据,合议庭认为可能影响正确裁判的,应

---

① 参见张建伟:《从积极到消极的实质真实发现主义》,《中国法学》2006 年第 4 期,第 178 页。
② 龙宗智、孙末非:《法官澄清义务研究》,《南京大学法律评论》2014 年春季卷,第 341—343 页。

当恢复法庭调查。

法官对查明事实真相职责和理念的承继不仅表现在立法规范和司法解释的要求之中，在司法实践中，受传统司法观念的影响，查明真相的观念可以说从来就没有从法官的认知理念中消除过。这一方面是"实事求是"这一马克思主义的世界观和方法论的影响深入到中国的意识形态和社会实践之中，在司法裁判中长久以来都注重对事实真相的揭示与发现，并将对事实的准确认知作为法官职司审判的义务性要求；另一方面，刑事法官在事实认定过程中是承担着司法裁判的风险压力的，错案追究机制始终对法官的裁判行为构成制约。尽管从最高人民法院所制定的《人民法院审判人员违法审判责任追究办法（试行）》（以下简称《办法》）的规范要求来看，其对审判行为的制约主要集中于故意违反与审判有关的法律、法规，或者过失违反与审判有关的法律、法规造成严重后果的，才应当承担违法审判责任。而且该《办法》第22条也明确了因对法律、法规理解和认识的偏差导致误判，因对案件事实和证据认识上的偏差而导致误判或者因出现新的证据而改变裁判的，审判人员并不承担错案责任。但是，不可否认的是，在认识上的偏差和过失的主观状态之间是很难进行界限分明地区分的，规则的威慑效果由此而得到无限放大；不仅如此，在实务上，地方人民法院所自行制定的实施细则并没有完全遵照最高人民法院《办法》认定错案的方法和逻辑，有的甚至与《办法》相矛盾，比如《会同县人民法院审判人员违法审判责任追究办法（试行）》第4条就规定"审判人员对原判认定的主要事实失实，适用法律错误，判决、裁定明显不当，按审判程序全部改判或发回重审的案件属错案，应当追究"[①]，这就明显扩大了错案的范围，加重了法官对事实准确性的保障责任。

[①] 各地的错案追究制度主要存在认定逻辑混乱、责任划分显失公平、法律依据明显不足等方面的问题。参见魏胜强：《错案追究何去何从？——关于我国法官责任追究制度的思考》，《法学》2012年第9期，第56页。

三、必罚主义对证据能力概念的漠视和边缘化态度

积极意义上的实体真实主义与消极意义上的实体真实主义之区分，并不仅仅是理论上的分析模型，而是司法实践当中确实存在着这样的区分。从诉讼理论上来讲，学者们一般倾向于消极意义上的实体真实主义，因其目的在减少犯罪之误认，借以避免误无罪为有罪，重在无枉。①但是我国刑事司法实践所遵循的却是积极意义上的实体真实主义，即目的在判明一切犯罪，借以避免误有罪为无罪，重在无纵。我国刑事司法中长期存在的公诉案件无罪判决率极低的现象，就是这一诉讼真实观的现实反映：从 2006 年至 2010 年连续 5 年的统计资料来看，无罪判决人数占全部生效判决人数的比例极低。2006 年公诉案件无罪判决人数 521 人，占全部生效判决人数比例仅为 0.059%；2007 年无罪判决人数为 355 人，占比为 0.038%；2008 年无罪判决人数为 273 人，占比为 0.027%；2009 年无罪判决人数为 241 人，占比为 0.024%；2010 年无罪判决人数为 183 人，占比为 0.018%。② 事实上，从笔者从事司法审判实践的经历来看，作出无罪判决的压力极大，不仅需要协调好与检察机关的关系，而且也需要经得法院领导的同意，层层把关和各方制约从根本上讲是受到了必罚主义观念的影响。

实践中，在这种必罚主义观念的影响下，发现事实真相的活动被认为是第一位的，具有优先性。因此，长期以来形成的观念是所有的证据材料，都可以进入法官的视野，在确定其真实性后就可以作为事实认定的基础。而如果在证据能力上作出限制，那么就等于是对有价

---

① 陈朴生：《刑事诉讼制度于实体真实主义之影响》，台湾"中华"学术院：《中国学术与现代文化丛书》（九），台湾文化大学出版部 1983 年版，第 591 页。

② 参见高通：《论无罪判决及其消解程序——基于无罪判决率低的实证分析》，《法制与社会发展》2013 年第 4 期，第 66 页。

值的证明信息的否定,是对事实真相发现的一种障碍。不过,近年来这样的观念正在改变。随着近年来人们对冤假错案的不断反思和对刑讯逼供现象的逐步重视,非法证据排除的概念逐渐为司法实务工作者所接受,尤其是 2010 年 5 月最高人民法院、最高人民检察院、公安部、国家安全部和司法部《关于办理死刑案件审查判断证据若干问题的规定》《关于办理刑事案件排除非法证据若干问题的规定》的出台,从规范意义上确立了证据的排除规则。不过,这些证据的排除规则中最核心的内容仍是针对以暴力、威胁等非法方法取得的证言以及靠刑讯逼供手段取得的供述而构建起来的,也就是说,对于那些对人的基本尊严和价值伤害最深的行为,通过否定其行为所获取的证据资料之证据能力来对其加以制约,但是对于违背直接言词原则的书面笔录等资料作为证据却并未建立起相关的有效规则体系。这不能不说正是在客观真实的诉讼观和必罚主义的实践下,证据能力的概念一直被漠视和边缘化了。不管是立法者,抑或是司法者,其所追求的都是期望更高效、更少障碍地从尽可能多的信息资料中找到事实的真相,并实现刑事实体法的刑罚目的。

第三节　立法规范的不完善

一、庭前笔录资料的证据能力不受限制

关于庭前笔录资料规制的立法规范,已经在本书第三章当中进行了细致考察。总体而言,刑事程序法对待庭前笔录资料的态度是宽松的,直接言词原则在立法中虽有一定的体现,但并不形成拘束性的原则,法官完全可以自由裁量是否运用庭前笔录资料,这不能不说是一令人遗憾的缺陷。

第一，立法规范关于证人出庭作证的规则是务实性的，并不追求所有证人应当出庭，而是针对那些对案件的事实认定有必要性的证人出庭作证。不过，立法规范在关于哪些证人应当出庭作证的规定上，要求由人民法院根据是否有必要而决定。其规则虽是以法官的事实认定活动为视角的，但是这一规则本身是对直接言词原则的背离。这是因为，直接言词原则要求法官在证据调查活动中运用那些最好的证据方法，不得以书面笔录代替证人陈述，其本身是对法官证据调查活动的一种约束，而我国《刑事诉讼法》关于证人是否应当出庭作证，是由法官自由裁量是否运用庭前笔录资料来决定，在这一情形下直接言词原则不是得到体现而是被放任了，这并不符合直接言词原则的基本内涵。

第二，立法规范虽然有证人出庭作证的规定，但是对无正当理由不出庭之证人的庭前笔录的证据能力没有明确规定。立法规范对这一问题的模糊处理不是因疏忽或遗忘所致，而是有意选择了回避。因为程序规则明确规定鉴定人无正当理由不出庭的，鉴定意见不能作为证据使用，但对于证人无正当理由不出庭的，并不否定其庭前证言笔录的证据能力。正因为立法规范对证言笔录和鉴定意见的不同态度，司法解释也就顺应了这一立场，要求庭前证言笔录在具有真实性保障的前提下可以作为证据使用。如此解释，则在事实上形成了庭前证言笔录之证据能力不受限制的司法现实，只要法庭能够找到支持庭前证言笔录真实性的依据，比如庭前证言笔录能够与其他证据材料相互印证的，即可作为证据使用。

第三，被告人庭前供述笔录，特别是庭前警察讯问笔录的证据能力不受限制。由于刑事被告人本人就在法庭上，法官在庭审中可以对被告人陈述进行直接调查，故其庭前供述笔录作为证据并不违背直接言词原则的基本内涵，特别是在被告人当庭供述与庭前供述笔录不一致的情形下。不过，与大陆法系国家普遍禁止被告人警询笔录作为证据使用不同，我国刑事程序并没有对被告人供述笔录作出司法讯问笔录和非司法讯问笔录的区分，而且作为证据使用的被告人庭前供述笔录也主要是警察讯问笔录。司法实践中，在绝大多数场合下，法官也总是能够从数量众多的案卷笔录资料中找到与庭前供述笔录相互一致的证据材料，进而以庭前供述笔录作为事实认定的依据，因此也在事实上形成了被告人庭前警察讯问笔录的证据能力不受限制。

除此之外，笔录类证据作为《刑事诉讼法》明确列举的证据类型，也表明这些笔录资料本身就是有证据能力的。行政机关所收集的笔录资料以及刑事司法中的各种情况说明书面材料，也都并未要求这些笔录资料的制作主体作为证人出庭就笔录资料的真实性作证，因此这些庭前笔录资料的证据能力在事实上也是不受限制的。

二、被告人对质诘问权制度性保障的缺失

我国《刑事诉讼法》并没有关于被告人对质诘问权的明确规定，不过从《刑事诉讼法》对证据调查的质证要求来看，只有经过当庭质证的证据材料，才可以作为事实认定的基础。因此也可以认为被告人对不利于己的证人是有对质诘问权的，且只能在法庭审理阶段行使。但是，我国《刑事诉讼法》及司法解释和实践并不限制庭前证言作为"替代品"在法庭中举证，笔录中心主义的现实状况也就造成了被告人对质诘问权的行使必定流于形式，无法得到实质上的保障。而且，作为对质诘问权之基本构成的"与证人对质的要素"，也仅被视为事实调查的辅助手段，不具有权利的根本属性。这些关于对质的规定，仅见于《解释》第269条："审理过程中，法庭认为有必要的，可以传唤同案被告人、分案审理的共同犯罪或者关联犯罪案件的被告人等到庭对质。"可见，即使是同案审理的被告人，与其对质也仅是在法庭审理认为必要的时候进行。《人民检察院刑事诉讼规则》第402条规定："被告人、证人、被害人对同一事实的陈述存在矛盾的，公诉人可以建议

法庭传唤有关被告人、通知有关证人同时到庭对质，必要时可以建议法庭询问被害人。"不过，这也是以公诉人的指控需要而进行的。也就是说，在必要的时候，可以进行对质，但这种对质是以指控需要或者审判需要为目的的，并不是被告人的一项法定权利。由此可见，被告人对质诘问的权利在我国的刑事程序中是可有可无的，是不具有制度性保障的，这从程序的公正性而言是不足的。

与此相类似的是，"在职权主义的德国和法国，法官有发现真实之义务，故可自行讯问，于此之对质、诘问，当应视调查之必要与否而定，要非绝对不可或缺之程序，系视必要而定（德刑诉法第五十八条参照），并将诘问之决定权委诸法官（德刑诉法第二百四十二条），其有滥用时审判长更可加以剥夺（德刑诉法第二百四十一条）；而法国刑事诉讼法规定，关于应否准许对质，其权亦在法官（该法第一百二十条参照）。"① 不过，《欧洲人权公约》第 6 条第 3 款 d 项之对质权要求却不是可视必要与否而定的，而是作为公正审判权之最低保障，不容在事实认定已无必要之情形下予以限制或剥夺，由此而弥补了职权主义国家国内立法关于被告人对质诘问权保障的不足，避免未经对质诘问之庭前笔录作为事实认定的依据。

综合以上两个方面的论述，庭前笔录资料证据能力的不受限制与被告人对质诘问权制度性保障的缺乏，作为规制笔录资料的立法规范有其不完善之处，由此则形成法律适用过程中庭审法官运用庭前笔录资料的裁量自由，这与两大法系国家庭审证据调查活动中受直接言词原则和被告人对质诘问权的制约截然不同。虽然说立法规范之不完善，并不必然导致法庭的判决建立在庭前笔录资料的基础上，庭审法官依然可能基于裁量权而要求举证证据的原始方法，但不可否认的是，法官得以自由裁量庭前笔录资料之运用，在法律规范的层面上为笔录资

---

① 台湾地区"大法官会议"释字第 384 号。

料的广泛运用敞开了大门，立法规则的规制效应必然受到冲击。

第四节　实践中的证人出庭作证难

证人出庭作证的问题一直是我国刑事诉讼实务中的一大难题，龙宗智教授曾经撰文《中国作证制度之三大怪现状评析》指出我国目前的证人不出庭作证已成常例，并形成了作证制度的三大怪现状：其一，证人向警察和检察官作证，却不向法庭作证；其二，证人不出庭，书面证言在庭审中通行无碍；其三，警察不作证。[①] 在当下，证人出庭作证难的现实仍然存在，由于证人未能出庭作证，法庭势必需要从庭前的证言笔录中寻找作出裁判的依据，这也进一步导致笔录中心主义的盛行，不过要想形成对这一问题的准确认识有必要先确立必要证人出庭作证的概念。

一、证人出庭率概念的重新界定

在实践中证人出庭作证难是人们对刑事司法中证人出庭作证问题的一致性看法。不过，学者们形成这一结论的依据普遍来自证人出庭率极低这样的统计结果。[②] 但是，我国学者易延友撰文指出，当前理论中笼统地以证人出庭率为基础讨论证人出庭问题，实际上是一个虚假的问题。[③] 因为在刑事审判过程中，并不是所有的案件中所有的证人都

[①] 龙宗智：《中国作证制度之三大怪现状评析》，《中国律师》2001年第1期，第66—68页。
[②] 学者们对证人出庭作证难的认识普遍是以出庭率的统计数据为依据。比如，据北京市第一中级人民法院统计，该院辖区2005年度审结的刑事案件共5500件，其中证人出庭案件只有29件，所占比例不到1%。参见李郁：《缺少强制性规定，北京刑案证人出庭作证率不到1%》，资料来源于搜狐网：http://news.sohu.com/20070417/n249489090.shtml，2017年12月17日最后访问。
[③] 易延友：《中国刑诉与中国社会》，北京大学出版社2010年版，第163页。

必须出庭作证，建立在以所有案件为基数或者以所有证人为基数之上的证人出庭率，并不能反映出证人出庭作证问题的实质。笼统的证人出庭率概念只能说明证人出庭的基本情况，比如，"据北京市第一中级人民法院统计，该院辖区 2005 年度审结的刑事案件共 5500 件，其中证人出庭案件只有 29 件，所占比例不到 1%"。[①] 那么，在这个出庭率的统计中，说明什么问题了吗？假设一个极端的例子，在证人出庭的 29 件案件中，被告方申请证人出庭，而其他案件中被告方对证人不出庭没有意见，那么这就意味着所有被告方有意见的案件中，证人全部出庭作证了，在这种情形下统计证人出庭率 1% 的数据是没有任何实质性意义的。而且，在这 29 件案件中，出庭的证人是关键证人吗？是控方证人还是被告方证人？这些细节性的问题不清楚，那么统计的意义就不明确。

因此，如果从反映证人作证实质问题的角度出发，就不能以笼统的证人出庭率进行统计和分析。事实上，刑事司法中证人出庭作证的核心问题或者说实质性问题是控辩各方对不出庭的证人之证言笔录存有异议时，法庭认为证人有必要出庭，而证人仍不出庭作证的情况。而在绝大部分刑事案件中，被告人对庭前证言作为证据是没有异议的，证人本就没有必要出庭作证，在这一情形下统计证人出庭作证率就反映不出问题的实质。所以，证人出庭率的统计应当让位于必要证人出庭率的统计。

那么，何为必要证人出庭呢？这就仍需要回到对证人出庭作证实质问题的讨论，即证人出庭作证主要是解决什么问题。如前文所述，笔录中心主义在我国的刑事诉讼中存在的矛盾主要是对质权的保障问题，在证人不出庭作证的情况下，使用庭前证言作为证据，从根本上

---

① 笔者并不以该资料统计说明实际问题，仅是将其作为分析的工具，故其统计资料的准确性不是问题。

剥夺了被告人质疑不利证人的机会,这不仅不利于事实的准确认知,而且从程序上来看其定罪也不公平。因此重新界定证人出庭率的概念,其必要性应当以对质权的保障为基础。学者易延友教授在论述这一问题的时候,综合了两大法系在证人出庭保障制度中的基本内容——传闻法则、对质权、直接原则都指向了交叉询问的机会和对质权的机会,由此提出必要证人是为实现被告人对质权而应当出庭的证人。①

在这里需要说明的是,重新界定的必要证人出庭的概念,是为了认识和分析证人出庭作证的实质问题而提出的概念或模型,与《刑事诉讼法》所谓必要证人出庭并不一致。根据《刑事诉讼法》的规定,当证人证言对案件定罪量刑有重大影响,并且控辩双方有异议,而且法院认为证人有必要出庭作证时,证人应当出庭作证。因此,从法律规定来看,必要性证人的条件是严苛的,要同时符合证人证言对案件定罪量刑有重大影响、控辩双方有异议、法院认为有必要性这三个条件。这样的必要证人构成条件主要是以案件的实体认定为着眼点的,即使控辩任何一方对证人证言有异议,只要法院认为没有必要,证人出庭就不是必要或者说应当的,并不考虑在控辩异议下的事实认定是否符合程序的正当性原则,这与以对质权的保障为基础的必要性证人概念是不同的。

二、必要性证人出庭作证问题

必要性证人出庭作证,是以保障被告方的对质诘问权为目的的,如果被告方对庭前证言有异议,那么根据保障对质诘问权的必要性要求,证人就应当出庭。不过,在实践中这一必要性证人的出庭仍存在诸多困难,对此笔者做了一些调研工作。

---

① 参见易延友:《中国刑诉与中国社会》,北京大学出版社 2010 年版,第 167 页。

1. 必要性证人出庭率不高，与不利证人对质的实现较为困难。证人出庭率的概念本身过于笼统，其数据没有实际意义，故而有必要以必要性证人的出庭率，来分析实务中必要性证人的出庭情况。对此，笔者统计了一组基层法院的数据。该数据取自 2011 年广东省 D 市第一人民法院以普通程序审理的 87 件刑事案件。① 这些案件共涉及被告人 146 人，其中做无罪答辩的被告人有 9 人，另有 6 人对案件事实无争议，但是对罪名不认可。在这些案件中，共有 12 名被告人对 17 名证人的证言（包括同案犯证言和被害人的陈述）提出异议。其中，控方证人没有人出庭（法庭仅通知过 2 名证人出庭，但被通知的证人没有出庭）；同案被告人当庭进行质证的有 4 人；被害人出庭的共有 2 人（因被告人对证言有异议而出庭，其他被害人出庭仅是作为附带民事诉讼当事人，故没有统计）。最终所有案件都判决有罪（个别案件否定了部分指控，个别案件认定的罪名有变更）。该调研的数据统计结果见表 4.1：

表 4.1 2011—2012 年调查样本总体情况

项目	数据	说明
案件总数	87 件	立案庭随机分配案件
被告人总数	146 人	
无罪答辩被告人数	9 人	基于被告人总数的无罪答辩率为 6.16%
对事实无异议、对罪名有意见被告人数	6 人	
异议人和被异议人人数	12 人和 17 人	基于被告人总数的异议率达到 8.22%
控方证人出庭人数	0 人	2 人被法庭通知作证，未出庭
同案被告人当庭被质证人数	4 人	涉及庭前供述的异议问题
被害人出庭作证人数	2 人	涉及庭前陈述的异议问题
最终获得质证的人数	4+2 人	必要证人出庭率 35.29%
无罪判决人数	0 人	部分案件改变了罪名或者否定部分指控

---

① 该 87 件刑事案件为笔者所承办，基本是从 2011 年 10 月至 2012 年 3 月期间由立案庭随机分配的刑事案件。

根据统计数据来看，必要性证人的出庭情况并不乐观，被告人对质权的实现主要是通过对同案被告人、个别被害人的质证实现的，也就是说因对庭前陈述有异议最终得以对质的共6人，必要性证人出庭率达到35.29%。这一数据比单纯的出庭率更有实际意义。不过，仍需说明的是，这一数据看似达到了异议数目的三分之一左右，但主要是因为同案被告人本就在法庭上，使得有异议的被告人可以对其质证。如果不考虑同案被告人的问题，那么控方证人是没有人出庭的，单从2名被害人出庭接受质证来看，必要性证人出庭率仍然较低，说明与不利证人对质的实现颇为困难。①

2. 与同案审理的共同被告人对质较易，与其他证人的对质困难。在被告人对庭前笔录表示异议的场合下，也存在对同案审理被告人庭前供述表示质疑的，这种情况下，由于同案审理的被告人本身就在法庭上，故而为了查明事实，也为了裁判的程序公正性，被告人的对质权保障比较容易实现。事实上，对同案被告人庭前供述的异议主要来自案件16号李某祥等人抢劫案②，而对于其他证人的质证则由于证人出庭困难而难以实现。

3. 庭审法官对证人出庭的消极心态。在必要性证人不出庭作证的情形下，其不出庭的原因可能是多方面的，但其中一个比较令人诧异的原因却是庭审法官也不希望证人出庭。从表4.1的统计情况来看，

---

① 控方证人不出庭的原因是多方面的，观念上、制度上、技术上都存在一些障碍，当然更重要的原因是法庭对有异议的情况，基本上认为证人没有必要出庭，故而只对2名证人通知出庭。

② 该案被告人李某祥、何某生商约购买一批德国马克古币以转卖他人，遂与卖方约定在宾馆见面交易。见面时，经何某生鉴定认为是假币，李某祥遂电话邀集另外3名被告人来教训卖方并抢走其古币。当这3名打手来到宾馆门口，李某祥已离开，何某生刚好走出大门，遂向3人指示卖方所在房间，并叮嘱不要闹大了后离去。随后，3名打手持长刀冲入房间抢走古币，并交付李某祥。不久，在被害人举报后，本案被告人落网。被抢的德国马克古币经鉴定为没有价值。庭前供述中，何某生证词反复，有时候说事前有预谋，有时候又说没有预谋。在庭审中，何某生辩解无罪，并对另外4名被告人的证言表示异议。在这种情形下，庭审法官安排了何某生与其余4名被告人分别对质。

一共有 12 名被告人对 17 名证人的证言（包括被害人的陈述）表示不同意见，但是对于这 17 名证人（包括被害人），法庭仅仅通知了 2 名证人出庭作证。尽管这些异议中有部分确是对无关紧要的细节性问题提出的质疑，比如故意伤害行为中一些搏斗的细节，它们很可能并不影响对量刑的认定，但是法庭认为证人出庭不必要的决定事实上是表达了一种态度，即在其看来，大部分场合下证人不出庭更为法庭所接受。究其原因，可能一方面是担心一旦证人出庭作证之后，庭前稳定和条理分明的证言笔录就会变得模糊、无序甚至反复，这对事实认定来说是一大挑战；而另一方面可能与证人出庭所带来的制度成本和诉讼拖延有关。就此，笔者就卷宗笔录的法庭运用问题向法官群体做了一次问卷调查，问卷明确反映出这一倾向，即在控辩双方对庭前笔录有异议的时候，法官面对证人出庭作证之心态并不是那么积极[①]，如图 4.1 所示：

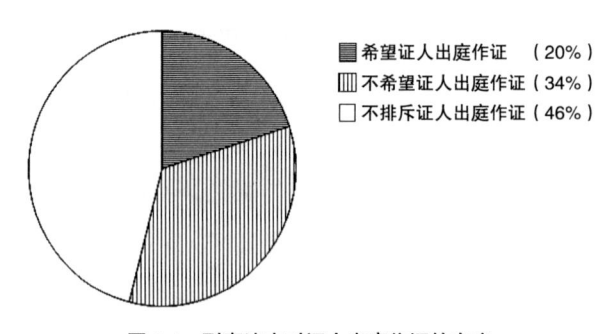

图 4.1　刑事法官对证人出庭作证的态度

至于法官之所以心态不很积极的原因，从调查问卷来看，主要包括事实已经查清，没有必要出庭；担心造成诉讼拖延；担心证人到法庭后改变证词；以及其他原因。而关于其他原因，从法官们所列出来

[①] 调查问卷共发放 150 份，收回 116 份，其中有效问卷共 94 份。在审级上，问卷面向的是基层法院、中级法院；在地域分布上，问卷发放的主要是西部 C 市、中部 L 市以及东部 D 市。

的情况来看，则较为凌乱，诸如通知了证人也不会来，证人出庭太麻烦，审查笔录比听取口头证词更容易，等等，如图 4.2 所示：

- 事实已经查清，没有必要（41%）
- 担心改变证词（19%）
- 造成诉讼拖延（25%）
- 其他原因（15%）

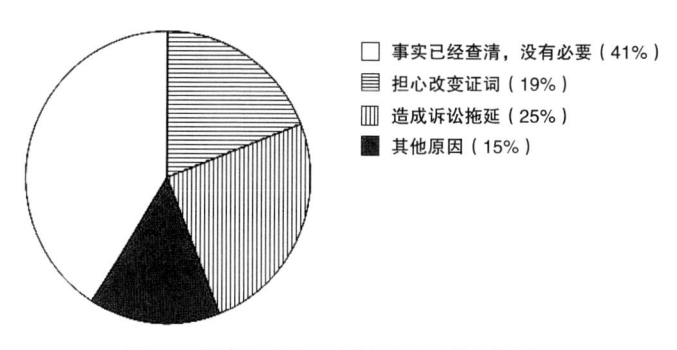

图 4.2　刑事法官消极对待证人出庭作证的原因

三、证人出庭作证难与笔录中心主义

证人出庭作证难在我国刑事司法中会是一个持续较长时期的现象，不过，一方面，所谓证人出庭作证难，并不是指所有的案件中证人出庭作证都难。如前文所述，证人作证难主要而且重要的是指必要性证人或者关键证人作证难。因为绝大部分刑事案件中证人是没有必要出庭的，在这些案件中，或者被告人对案件事实没有争议，认罪服判；或者是对事实的法律适用有意见，但是对事实问题本身没有意见；或者是虽然对事实问题有争议，但是同意审前笔录作为证据使用。在这一类占绝大部分数量的案件的审理过程中，庭前笔录的运用是不受限制的，而且也不违背程序正当性。因此，在这个意义上的笔录中心主义也是刑事程序处理这些案件的正常途径，无论在理论上，还是实务上都没有多少争议。这种情形不仅在我国刑事程序中被视为正常现象，事实上，各国刑事程序中都有这种程序的分流机制，以作为对轻微、无争议等刑事案件的快速处理方式，达到提高诉讼程序效率的效果，并为重大、复杂、争议较大的刑事案件事实的准确和公正审理保

留更多的诉讼资源。

另一方面，在必要性证人出庭作证的问题上，证人出庭作证确实存在诸多困难，以至于《刑事诉讼法》修改之后虽然确立了在法院认为有必要的情形下证人应当出庭作证的原则，但是实务中证人出庭作证难的情况并没有明显好转。[①] 故而，在必要性证人出庭作证难的困境下，刑事审判对事实认知的活动不得不更多地深入到庭前案卷笔录中去，试图从这些记录下来的资料中形成心证的信念来源。

然而，证人出庭作证难虽然是笔录中心主义形成的因素之一，但是二者之间的关系仍较为复杂，并不是简单意义上的线性因果关系，即因为证人不出庭，所以法官需要埋头于庭前笔录之中。事实上，案卷笔录中证据信息的广泛性、笔录内容之间的条理清晰度，以及立法上对案卷笔录规制的松散，这些因素也在诱导着刑事法官从更接近生活化的事实认定模式（即听取两造对质和口头论辩）中走出来，投入到案卷笔录的怀抱中。图 4.2 所示之刑事法官对待证人作证的消极心态即是其真实写照。因此，也可以说笔录中心主义与证人出庭作证难之间似乎是一种相互糅合、相互支撑的现实状况。

本章小结

本章主要是探讨了笔录中心主义的成因。首先是从司法的权力结构来看，我国的刑事诉讼程序与达马斯卡教授所提出的科层式司法有着高度的契合性和内在的一致性。这一司法的权力结构的特性表现为卷宗笔录的核心作用、渐进式审判的影响以及官方程序的排他性。科

[①] 参见郑未媚等：《法治中国视野下的刑事程序建设——中国刑事诉讼法学研究会2014 年年会综述》，资料来源于中国社会科学网：http://www.cssn.cn/fx/fx_xsfx_990/201401/t20140120_948137.shtml，2017 年 12 月 20 日最后访问。

层式司法在官方内部建立起合作关系和信赖基础，而在外部则表现出一体化的倾向，从体制上促进了官方部门之间对笔录资料的承继和信赖，以及对庭前笔录资料的一体化认同，从而在结果上表现为官方和民众对以笔录作为证据来认定案件事实的理所当然之心态。

其次是从刑事诉讼的观念和习惯来看，一方面，我国刑事司法注重客观真实的发现，要求在查明事实真相后方可进行裁判，即坚持一种事实探知的绝对化理念，而长期的司法习惯则注重惩罚有罪，在实践中实行的乃是必罚主义，追求凡是犯罪必然被发现，难逃法网。另一方面，在我国刑事审判方式改革后，查明事实真相的理念仍得到继承，在立法规范上法官承担着事实的澄清义务，而在司法实践中法官则面临着错案追究机制的裁判风险压力。因此发现事实真相的活动被认为是第一位的，具有优先性，长期以来形成的观念和实务运作漠视证据能力的概念，认为所有的证据材料都可以进入法官的视野，在确定其真实性后就可以作为事实认定的基础。

再者，规制庭前笔录资料的立法规范也并不完善。一方面，立法规范对待庭前笔录资料的态度是宽容的，并不要求笔录资料的制作者出庭就笔录的形成和内容的真实性作证，实践中如果各种笔录资料与其他证据相互可以印证的，即可认为具备了真实性保障，并进而作为事实认定的基础，如此则事实上是以笔录资料代替原始的陈述者出庭作证，与直接言词原则的要求相背离。另一方面，立法规范关于被告人与证人对质的规定极为粗疏，即使在特定情形下可以对质，也仅是作为事实认定的辅助手段对待，不具有权利的根本属性。即使认为《刑事诉讼法》对证据调查的质证要求赋予了被告人对不利于己的证人有对质诘问的权利，但是立法规范也从未对这一对质诘问的权利予以制度性的保障。由此则不仅直接言词原则没有得到贯彻，刑事审判程序的公正性也缺乏基本的保障。

最后，证人出庭作证难的司法现实也是笔录中心主义的成因，不过，对证人出庭作证难的分析应当以必要性证人出庭作证为对象，而不是笼统地认为所有证人都应当出庭作证。一方面，在绝大多数的案件中证人是不需要出庭的，或者是被告人同意，或者是没有必要，因此在这些案件中笔录中心主义的运用不仅是可行的，而且也是制度的效率价值所追求的；另一方面，统计数据也显示，必要性证人的出庭率确实较低，其原因固然是多方面的，其改变也不是一朝一夕可实现的，在这种情形下，笔录作为证据也就有了一点"被动性"运用的特征，即不得不运用。不过，深入分析裁判者对待证人出庭作证的态度可见，在相当程度上刑事法官对待证人出庭的心态是消极的，甚至于不希望证人出庭作证，并表现出对庭前书面笔录的某种偏爱。

由此可见，法庭的裁判活动以笔录为中心，不是偶然的现象，而是有其必然性的，其成因既有体制的因素，也有观念与习惯和立法规范不完善的影响，以及司法现实的困难等多种因素，这些因素相互交织与合力，共同构筑了笔录中心主义的现实之网。

第五章　理想与现实：笔录资料在刑事审判中的合理规制

第一节　走向理想：审判中心主义的推进

一、审判中心主义的理想

2013年10月，第六次全国刑事审判工作会议上提出："审判案件以庭审为中心，事实证据调查在法庭，定罪量刑辩论在法庭，裁判结果形成于法庭，全面落实直接言词原则，严格执行非法证据排除制度。"其后，理论上将此概括表述为庭审中心主义。① 根据这一概括，庭审中心主义的核心是"事实证据调查在法庭，定罪量刑辩论在法庭，裁判结果形成于法庭"，而实现庭审中心主义的关键则是"全面落实直接言词原则，严格执行非法证据排除制度"。2014年10月，党的十八届四中全会在《中共中央关于全面推进依法治国若干重大问题的决定》中提出，"推进以审判为中心的诉讼制度改革，确保侦查、审查起诉的案件事实证据经得起法律的检验。全面贯彻证据裁判规则，严格依法收集、固定、保存、审查、运用证据，完善证人、鉴定人出庭制度，

---

① 参见顾永忠：《"庭审中心主义"之我见》，来源于中国法院网：http://www.chinacourt.org/article/detail/2014/05/id/1296882.shtml，2017年11月20日最后访问。

保证庭审在查明事实、认定证据、保护诉权、公正裁判中发挥决定性作用。"由此确立以审判中心主义作为诉讼制度改革的目标,最终实现庭审调查而非庭前笔录在事实认定上的决定性作用。

庭审中心主义与审判中心主义是较为接近但不同的概念。审判中心主义是法治国家公认的一条基本刑事司法原则,它是民主社会公正彻底地解决政府与个人之间利益冲突的客观需要,对于两大法系的侦查、起诉、法庭审理和上诉程序以及刑事证据法则都有重要的影响。① 从理论上基本一致的见解来看,审判中心主义主要包含三层基本含义:"在刑事诉讼过程中只有审判活动才能最终解决公诉机关起诉的被告人的刑事责任问题;审判活动不仅对于案件的诉讼结果具有决定意义,而且在诉讼过程对于审前也有制约;审判机关必须采用审判的方式作出决定。"②

由此看来,审判中心主要是解决诉讼程序的外部关系,强调审判活动的中心地位和决定作用。而庭审中心主要解决的是审判机关内部如何开展审判活动。不过,两者之间也存在紧密关系,庭审中心主义是实现审判中心的主要途径,没有以庭审中心为基础的审判活动,审判中心的诉讼地位不可能确立,审判的正当性和权威性也无以产生和存在。

那么,为什么在刑事司法改革过程中要提出庭审中心主义,并推进以审判为中心的诉讼制度改革呢?笔者认为还应该从审判程序的内部环境发现其原因,或者也可以说以此来构建庭审中心主义并推进以审判为中心的诉讼制度改革的必要性:

---

① 参见孙长永:《审判中心主义及其对刑事程序的影响》,《现代法学》1999年第4期,第93页。

② 参见郑未媚等:《法治中国视野下的刑事程序建设——中国刑事诉讼法学研究会2014年年会综述》,资料来源于中国社会科学网:http://www.cssn.cn/fx/fx_xsfx_990/201401/t20140120_948137.shtml,2017年12月20日最后访问。

其一，我国刑事庭审表现出显著的笔录中心主义的现象。如本书前述，我国刑事审判程序从 1996 年《刑事诉讼法》改革之后，就借鉴了当事人进行主义的技术性因素，重构了刑事庭审程序。新的刑事庭审程序以控辩对抗为特征，以控辩双方的举证、质证为证据的调查方式，以法官居中且被动裁判为特征的审判三角结构，并适度保留法官职权色彩，期望以这样的庭审构造改变旧法中庭审程序虚置、"走过场"等问题，以推动庭审的实质化。但是，新的庭审程序并没有撼动司法实践的惯性，而且相关程序的配套措施也不到位，使得这样的庭审程序改革有对抗之外表，而无对抗之实质。证人普遍不出庭作证，侦查案卷笔录天然地具有证据能力，相对于被告人在庭审中的供述，法庭更愿意从被告人的庭前供述中寻找定罪的事实基础，控辩之质证因案卷笔录作为证人出庭陈述的"替代品"出现而无法实现，法庭最终的定罪依据来源于案卷笔录中可以相互支撑或印证的各种证据材料，尤其是笔录证据材料。

其二，以笔录为中心的庭审程序，其定罪的事实依据主要来源于庭前的侦查案卷笔录。因此，侦查程序的重要性就在诉讼程序中凸显出来，甚至被学者称为侦查中心主义。在这一模式下，审判程序在查明事实并决定被告人是否有罪的认定上并不处于决定性地位，在争议性案件中也缺乏查明事实的有效途径，在个别案件的审理中难以发现指控证据的漏洞，进而可能作出错误的事实认定，最终形成冤假错案。从其结果来看，这种方式不仅严重损害个体权益，同时也是对司法公信力的严重破坏。

其三，以庭前案卷笔录为中心的事实认定方式，从程序公正性的视角来看也是不足的。在被告人对指控事实和证据无争议的案件中，程序公正性问题并不凸显；但是在被告人对指控事实和证据存在重大争议的案件中，被告人如若不能对控诉自己的不利证人进行对质，这是有违人之基本情感的；法庭如果基于未经被告人对质的庭前证言笔录作出有罪认定,从程序视角来看也是难言公正的,而不公正的审判程序事实上难以实现案件裁判的实体公正,甚至无法避免冤假错案的产生。

正是基于这些因素,习近平总书记就《中共中央关于全面推进依法治国若干重大问题的决定》起草情况作出说明:"全会决定提出推进以审判为中心的诉讼制度改革,目的是促使办案人员树立办案必须经得起法律检验的理念,确保侦查、审查起诉的案件事实证据经得起法律检验,保证庭审在查明事实、认定证据、保护诉权、公正裁判中发挥决定性作用。这项改革有利于促使办案人员增强责任意识,通过法庭审判的程序公正实现案件裁判的实体公正,有效防范冤假错案产生。"①

二、笔录中心主义的变革

审判中心主义的理想是值得向往的,但是通向审判中心主义的路径是什么呢?从庭审中心主义的核心特征来看,"审判案件以庭审为中心,事实证据调查在法庭,定罪量刑辩论在法庭,裁判结果形成于法庭",即变庭审的虚化和形式化为庭审的实质化,故而,通向审判中心主义的第一步就是改变以笔录为中心的庭审现状。虽然以笔录中心主义的变革为切入点,但这并不意味着笔录中心主义变革后就实现了审判中心主义,不过至少是为审判中心主义的构建扫清了基础障碍。

笔录中心主义是以庭前案卷笔录为中心的庭审程序,体现为法庭调查笔录化、判决依据笔录化以及上诉审查笔录化,故而其变革的关键是如何限制或者规制庭前笔录的运用。这种规制,最理想化或者最纯粹化的方式无疑是完全割裂案卷笔录与刑事庭审之间的联系,庭前

---

① 参见习近平:《关于〈中共中央关于全面推进依法治国若干重大问题的决定〉的说明》,《求是》2014 年第 21 期,第 23 页。

的侦查笔录只具有为侦查服务的目的,不具有证据的收集与固定的目的,所有的证据都应当从正式的庭审程序中以原始形态提出,在法庭上接受质证,并最终形成案件事实认定的依据,这也是最符合审判中心主义的理想方法。但是,我们很清楚,这种纯粹的、完全割裂式的方法是不可行的,在现实司法中也是没有代表性立法例的,尽管意大利刑事程序的改革非常接近这一理想,但也规定了几项例外的情形。不过从意大利刑事程序改革在实践中的反复也可以发现,制度的移植而且以较为纯粹的方式移植,在现实中也是难以成功的。因此,对待庭前的案卷笔录,阻断与割裂是不可行的,当然也是不必要的,其关键则是寻求对庭前笔录资料的合理规制,以缓解并解决笔录资料在事实认定中起决定性作用的现实问题。

从庭审中心主义的推进来说,严格意义上的庭审中心主义应当主要存在于重大、复杂、疑难及被告人不认罪的案件中。[①] 因为对于轻微、简单、被告人自愿认罪的刑事案件,为了诉讼的效率,无论是大陆法系国家还是英美法系国家都会以简易的程序予以处理,并允许庭前笔录作为证据,而在那些重大、复杂、疑难及被告人不认罪的案件中,庭前笔录资料运用的不受限制才是关键问题。因此,笔录中心主义的变革,其核心的问题是实现对这些案件中笔录资料运用的合理规制。

事实上,从 2014 年确立以审判为中心的诉讼制度改革方向后,诉讼理论与诉讼实务也在进一步尝试改变庭前案卷笔录在法庭审理中广泛运用的现状,以各种方式限制和规制这些笔录类证据,进一步提升法庭审理的实质化,逐步实现法庭在事实认定中的决定性作用。2016 年最高人民法院、最高人民检察院、公安部、国家安全部、司法部为贯彻落实《中共中央关于全面推进依法治国若干重大问题的决定》的有关要求,推进以审判为中心的刑事诉讼制度改革,制定了《关于推

[①] 参见顾永忠:《"庭审中心主义"之我见》,来源于中国法院网,http://www.chinacourt.org/article/detail/2014/05/id/1296882.shtml,2017 年 11 月 20 日最后访问。

进以审判为中心的刑事诉讼制度改革的意见》，并提出"规范法庭调查程序，确保诉讼证据出示在法庭、案件事实查明在法庭"和"完善对证人、鉴定人的法庭质证规则"等基本要求。2018年1月，最高人民法院又制定深化庭审实质化改革的"三项规程"，进一步明确和细化庭前会议、非法证据排除、法庭调查等关键环节、关键事项的基本规程，特别是《人民法院办理刑事案件第一审普通程序法庭调查规程（试行）》，在总结传统庭审经验基础上，将证据裁判、程序公正、集中审理和诉权保障确立为法庭调查的基本原则，规范发问程序，落实证人、鉴定人出庭作证制度，完善各类证据的举证、质证、认证规则，由此对庭前案卷笔录的法庭运用实现一定程度的规制，目的在于确保诉讼证据出示在法庭、案件事实查明在法庭、诉辩意见发表在法庭、裁判结果形成在法庭。在地方层面，以成都市中级人民法院为代表，地方法院也进行了诸多推进审判中心、实现庭审实质化的尝试，且在很大程度上推进了示范庭审理中的证人出庭和庭审实质对抗。[①] 但是，无论从前述围绕审判中心而制定的相关规则来看，还是从经验观察来看，笔录中心主义的变革正在进行，但并未改变案卷笔录在争议案件庭审中广泛运用的现实状况。相关调研也表明，地方法院试点改革的实证研究显示，庭审实质化在一定程度上得到增强，但尚未型构出理想的控辩举证与对抗，庭审结构未发生根本性变化，审判与审前的关系和功能并未明显转型，审判中心未能充分确立。[②]

三、司法体制与观念的转变

从前文的阐述来看，笔录中心主义的成因不是单一的，而是多重

---

① 参见成都中院：《刑事庭审实质化的一年答卷》，《人民法院报》2016年3月21日第5版。
② 参见左卫民：《地方法院庭审实质化改革实证研究》，《中国社会科学》2018年第6期，第111页。

因素合力的结果,其中处于基础性或者说更深层面的因素是体制上司法的一体化倾向和观念上追求客观真实与必罚主义的理念。司法体制的一体化倾向要求对警察、检察官和法官等不同主体所制作的笔录予以同等的对待,庭前笔录资料在不同诉讼阶段的承继也符合公检法机关"分工负责,互相配合,互相制约"的基本原则,故而以"有色眼镜"看待庭前侦查笔录并对其进行限制,在当前的诉讼体制下并不具有现实可行性。另一方面,诉讼观念的影响也深入司法制度与实践的各个角落,刑事司法的实务工作者遵循的是必罚主义的理念,在这一内在观念的作用下,事实真相的职权探知是绝对的,处于首要位置,庭前笔录资料的证据能力概念必然处于边缘化的位置,甚至被漠视和无视。因此,寻求实现对庭前笔录资料的合理规制,变革笔录中心主义的司法现实,其首先要面对的问题就是司法体制与观念的转变,否则,即使完善了规制笔录资料的立法规范并缓解了其实现的司法困难,也很难奢望司法实务能自觉依从立法规范之要求,意大利刑事司法改革的实践就是前车之鉴。不过,司法体制与观念的转变并非一蹴而就之事,必须有改革的巨大勇气和长久不懈的努力才会有所起色。对此,笔者简略阐述如下:

司法体制的转变关键在于破除公检法机关的一体化倾向,凸显法院的审判职能,彰显审判的中心地位,以此对不同机关之笔录效力差异化对待,进而在体制上否定侦查笔录的承继性。事实上,司法体制改革并不是新的话题,而是由来已久的现实问题。早在1999年5月,中国社会科学院法学研究所就主办了"依法治国与司法体制改革研讨会",来自全国的近百名专家学者及有关国家机关工作人员参会,并就当时司法体制存在的问题、司法体制改革的思路和具体措施等问题展开了热烈的讨论。在这次研讨会中,学者们提出的司法体制问题主要集中于"法院审判职能与行政管理职能不分""审判不独立"等,而改革的目标则是以体制改革促进司法公正,但对于改革的思路和具体措施则众说纷纭,不过也有学者提出"司法体制改革的枢纽在于确立以司法审判为中心的格局和以司法独立为标准的体制"①。之后,也有不少学者撰文提出建构以审判为中心的刑事司法外部体制②,以此理顺法院与检察院和公安机关的关系。2014年党的十八届四中全会在《中共中央关于全面推进依法治国若干重大问题的决定》也提出:"推进以审判为中心的诉讼制度改革,确保侦查、审查起诉的案件事实证据经得起法律的检验。"由此将建构以审判为中心的司法体制改革提上日程,故而我们也相信随着改革的不断推进与深化,司法体制的一体化倾向问题也有望得到解决。

在诉讼观念上,我国刑事司法长久以来是坚持客观真实的,在实践中则表现为积极的实体真实主义,即必罚主义的理念。不过,这一唯客观真实的诉讼观应当逐步转变,因为事实认定活动是作为裁判者的主体之主观认识客观、从已知揭示未知的过程,尽管客观真实是可能被发现的,但是在诉讼过程中限于证据资源的有限性、认识途径的程序法定性以及诉讼价值的多元化,人们对案件事实的发现不是一个无原则、无休止的过程,因此在诉讼中要求所有案件事实的发现都达到客观真实,不具有现实可行性。事实上,在关于诉讼观的问题上,我国许多学者也撰文提出应当转变客观真实的诉讼观,并代之以法律真实、实体真实等。③2012年《刑事诉讼法》的修订对证据确实、充分的标准进行了明确,该法第53条指出:"证据确实、充分,应当符合以下条件:(一)定罪量刑的事实都有证据证明;(二)据以定案的证

---

① 《法学研究》编辑部:《依法治国与司法体制改革研讨会纪要》,《法学研究》1999年第4期,第151—160页。

② 参见樊崇义、张中:《论刑事司法体制改革与诉讼结构之调整》,《环球法律评论》2006年第5期,第519页;陈光中、魏晓娜:《论我国司法体制的现代化改革》,《中国法学》2015年第1期,第107页。

③ 相关的讨论,参见陈浩然:《证明标准——客观真实、法律真实与实体真实》,《上海交通大学学报(哲学社会科学版)》2004年第1期,第18页。

据均经法定程序查证属实；（三）综合全案证据，对所认定事实已排除合理怀疑。"据此，樊崇义教授认为在诉讼观上，"新刑诉法关于证明标准的规定，已经从积极的实体真实转向了消极的实体真实，或曰相对的实体真实"①。对此，笔者基本赞同，即随着人们对诉讼观认识的不断深入，已经认识到客观真实的诉讼观不符合司法的基本规律，进而提出转变诉讼观念的要求，而《刑事诉讼法》的修订则是在总结实践经验的基础上，充分吸收了法学研究的相关成果，并提出与司法规律相适应的证明标准之具体条件。不过，这一观念的转变也仅仅实现在立法层面上，在司法的现实层面，必罚主义的理念仍然对刑事司法施加着影响，而向着注重程序保障和"无罪者不予处罚"之消极的实体真实主义的理念的转变甚至其影响的形成，仍然需要长期的不懈努力。

尽管司法体制与观念的转变是长期和渐进的过程，但是从刑事司法改革的现状来看，这一转变也正在进行之中。那么接下来的关键问题就是如何完善立法规定并缓解司法的现实困难，或者说我们应当以什么样的方法和具体途径实现对庭前笔录资料的合理规制。

第二节　承继传统：笔录资料规制方法的选择

通过前文对具有代表性的国家和地区处理书面笔录资料的方法、立法规定及实务运作等多方面进行的考察，展现在我们面前的基本方法是直接言词原则和传闻规则。关于这两种基本方法的内涵、形成及实践运用等问题，前文已有详述，不再赘述。此处只需对这两个方法之间的区别和联系作进一步的探讨，然后方可决断如何选择的问题。

---

① 樊崇义：《证明标准：相对实体真实——〈刑事诉讼法〉第53条的理解和适用》，《国家检察官学院学报》2013年第5期，第3页。

一、直接言词原则与传闻规则

关于直接言词审理主义与传闻法则的关系，经典的表述莫过于我国台湾学者黄东熊教授如下这句话："所谓直接审理主义乃以审判者的直接与证据接触为目的之大陆法的原理，与此相对，所谓传闻法则乃以使诉讼当事人得直接推敲证据之真实性为目的之英美法的原理。易言之，前者乃基于审判者之立场而产生之原理；而后者则基于当事人之立场而发出之原理。同时，此两原理所基于之范围亦不一致。亦即，前者乃包含物证之全部证据，而后者仅基于供述证据。"这是指的二者之间的不同，随之又指出："不论直接审理主义抑或传闻法则，其所追求之目标均在于发现正确的真实，易言之，此两原理在诉讼上所要达成之作用，乃相一致。"[①] 对此，陈运财教授进一步总结为：直接审理与传闻法则并非对立的概念，就追求公判中心而言，其目的相同，且就禁止使用审判外的陈述作为证据的原理而言，也是一致的。只是前者重在法院与证据的直接关系，后者重在当事人与证据的直接关系。[②]

从台湾学者的表述和分析来看，指出二者之间的区别在于直接原则以审判者的立场要求对庭外陈述进行限制，而传闻规则却是从当事人的立场出发来推敲证据之真实性。这一差别是固然存在的，因直接原则是职权主义下法官主导证据调查的原则，其立场自然是从审判者的视角出发的，在这一立场和视角下，审判者对事实的探知是关键，也因此在被告人与不利证人对质的问题上，直接原则并不以保障对质诘问权为目的，而是视对质诘问对事实探知的必要性而定（《欧洲人权公约》之公正审判权的要求自当别论）；传闻规则是当事人进行主义

---

① 黄东熊：《直接审理主义与传闻法则——兼论刑事诉讼相关规定第 159 条，165 条第 1 项，及第 196 条之解释》，《中兴法学》1978 年 4 月，第 225 页。

② 参见陈运财：《传闻法则及其例外之实务运作问题探讨》，《台湾本土法学杂志》2007 年 5 月，第 129 页。

的证据调查方式下对证据准入的资格限制,其立场也自然是从当事人的视角出发的,因此格外重视当事人之对质诘问权,不仅视其为被告人基本的诉讼权利,而且认其为传闻供述在程序上的真实性保障,不得对其予以限制。不过,这一区别对我国寻求庭外陈述规制方法的选择问题上意义并不大,因为我国虽然以控辩对抗为表现形式进行证据调查,但在实质上法官仍然继承了真实发现的观念,仍得以职权进行询问和庭外核实调查,故而在证据的调查上不能说只有当事人的立场,而是同时也还有法官的立场。

此外,关于二者之间也存在联系,即直接审理与传闻法则并非对立的概念,就追求公判中心而言,其目的相同;就禁止使用审判外的陈述作为证据的原理而言,二者也是一致的。从前文对各国限制和规范庭前笔录的立法和实践考察来看,这一论断是基本准确的。而且,不仅其具备目的上的一致性,在效果上也具有相似的成效。达马斯卡教授在对德国和英美法国家刑事程序处理书面笔录资料进行观察后也指出,就可以采纳的第二手材料的实际数量而言,德国的刑事诉讼制度与英美证据制度之间的差别,并没有我们通常想象的那么惊人。[1]

可见,无论是从直接言词原则与传闻规则之间的差异来看,还是从其联系来看,都不能为我们进一步的方法选择提供依据或者指引,看来还是需要走出方法的本身,而将视角放在方法背后的制度传统、理念与逻辑上。

二、规制庭前笔录的基本方法

事实上,当前笔录中心主义的现状,与我国台湾地区在 20 世纪晚

---

[1] 米尔吉安·R. 达马斯卡:《比较法视野中的证据制度》,吴宏耀等译,中国人民公安大学出版社 2006 年版,第 281 页。

期司法实务中卷宗笔录的广泛运用和深刻影响有一定的相似性①，在选择方向上，无论是直接言词原则还是传闻规则，两种方法都具有可选性。台湾地区在 2003 年刑事诉讼相关规定修订之前，关于是继续沿用直接言词原则还是引入传闻规则曾引发了激烈讨论，不过，从刑事程序最终的选择方案来看，台湾地区的刑事程序接受了传闻规则。但是，笔者认为，台湾地区的选择并不是我们接受传闻规则的理由。这是因为台湾地区的刑事程序在 2003 年进行了当事人主义的程序改造，并表现出当事人进行主义的显著特征。而证据制度的修改则既是为了与当事人主义的程序改造遥相呼应，同时也是学习英美和日本刑事证据制度的结果，所以最终以传闻规则构建起规制审判外陈述的基本方法。同时又由于台湾地区刑事程序改革也类似日本的刑事程序向当事人主义的变革，"法官"也承继了真实发现的理念，因而传闻规则的引入与典型的英美法证据制度仍然有着显著差异。

笔者以为在当前的立法和司法现状下，特别是在 2012 年及 2018 年《刑事诉讼法》确立了务实性的证人作证制度之后，似无必要再引入传闻规则，而应当立足于我国的刑事司法传统，进一步贯彻和落实直接言词原则，并切实保障被告人的对质诘问权。其具体理由如下：

（一）直接言词原则既承继传统，也更符合我国的庭审方式

直接言词原则是大陆法系国家处理书面笔录资料的基本方法，由直接原则和言词原则构成，一方面该原则要求庭审法官亲自对证据的原始方法进行调查，举证应当以最好的证据或者最佳证据进行；另一方面又要求证据调查以口头方式进行，案件事实的认定应当以当庭举示和辩论的证据为基础。由此该原则对审判外的笔录资料运用构成

---

① 关于台湾地区在 20 世纪晚期司法实务中运用警讯笔录的普遍现象和实务观点，参见林钰雄：《直接审理原则与证人审判外之陈述》，《台湾本土法学杂志》2000 年 1 月，第 60—83 页。

限制。

　　选择直接言词原则既是为了承继传统，也是为了因应现实。一方面，我国刑事诉讼程序有着深厚的大陆法传统，直接言词原则作为大陆法系国家审判制度的基本原则为我国的诉讼理论所广为接受。在这一制度背景之下，承继传统的选择在理念上比较容易接受，而且也能够与我国的现有制度更好地融合。另一方面，我国刑事庭审程序虽然表现出控辩对抗的色彩，但是仍保留了法官依职权查明案情的制度安排。而且，从前文的分析可见，法官在事实上也承担着真相查明的义务，故而在庭审方式上虽然表现出控辩之争执，但实质上的责任仍落在法官身上，在这种庭审方式下，法官必然重视查明案情，在司法实践中还表现为对事实职权探知的绝对化理念。因此，基于审判者之立场的直接言词原则的方法更为适合。

　　当然，直接言词原则的缺陷在于其原则性规定的适用困难。正如龙宗智教授指出的，直接言词原则与传闻法则都是有效概念，不过直接言词原则是指导型的法律精神，而传闻法则是操作性规范。① 这固然属实，但大陆法系国家提出直接言词原则的概念并不是说仅仅停留在理念层面，而是以理念统筹具体的制度安排，比如德国《刑事诉讼法》对笔录资料运用的禁止与例外规定，可以在司法过程中以此原则和理念裁断那些制度安排中的模糊之处所引起的分歧；比如我国台湾地区刑事程序在以当事人进行主义变革以前，"法院"在限制某些种类的书面证言时经常以违背直接言词原则为裁判的理由。② 应该说直接原则在

---

① 龙宗智：《论书面证言及其运用》，《中国法学》2008 年第 4 期，第 139—140 页。
② 如台湾地区"最高法院"1997 年度台上字第 6210 号判决理由指出：刑事诉讼为发现真实之真质，采直接审理及言词审理主义，证据资料必须能由"法院"以直接审理方式加以调查，证人必须到庭陈述，始得采为判断之依据。司法警察本于职务作出之报告文书，或系基于他人之陈述而作出，或为其判断之意见，其本身无从直接审理方式加以调查，应无证据能力，也不属于"其他文书可为证据"之证据书类，纵令已将之向被告宣读或者告以要旨，亦不能采为有罪判决之论据。参见林钰雄：《直接审理原则与证人审判外之陈述》，《台湾本土法学杂志》2000 年 1 月，第 60—83 页。

规制书面笔录资料方面构筑了理念引导、立法规范以及司法指导多个层面的保障机制，并不因其系指导型的法律精神就导致操作性差，甚至于限制效果不及于传闻规则。①

（二）传闻规则在我国建立仍存在几个困难

与直接言词原则不同，传闻规则是"排除加例外"的证据规则体系，单从规则本身来看，其可操作性强，而且与当事人主义刑事审判方式更为契合。不过在我国建立传闻规则，还存在以下三个障碍或者说是困难：其一，传闻规则是与当事人主义诉讼程序相适应的，在制度的关联和协调性上，还有赖于起诉状一本主义的配套，而我国在案卷的移送方式上已经回归到全案移送，这也表明立法者并无意于在当事人主义的实质内容上更进一步。②其二，传闻规则在英美法系国家都正在逐步走向没落的境遇，而且传闻例外极为繁多和复杂，司法实务中并不容易掌握。从日本的立法例和我国台湾地区的类似情况来看，虽然传闻规则的例外情形似乎不多，但细究之下就会发现，美国法是以列举的形式将例外予以明确，而日本法和我国台湾地区的例外则仍具有较高的概括性，在适用的过程中仍是存在诸多争议和不确定。其三，英美法系国家的传闻规则所规制的对象包括证人、被害人以及被告人等凡是能够出庭作证的人，其范围较为全面，但大陆法系国家一

---

① 在台湾地区刑事程序变革之际，陈运财教授曾撰文比较传闻规则与直接主义，认为："在直接主义下，使用审判外之陈述与被告防御权利益冲突的问题意识较为淡薄，且受'法院'依职权发现真相义务之影响，其例外之范围容易扩张。"又指出："盖所谓采行职权进行原则之诉讼制度对于证据能力殊少加以限制，乃过去之历史事实"，"直接主义在实践运行上，受卷证并送及'法院'依职权调查证据的义务的影响，不难看出是为了因应使用书面陈述困难的问题，大幅的容许了传闻证人的使用，直接主义有被限缩运用的倾向"。对此，林钰雄教授进行了一一反驳并澄清了认识。而且还指出，比较德日美的立法例而言，德国的立法例所承认的例外恐怕是过严，而不是过宽。参见林钰雄：《直接审理原则与证人审判外之陈述》，《台湾本土法学杂志》2000年1月，第83页。

② 台湾地区的相关规定的制定也可以说明这一问题，自从传闻规则建立后，仍旧沿用了卷证并送制度，为了与传闻规则相一致，改革卷证并送为不并送的呼声很高。

般不承认被告人是证人,所以建构起来的传闻规则在面对被告人时会无所适从,比如台湾地区对传闻证据的规定明确指出是被告以外的人。不过,直接言词原则的范围就宽得多,被告人的庭前供述当然也属于其规制的对象①,特别是在我国当前刑事司法实践中,对被告人的庭前供述之规制还具有特别的意义。

(三)切实保障被告人的对质诘问权,弥补直接言词原则方法的不足

对质诘问权是现代法治国家刑事程序中被告人的一项基本权利,也是联合国《公民权利和政治权利国际公约》第14条第3款e项所保障的刑事被指控人平等享有的最低之保障。从对质权在英国的最初发展来看,首先是来自被告之强烈要求,即要求与不利证人面对面的对质,后来演变为被告之权利,并为各法治成熟国家和地区所确认,比如美国联邦宪法修正案第6条、日本《宪法》所要求之"询问证人权"、意大利《宪法》第111条赋予被指控人对质权、《欧洲人权公约》第6条第3款d项之对质权要求,以及台湾地区刑事诉讼程序以"大法官会议"的方式从宪制性规定所赋予之权利上来解释对质诘问权,等等,足以见得被告人质疑不利证人的权利是其最基本的、不可剥夺的权利要求。如果不能保障这一基本的权利,审判程序也就失去了公平性可言。

不仅如此,从被告人对质诘问权功能的视角来看,它不仅体现在定罪程序的公正性和事实认定的准确性上,同时也是对证人出庭作证的一种规制方法,可以弥补直接言词原则规制方法的不足。以大陆法系国家刑事程序为例,尽管法官的证据调查活动受直接言词原则的约

---

① 林钰雄教授也指出,相对于传闻规则,直接主义的范围更广,还及于被告人的审判外自白。参见林钰雄:《直接审理原则与证人审判外之陈述》,《台湾本土法学杂志》2000年1月,第83页。

束,不过这一原则却是以裁判者的事实认定为出发点的,从其内涵而言并不顾及被告人与不利证人对质诘问的基本要求。因此,无论是德国的刑事立法,抑或是法国的刑事程序,都并不要求必须保障被告人的对质诘问权,而是视法庭调查活动之必要性而定。然而,《欧洲人权公约》第6条第3款d项之对质权要求却不是以必要性为条件的,而是作为公正审判权之最低保障,不容在事实认定已无必要之情形下予以限制或剥夺。因此,该被告人的对质权要求构成了对直接言词原则保障不足的补充。所以,以直接言词原则作为规制我国庭前笔录资料的基本方法,不能忽视被告人对质诘问不利证人的权利。相反,应当合理构建被告人对质诘问权的保障机制,结合直接言词原则要求下的证人出庭作证制度,合力实现对庭前笔录资料的合理规制。

第三节 立足现实:对质诘问权的保障与证人庭前笔录的规制

一、被告人对质诘问权模式的选择

被告人对质诘问权的实现方式有几种模式可供选择。其中一种是《欧洲人权公约》之公正审判权的要求,根据这一模式,对质诘问权作为公正审判权的最低保障,对审前笔录形成制约,除非被告人在庭审中或者庭审前的程序中曾质疑过证人。第二种模式是美国、日本等国家从宪法上保障被告人的对质诘问权,且对传闻的例外情形也构成一定的限制。

那么,我国在构建被告人对质诘问权的过程中,该以哪种方式为之呢?笔者以为,美国、日本法律制度下的对质诘问权方法不太适合我们。这是因为一方面这些国家和地区对质诘问权是以宪法性的权利为保障的，另一方面在实务中与传闻例外有交互作用。而我国当前既不可能将对质诘问权纳入宪法，同时也没有建立起传闻规则及例外制度。在我国刑事程序中，证人不出庭作证是多方面原因造成的，出庭作证难是司法现实，难以马上改变，也不容易改变，故而被告人对质诘问权的设置不能脱离实际，假如要求证人一概出庭作证以实现对质诘问权，同时也不能适当放宽实行标准，那么对质诘问权将起不到应有的作用。因此，应当允许被告人在庭前实现对质诘问，并可以以此免除证人在庭审中出庭作证，也就是说，借鉴《欧洲人权公约》的对质权要求来建构我国的对质诘问权，并引入欧洲人权法院相关判例所确定的对质权规则，是适当的。

二、被告人对质诘问权的实现途径

《欧洲人权公约》第 6 条第 3 款 d 项之对质权要求是公正审判权之最低保障，我国在刑事程序中借鉴这一对质诘问权的保障模式，同时也是对我国批准的《公民权利和政治权利国际公约》第 14 条第 3 款 e 项在内国法中的进一步落实。

（一）对质诘问的时机

对质诘问的时机，从欧洲人权法院的判例来看，确立的是"恰当而充分"的对质机会，"只要赋予辩护方充分而恰当的机会来行使其权利"，则审前对质就是符合《欧洲人权公约》第 6 条第 3 款 d 项规定的。[①] 可见，斯特拉斯堡人权法院的见解是，被告人或其辩护人应在某个程序阶段享有诘问不利证人的适当机会，既可以是在证人陈述的当

[①] 参见萨拉·J. 萨默斯：《公正审判——欧洲刑事诉讼传统与欧洲人权法院》，朱圭彬、谢进杰译，中国政法大学出版社 2012 年版，第 180—181 页。

时，也可以是在后来程序，可以是侦查中或者审判中，也可以是在第一审或者上诉审，即是说国家必须保障被告人至少在某个程序阶段具有对不利证人以合乎公约要求的方式与范围进行对质诘问的适当机会（adequate and proper opportunity）。[1] 根据这一理解，为确保被告人对质诘问权的有效实现，笔者以为在我国引入对质诘问权，结合我国刑事司法的实际情形，时机的选择不应当局限于审判程序中，审前对质也应当予以允许。具体原因有三：第一，审前程序相比于审判程序而言更接近案件发生的时间，从证人记忆的准确性和表述的准确性考虑，审前对质的效果会优于审判中的对质[2]；第二，相比于后续的审判程序，证人在审前程序中更容易被找到，特别是在流动人口比例大的地区，审判程序往往在案件发生后的数月后进行，而此时要再找到证人已经很困难了；第三，相比于审判程序公开庭审的要求，在审前程序中证人出席对质，从实现的可能性来看是更大的。

此外，适当机会表达的是，保障被告人对等提问的机会与要求回答的可能性，而非现实上的行使，也就是说，已经赋予了被告人质问机会而被告却不行使的，也不会违反对质诘问权的要求。[3]

（二）对质诘问的方式

在公平审判的要求下，被告人享有对不利证人进行诘问的适当机会，并且享有对具体行使方式提出要求的权利。林钰雄教授指出，《欧洲人权公约》第 6 条第 3 款 d 项的诘问是指被告人与证人面对面的质问，即对质（confrontation; Konfrontation），这也是诘问条款又称为对质诘问条款的原因。欧洲人权法院在诘问的方式上，把重点放在实

---

[1] Echr, Saïdi v. France, Judgment of 20 September 1993, series A no. 261-C, §43.
[2] 参见张宝生：《事实、证据与事实认定》，《中国社会科学》2017 年第 8 期，第 116 页。
[3] 林钰雄：《共犯证人与对质诘问——从欧洲人权法院裁判看台湾释字第 582 号解释之后续发展》，《月旦法学杂志》2005 年 4 月，第 16 页。

质内涵的要求上，即诘问要包含"当场面对面"的内涵，而非"有声无影、不视而问"；对质也要兼及发问回答，不是指"有影无声、看而不问"。总之，维护"被告对不利证人面对面质问的权利"才是关键。在此，欧洲人权法院系从被告人防御权的角度出发，要求把不利证人带到被告人面前，使被告人能够"面对面"地积极质问，而非把被告人带到不利证人面前，使后者指认列队的被告人（尤其是单面穿透的指认墙的情形）。换言之，就被告人与证人的关系，对质与诘问本不可分，但对质诘问与片面指认（einseitige Gegenüberstellung）有天壤之别，后者并不符合公约第 6 条第 3 款 d 项的质问方式。[1] 比如在 Windisch v. Austria 案中，警方安排两名目击证人坐在距离不知情被告人几米远的车内对被告人进行指认。这种隐秘指认不符合《欧洲人权公约》的对质诘问条款，因为被告人根本就没有对不利证人质问的机会。[2] 因此，在对质诘问权的实现方式上，关键是把不利证人带到被告人的面前，使被告人能够"面对面"地积极质问，需包含"当场面对面"的内涵。如果仅仅是由证人单方面的指证，是不符合对质诘问权的本质要求的。

（三）对质诘问的范围和充分保障

从被告人质问不利证人之权利在欧洲人权法院的实现来看，其对对质诘问的范围和充分性也是有要求的，即要求"全方位"质问不利证人，针对不利证人指控的所有争点，被告人都有"面对面"质疑和提问的适当机会。而且必须强调的是，如果对质诘问是在侦查程序中进行的，那么被告人的质问可能会因阅卷权的限制而欠缺全面性的涵盖，所以，虽然侦查中经质问的证词可以作为判决的依据，但欧洲人

---

[1] 参见林钰雄：《证人概念与对质诘问权——以欧洲人权法院相关裁判为中心》，《欧美研究》第 36 卷第 1 期，第 148—149 页。

[2] Echr, Windisch v. Austria, Judgment of 27 September 1990, series A no. 186 § 23.

权法院对此表示了特别的谨慎，除了要审查被告人的防御地位外，还要审查这种质问范围是否涵盖了后来的全部起诉争点。①可见，对质诘问权的保障并不是仅仅给被告人以质问的机会，更是对证人所提出之争点问题的全方位质疑。结合我国刑事诉讼制度及刑事司法的实际情形，由于在侦查程序中辩护人无从接触案卷材料，只有到了审查起诉阶段辩护人才有权阅卷，进而全方位了解不利证人指证的内容，所以为确保对质诘问的范围足够充分，审前对质的进行不宜拓展至侦查程序，宜限定于审查起诉阶段，同时 2012 年以及 2018 年《刑事诉讼法》修订后进一步加强了辩护权保障，也为这一阶段对质诘问权的有效行使提供了现实的法律基础。

（四）在"谁"的面前进行对质诘问？

从欧洲人权法院对对质诘问权的要求来看，其所重视的是被告人或其辩护人在某个程序阶段享有适当的机会，面对面去挑战和质问不利证人，借此检验、质疑证词的可靠性与可信性。就此而论，证人在审判前或审判外的陈述，是向警察、检察官或侦查法官和调查法官所为，这一点并不是重点所在。问题的关键在于，国家必须赋予被告人至少在"某个程序阶段"，对不利证人以合乎公约要求的方式与范围进行对质诘问的适当机会。故而，林钰雄教授认为纵使于警询阶段作出的证人证词，也未必不符合公约的对质诘问条款；反之，即便是法官面前的证人证词，也未必就符合公约要求。一言以蔽之，证人在"谁"的面前陈述并不重要，重要的是被告人当时或后来有无全方位对不利证人质问的适当机会。②

---

① 参见刘学敏：《欧洲人权体制下的公正审判权制度研究——以〈欧洲人权公约〉第 6 条为对象》，法律出版社 2014 年版，第 320—321 页。

② 林钰雄：《证人概念与对质诘问权——以欧洲人权法院相关裁判为中心》，《欧美研究》第 36 卷第 1 期，第 147—148 页。

可见，从欧洲人权法院的态度来看，其并不重视在"谁"的面前进行对质诘问，其所要求的是对质诘问的实现，而且是以充分的形式实现，如果对质诘问不能保障范围要求和充分性，仍是不能被接受的。故而，在考虑"谁"的问题的时候，我们也不得不考虑这个主体是否可以保障对质诘问的充分性和全方位，因此我们就不得不慎重斟酌，是否侦查人员也可以？从法国和德国的立法情况来看，其国内法关于被告人审前程序中对质的规定也是保障《欧洲人权公约》第 6 条第 3 款 d 项之对质权要求的途径。如前文所述，在法国，预审法官在其主持的证据调查中，可以进行审前对质，检察官和律师可以参与并在取得预审法官的授权后可以询问，而且讯问和对质还应当制作笔录。在德国，警察或者检察官询问证人时被告人无权在此，不过，检察官可以要求初级法院的法官在审前询问证人或审查证据。这种由法官在侦查中所实施的"司法行为"必须通知犯罪嫌疑人（或者他的律师）询问的日期和时间，只有在嫌疑人在场将"对侦查产生影响"时，例如会胁迫证人，嫌疑人才能被排除。我国台湾地区刑事诉讼相关规定也有类似要求，根据第 248 条检察官所主导的人证之讯问及诘问中，讯问证人、鉴定人时，如果被告人在场的，被告人可以亲自诘问；被告人诘问有不当的，检察官可予以禁止。如果预料证人、鉴定人于审判时不能讯问的，应当命被告人在场，但担心证人、鉴定人于被告人面前不能自由陈述的，则不在此限。如此看来，无论是大陆法系国家的典型代表——法国和德国，还是台湾地区的刑事诉讼程序，对于在"谁"的面前进行对质诘问还是有相对严格的要求的，这不仅是为了保障对质诘问权的有效行使，同时也是职权主义调查事实真相的途径。

在我国构建对质诘问权的保障机制，关于在"谁"的面前进行对质诘问，笔者以为首先应当排除的是侦查人员。这是因为侦查人员作为犯罪行为的调查者，在立场上难以保证客观公正，正如学者所言，"警察的逻辑是进行刑事追究的逻辑，他们的任务是发现罪犯而不是发现无罪者"①，实在不宜作为这个主体。最理想的主体当然是法官了，其中立和公正的地位可保障对质诘问权的充分行使，不过我国刑事程序中并没有类似于法国之预审法官的角色，如果由法官行使这一职责，那么势必需要构建这一新的职位或者类似于德国的方式，由初级法院的法官额外承担这一职责。但是，这两种方式在我国的实现可能性不大，故对"谁"的问题上在我国并不能局限于法官。

因此，笔者以为可以在检察官的面前进行对质诘问。理由如下：其一，检察官在我国具有司法官的身份和角色，法律也赋予了其法律监督者的职责，而且按照通常的理解，检察官还负有客观之义务，相对来说可以保障其在对质诘问中的中立性和公正性。其二，构建在检察官面前进行对质诘问的机制，也有助于缓解必要性证人出庭作证困难的司法现实。我们知道，必要性证人出庭作证困难的原因既有法官对待证人出庭作证的消极心态，也有证人对待出庭面向公众作证的畏难情绪，而在检察官面前进行对质诘问，则可以避免证人出庭作证，在一定程度上缓解证人不情愿作证的心态，同时作为程序主持者的检察官也更有促使证人接受对质诘问的内在动力，因为如不能保障被告人之对质诘问的权利，庭前证言笔录就可能不具有证据能力，如此则有望在两方合力的作用下缓解证人出庭作证困难的司法现实，并助推笔录中心主义的变革。其三，在检察官面前实现对质诘问，在本质上与审判中心并不冲突。这是因为，审判中心的核心是要求人民法院对定罪量刑起到决定性作用②，而检察官面前之对质程序，在于给予被告人在程序过程中与不利证人对质诘问的机会，一是对被告人对质基本情感的满足，二是借此检验证据可靠性，且对质诘问需要如实记录并

---

① Mireille Delmas-Marty and J. R. Spencer, *European Criminal Procedures*, Cambridge University Press, 2002, p. 478.

② 参见陈卫东：《以审判为中心：当代中国刑事司法改革的基点》，《法学家》2016 年第 4 期，第 3 页。

作为在案证据提交给法庭，最终服务于法庭定罪的准确性和公正性，实质上是有助于转变侦查中心，进而推进审判中心的。其四，我国《刑事诉讼法》及相关解释也为在检察官面前进行对质诘问提供了一定的制度基础。根据《刑事诉讼法》第173条，检察院审查案件，应讯问犯罪嫌疑人，听取辩护人、被害人及其诉讼代理人的意见。根据《人民检察院刑事诉讼规则》第259条，办理审查逮捕、审查起诉案件，可以询问证人、被害人、鉴定人等诉讼参与人，并制作笔录附卷。可见，检察官讯问犯罪嫌疑人、询问证人等诉讼参与人都有一定的制度基础，只不过被告人没有在场对质诘问的权利，法律规定也未授权可以在检察官面前进行对质诘问，因此，检察官也只得以分别询问证人、讯问犯罪嫌疑人以发现和查明案件事实并制作笔录。正因为如此，笔者以为在此基础上构建被告人之对质诘问权的实现程序是有一定制度基础的，也是有一定实践合理性的。

被告人的对质诘问权是一项不容剥夺的基本权利，但这并不意味着不允许例外的情形，比如证人死亡或者失踪的，这种情况下以庭前笔录为证据，并不构成对对质诘问权的侵害，否则将导致刑事诉讼程序的瘫痪。欧洲人权法院在对待被告人对质诘问权例外情形的问题上，也有过很多判例，不过基本的原则是以"被告人防御权的保障程度"为审查基准，以此判断该内国法程序作为一个整体来看是否公平。关于对质诘问权的例外情形，在此不予展开，待讨论对质诘问权的保障与证人不出庭之庭前笔录证据能力的过程中再进行分析。

三、以被告人对质诘问权的保障规制证人庭前笔录

前文已述，2012年《刑事诉讼法》之修订以及司法解释的出台，完善了证人出庭作证相关制度，作为控辩式庭审程序的配套制度，以期望能借由证人的出庭作证推动庭审实质化的目标。这一制度的构建

在一定程度上体现了直接言词原则的要求，特别是对于控辩双方有异议的关键证人，法庭认为其有出庭必要的应当出庭作证，而且也规定强制证人出庭、证人作证保护和补偿等相关配套制度，相对而言建构了较为完备的证人出庭作证制度。但是《刑事诉讼法》及《解释》对证人不出庭的情形下之庭前笔录的证据能力规定却过于宽松，致使实践中案卷笔录的证据运用几乎可以不受规制。因此，有必要以被告人的对质诘问权的保障，统筹《刑事诉讼法》及《解释》已经初步建立起来的证人出庭作证制度，从而实现限制和规范庭前书面证言的运用问题。

（一）未经被告人对质诘问的证人庭前笔录不具有证据能力

第一，被告人对质诘问权是刑事被指控人的一项基本性的权利，这项权利在我国不仅是维护公正审判权的需要，同时也是事实认定准确性的要求。根据前文所述，我国引入的被告人之对质诘问权，应以《欧洲人权公约》之公正审判权要求下的对质权为借鉴对象，只要被告人在审查起诉阶段或者审判阶段，有合适的机会，对不利证人进行了充分和多方位的对质诘问，那么该证人的庭前证言就具有了证据能力，在庭审中作为证据使用就不构成对对质诘问权的侵害。以这样相对柔性的方式限制或者说规范证人庭前笔录，可以较好地缓解实践中证人出庭难的问题，因为在审前阶段进行对质诘问，一方面可减轻证人在公开庭审中面对被告人不愿作证的抵触心理，另一方面也与我国转型期人口流动频繁，审判时找寻证人困难的现实状况相关。①

---

① 在实践中，证人不出庭作证有一个客观原因，即审判时间距案发时间过久，在人口流动大的城市，往往审判时证人已经离开本地或者更换联系方式。笔者调研过的广东省 D 市就有这一情况，相当一部分证人是外来打工者，而大部分被害人也来自这一群体。当案件审判的时候，不仅被传唤证人转移了工作生活的地点，就是其联系方式也已经改变。这种情况下，即使对证人庭前笔录有疑问，也只能通过研究卷宗中其他材料来释疑。如果可以在审前阶段对质，无疑可在相当程度上缓解这一问题。

第二，关于证人的概念，笔者以为应当是广义上的证人，包括鉴定人、被害人以及共犯被告人。这一广义化的理解，不仅最大限度地保障了被告人质问不利证人的权利，而且也为许多国家和地区的司法区所接受，比如欧洲人权法院的态度①、日本刑事诉讼通说以及判例的态度、台湾地区"大法官会议"释字第582号解释的态度等等，都接受这一广义化的证人概念。在我国刑事程序中，将共犯被告人纳入这一概念还有特别的意义。司法实践中，我国刑事程序对共犯被告人的审判外笔录与证人庭前证言一样，基本没有证据能力的限制，被告人又没有质疑共犯被告人（另案审理中尤其突出）和证人的机会，其最终的定罪根据很大程度上是以这些庭外笔录为基础的。如果说证人因为与被告人没有利害冲突，其庭前的证言可信性较高，那么，与被告人具有利害冲突的共犯被告人之审判外供述笔录也作为事实认定的基础，则存在认识论上的问题。因此，以对质诘问权的保障来限制共犯被告人的法庭外供述就非常有意义了。

第三，被告人对质诘问权的保障并不是绝对，也存在例外情形。原则上未经对质诘问之庭前笔录不能作为证据，但在例外情形下则是可以的，原则与例外，正如一体两面，是不可分割的。从欧洲人权法院的相关判例来看，例外情形也非常复杂，既有基于事实上的对质诘问不可能的情形，如证人死亡或者失踪的，也有基于个案之情形的考量，然而从其出发点来看，《欧洲人权公约》之对质诘问条款，"本来

---

① 欧洲人权法院采用的是实质、广义的证人概念，认为纵使依照签约国之内国《刑事诉讼法》并非证人之人，或者并未在刑事法院的调查证据程序中受讯问或作证词之人（not give direct evidence in court; not testify in court in person; not hear... in person），皆无碍其为公约第六条第三项 d 款对质诘问条款称为（不利）证人；就公约的证人概念而言，关键在于其陈述事实上是否在法院前呈现（in fact before the court）。换言之，不论是侦查中、审判中、程序内或程序外的陈述，不论呈现形态是言词讯问或书面笔录，不论法院践行方式是当庭朗读书面或笔录（read out at the hearing/trial）或传讯原问警员作证（reported orally by police），原陈述人都是公约所称的证人。参见林钰雄：《证人概念与对质诘问权——以欧洲人权法院相关裁判为中心》，《欧美研究》第36卷第1期，第142页。

就是为了'保障被告防御权之公平审判目的'而存在的,因此,欧洲人权法院的相关裁判,无论是对对质诘问内涵的界定抑或例外的承认,主要都是以'被告防御权的保障程度'为审查基准的,以此判断该缔约国刑事程序作为一个整体来看是否公平"①。故而假若个案中被告人防御权后来被充分补偿,或存在有不可归责于国家的事实障碍,就可能构成例外。对于这些例外的情形,林钰雄教授指出主要包括义务规则、归责规则、防御规则和补强规则的例外。②

(二)证人庭前笔录虽然未经对质诘问,但在例外情形下也可以作为证据

对质诘问权虽然是一项重要权利,但并不是一项绝对权利,其例外情形在任何一个立法例中都是存在的。在我国以对质诘问权的保障实现对庭前笔录的规制,在原则上要求未经对质诘问,庭前笔录不得作为证据,但在特殊的情形下,也应当承认例外情形,并容许庭前笔录作为事实认定的基础。对此,笔者以为,可以借鉴其他法治国家和地区容许庭前笔录作为证据的例外情形,并结合我国已经初步构建的证人出庭作证制度,作出如下的例外规定。

1. 证人有合理理由不出席对质以及官方促使证人出席的勤勉义务。根据法律规定,证人应当出庭的情形下,如果具有合理理由不出庭的,其庭前笔录资料当然可以作为证据,在这种情形下允许庭前笔录的运用,是基于实际情况而无可避免地使用。我国《刑事诉讼法》并没有明确证人不出庭的合理情形,但是在《解释》第253条做了相

---

① 转引自林钰雄:《证人概念与对质诘问权——以欧洲人权法院相关裁判为中心》,《欧美研究》第36卷第1期,第151页。

② 参见林钰雄:《证人概念与对质诘问权——以欧洲人权法院相关裁判为中心》,《欧美研究》第36卷第1期,第151—153页。更多分析,也可参见李昌盛:《对质诘问权在欧洲人权法院的实践及启示》,《湖北社会科学》2011年第12期,第178—181页。

关的规定,具体包括:(1)在庭审期间身患严重疾病或者行动极为不便的;(2)居所远离开庭地点且交通极为不便的;(3)身处国外短期无法回国的;(4)有其他客观原因,确实无法出庭的。同时也明确在以上情形下可以通过视频等方式替代出庭作证。应当说,程序规则允许以上客观情形下证人不出庭作证是合理的,但是,在司法实践中,证人往往声称自己工作很忙,不在本地或者身体不适等,法院则消极对待,视其为"正当理由",而未能尽到最大努力促使证人到庭。①

故而,为保障被告人与不利证人的对质诘问,一方面需要严格限制司法实务中对正当理由的宽泛化理解和适用,另一方面也需要赋予官方促使证人出庭的勤勉义务,明确官方对对质诘问权的实现予以保障的职责。具体来说,第一,从目前《刑事诉讼法》程序规则来看,证人证言对于定罪量刑有重大影响是证人出庭的必要条件,不是充分条件,证人出庭仍然需要满足"人民法院认为证人有必要出庭作证的"条件。鉴于在司法实务中,法官多数情形下对证人出庭作证是消极心态,甚至带有抵触情绪,庭审法官关于"不具有出庭必要"的认定并不能真实体现出案件审理的实际需求,径行驳回被告人对质的诉求更有逃避官方促使证人出席对质勤勉义务的嫌疑,因此,在证人应当出庭作证的认定问题上,《刑事诉讼法》的相关规则也应予以修订,不以人民法院认为有出庭作证的必要为前提条件。② 第二,在证人应当出庭,

---

① 在笔者 2020 年 6 月亲历的一个刑事庭审中,辩护人向法庭提交了一份证人与警询笔录不一致的庭外录音材料,以证人证言相互矛盾向法庭说明证人出庭的必要性,法官据此通知了证人出庭,但是证人电话回复在外地出差。后来案件如期开庭审理中,法庭当告知辩护人,证人有事,不能到庭作证。后来被告人被定罪,定罪的关键证据就是该未到庭证人向警察作出的陈述笔录。

② 2016 年 10 月,最高人民法院、最高人民检察院、公安部、国家安全部、司法部为贯彻落实《中共中央关于全面推进依法治国若干重大问题的决定》的有关要求,共同制定了《关于推进以审判为中心的刑事诉讼制度改革的意见》,该文件第 12 条规定:"落实证人、鉴定人、侦查人员出庭作证制度,提高出庭作证率。公诉人、当事人或者辩护人、诉讼代理人对证人证言有异议,人民法院认为该证人证言对案件定罪量刑有重大影响的,证人应当出庭作证。"也就是说,为了落实人等出庭作证制度,新的程序规则在证人是否应当出庭作证的问题上,不再以人民法院认为是否有出庭作证的必要性为条件了,只需审查证人证言对定罪量刑有重大影响即可。

又没有正当理由不出庭的情形下，证人仍然未能到庭，那么被告人与不利证人对质诘问的权利事实上被剥夺或者限制了，如果法庭仍然以未出庭之证言笔录作为定案的根据，那么这种情形应属于被告人法定诉讼权利被不当剥夺或限制的情形，应列为《刑事诉讼法》第238条关于二审法院应撤销原判，发回重审的情形之一，以此强化官方促使证人出庭的勤勉义务。第三，也要注意到，虽然赋予官方勤勉义务，但法律也不能强人所难，在控方或者法庭已采取一切必要且可行的措施促使证人出庭作证，但仍然无法实现的情形下，不能以此苛求官方未尽职责，未出庭证人之证言在查证属实之后仍然可以作为定案的根据。

2. 证人证言不是关键证据，不具有唯一或决定性。从欧洲人权法院的相关判例来看，并不要求凡是被告人对证言有异议，证人就应当出庭作证，而是非常务实地认为只有那些对定罪而言具有唯一或决定性的庭外陈述才应当予以反对，其出发点是充分衡量了被告人辩护权受到损害的程度是否造成审判的不公正性。这一规则也被学者称为对质诘问权例外的补强规则。我国刑事司法也是如此，并不是要求所有证人出庭作证的。关于此，我国《刑事诉讼法》确立的是"关键证人"出庭作证，即"证人证言对于定罪量刑有重大影响的"，也就是以证人证言的证明力度限定出庭证人的范围，只有那些对定罪量刑有重大影响的证人才有必要出庭作证。但是，"定罪量刑重大影响"的标准存在两个方面的问题。其一，该标准涵盖了定罪事项与量刑事项，而之所以要保障对质诘问权，根本在于定罪是否公正，与量刑问题关系不大。其二，"重大影响"是一个相对模糊的概念，是否重大往往基于立场不同而认识有异，不具有确定性和操作性，故而该标准仍需要法庭综合衡量证人出庭的必要性。因此，以"定罪量刑重大影响"标准限定出庭证人的范围既失之于宽，又模糊而难以判断，其结果更不利于推动应出庭证人的出庭。

相对于"定罪量刑重大影响"标准，欧洲人权法院所确立的唯一或决定性标准不仅考察证人证言在定罪中证据"质"的要求,还重视全案证据在定罪中证据"量"的多寡,相较于"重大影响"标准,更具备明确性和操作性;而且,在唯一或决定性标准中,未经对质之证言如有其他证据佐证,那么该证言是否具有决定性则取决于佐证证据的力度,其他证据对定罪的力度越大,则未经对质之证言越不具有决定性。①而在"定罪量刑重大影响"的标准之下,并不要求法庭衡量证言证据与其他证据在证明力度上的程度之别,而重在证言证据本身对于定罪的重要性。由此,在证人应当出席对质的范围上,唯一或者决定标准更具有把握性,同时限定的范围也是最需要证人出庭作证的情形。

因此,我国刑事程序在确定出庭证人范围的问题上,有必要吸收"唯一或决定性"标准,在不改变当前刑事程序规则的前提下,在司法解释或者司法裁判中,以证言具有"唯一或决定性"作为"定罪量刑重大影响"的认定标准。一方面,这样可以更准确判断应出庭的证人范围,避免模糊标准下法庭适用中之异化;另一方面,在目前证人出庭作证困难的现实状况下,只针对那些最有必要且该证人不出席则违背最基本的程序公正的情况,只要确保对质诘问权的底线保障即可,不必追求过宽的证人范围,这种相对合理的选择更有实践意义。②

3. 被告人有机会行使权利而未行使的,则产生失权的效果。在保障了被告人对质诘问机会的情形下,被告人放弃对质诘问权的,庭前笔录即使未经质问,也具有证据能力。对被告人的对质诘问权,虽需严格予以保障,但是在被告人主动放弃的场合下,庭前笔录就可以作为证据,而且被告人在以后的诉讼阶段也不能再行使对质诘问权。这一对对质诘问权行使进行限制的情形是非常有必要的,因为在诉讼中

---

① Guide on Article 6 - Right to a Fair Trial (Criminal Limb) [EB/OL]. (2020). [2020-10-28]. http://www.echr.coe.int/Pages/home.aspx?p=caselaw/analysis&c=#n1347459030234_pointer.

② 龙宗智:《论司法改革中的相对合理主义》,《中国社会科学》1999年第2期,第130页。

被告人之对质诘问权行使是需要司法成本的，如果为被告人提供了合适的时机，而被告人弃而不用，那么也无须在以后的阶段中再行保障。这样也可以避免被告人故意在审前阶段放弃权利，待审理程序中预计证人可能会不出庭，而重新要求行使权利。

4. 证言笔录可基于控辩双方的同意而获得证据能力。从《刑事诉讼法》证人出庭作证相关规定来看，控辩双方对证人证言没有异议的，证人并不需要出庭，也就是说法律承认其庭前证言的证据能力。如果从被告人对质诘问权的保障来看，控辩双方对庭前证言笔录没有异议的，也就意味着被告方没有质疑不利证人的主观愿望，自然可视为其对对质诘问权的放弃。从目前各国的立法来看，也基本持这一立场，基于同意而允许庭前证言具有证据能力。唯独特殊的是日本的刑事程序，被告人同意下使用庭前笔录是司法实践中"笔录裁判"的主要原因之一。[①] 不过，日本法的实践中虽然被告人同意庭前笔录，但仍可在庭审中以宪法上的询问证人权对证人进行反对询问，这一做法也受到理论界的批判，认为正是基于这样的辩护策略，被告人往往会同意控方的庭前笔录，这也正为控方和庭审法官所乐意接受。

笔者以为，在我国的刑事司法实践中，控方庭前侦查笔录之所以可以作为证据，其实大多数的场合下也是因为被告人没有对该庭前笔录提出异议。笔者就 2011—2012 年广东省 D 市刑事案件的审理情况所作的调研也支持这一论断。[②] 不过需要注意的是，在调研中也反映出一个问题，即被告方之所以对庭前笔录没有意见，固然有被告人认罪、

[①] 据调查统计，90%的公审案件中被告人基于种种原因不得不对控方使用传闻证据表示"同意"，另有 10%的案件中因证人在法庭上的证词与侦查期间的证词相矛盾，经法官批准而将其在侦查官员面前的证词提交法庭调查，从而导致本应以言词辩论为核心的法庭审理变成了"书证审判"或"笔录审判"。参见孙长永：《日本和意大利刑事审中的证据调查程序评析》，《现代法学》2002 年第 5 期，第 94 页。

[②] 如表 4.1《2011—2012 年调查样本总体情况》反映，被告人对证人、被害人陈述提出异议的，在比例上占被告人总数的 8.22%。也就是说，绝大多数的被告人对庭前笔录没有异议。

对庭前笔录完全赞同等方面的原因,同时也存在辩护律师主动向被告人做工作的情况,希望被告人能表现出好的认罪态度。

(三)在证人出庭的情况下,庭前笔录的运用问题

1. 庭前不一致证言可以作为实质证据。《解释》第91条对证人出庭作证后证言的运用问题作出了规定,即证人当庭作出的证言,经控辩双方质证、法庭查证属实的,应当作为定案的根据。但是,证人当庭作出的证言与其庭前证言矛盾的时候,证人能够作出合理解释,并有相关证据印证的,应当采信其庭审证言;不能作出合理解释,而其庭前证言有相关证据印证的,可以采信其庭前证言。也就是说,在当庭证言与庭前证言相矛盾的时候,如果庭前证言具有"可信性"保障,可以采用庭前证言。这一书面证言的采信方法与大陆法系国家的处理方式具有内在的一致性,也与日本刑事程序处理检察官面前之笔录的方法相似,更与台湾地区处理警询笔录相似,即庭前不一致陈述不仅仅作为弹劾证据,而且可以作为实质证据。

2. 关于庭前证言"可信性"保障的认定方法。证人在侦查阶段提供证言,到出庭当庭陈述期间,时间上有了较长的间隔,证人记忆可能退化,事实的描述可能没有以前清晰,也可能在此期间受到"干扰",如被威胁或被贿赂等,因此可能发生当庭陈述反而不及庭前笔录真实的情况,故而如果能够认定庭前陈述具有"可靠性"保障,则可以庭前陈述作为证据。那么,如何判断庭前证言的"可信性"呢?境外司法的经验可资借鉴。

首先,根据日本和我国台湾地区的经验,在对"可信性"情况保障进行判断的时候,应当明确是对证据之证据能力进行判断,而不是对其证明力。例如,我国台湾地区"最高法院"就指出,"判断是否有可信之情况保证或者相对可信之特别情况,纯属证据能力之审查,无关证据力之衡量,有无可信之情况保障或相对可信之特别情况,应就侦查或调查笔录制作之背景、原因、过程等客观事实加以观察，依无证据能力即不生证据力之原则，自不容就被告以外之人之陈述，先为实质之价值判断后，再据以逆向推论其证据能力"①。

其次，在判断的方法上，日本和我国台湾地区学者都提出应从"供述的外部状况"来判断，而不能及于其内容。例如日本学者松尾浩也认为，"可信性"情况保障，"是对陈述所提供的'状况'进行判断，而不是对陈述的'内容'进行判断，判例中经常出现'条理井然'等评语，如果这一评语为了表现原陈述是在冷静状态下提供的'状况'，还可以接受；但如果这一评语表示'内容'明确、证明力程度高，那么就有疑问了"②。

再者，是否可以运用证据之间相互印证的方式判断呢？《解释》第91条明确规定，庭前证言有相关证据印证的，可以采信其庭前证言，这就是以印证的方法判断庭前证言的真实性。台湾地区"最高法院"的一则判决也持这一方法，即"最高法院"2005年台上字第5259号判决："陈某上述于'检察官'侦查中有关上诉人交付枪管供其出售及于上诉人共同贩卖改造手枪于李某部分之陈述，佐以上述逼讯监察资料、扣案证物等，并无显不可信之情况，自得为证据，原判决采为论罪依据，已难认有何不可。"但是陈运财教授认为，以证人在侦查中向"检察官"之陈述内容与其他佐证相符为据，从而适用本条款，显然混淆了证据能力及证明力的区别，如此可能会架空传闻法则，将证据能力的问题降回过去自由心证的范畴，并不妥当。③ 笔者以为，证据之间相互印证的方法也可以作为判断可信性的标准。尽管在判断印证

---

① 台湾地区"最高法院"2005年度台上字第5709号判决，转引自王兆鹏：《2011年刑事程序相关规定发展回顾》，《台大法学论丛》第41卷特刊（2011），第1594页。
② 松尾浩也：《日本刑事诉讼法》（下卷），张凌译，中国人民大学出版社2005年版，第16—17页。
③ 陈运财：《传闻法则及其例外之实务运作问题探讨》，《台湾本土法学杂志》2007年5月，第141页。

上需要深入到陈述的内容,即从其内容上来看具有一致性或者符合性,但这样的评判并不是对其证明力的一种评价,而是以内容之间的相符合性,反推其载体的可信性,故而仍旧是对证据能力作出的评价,并不涉及证明力。

最后,检察官面前之笔录可以取代庭审陈述作为证据的条件还应当允许对笔录进行充分的反询问,这是为了保障被告人在宪法上的"询问证人权"。松尾浩也教授也指出:"对于'以前陈述'的内容,当然应该给被告人反询问的机会,不允许在证人退庭之后突然提出这类文书。"①

3. 证人出庭作证的,庭前证言的使用方法。证人出庭作证的情形下,应当以何种方式作证呢?是否可以宣读庭前证言笔录呢?从境外司法制度的规定来看,一般情况下,证人出庭应当口头作证,不得宣读庭前证词。比如法国《刑事诉讼法》第452条的规定:"证人应当口头作证,审判长不得责成证人宣读书面证词。"不过在实践中,麦基洛普就一起谋杀案进行的庭审观察显示,在控方一名证人要求下,法庭也宣读了其庭前的证言笔录,然后该证人才接受询问,可见在特殊情形下宣读证词也是可以的。对此,学者的解释认为,证人应当口头作证是一般的原则,但是,在特殊情况下,经审判长允许,证人亦可借助文件作证。②看来,法国法是将这一特殊情形的认定交由审判长来裁量。与此相比,德国法则将宣读笔录的例外情形在法律规范中予以明确,证人出庭后的宣读笔录之例外包括了无法回忆和陈述矛盾两种情形,由此也可见德国法对直接言词原则的贯彻是极为严格的,立法并没有委诸主审法官来裁断。

对此,笔者以为我国可以借鉴并融合德国与法国的处理方法,以

---

① 松尾浩也:《日本刑事诉讼法》(下卷),张凌译,中国人民大学出版社2005年版,第64页。
② 《法国刑事诉讼法典》,罗结珍译,中国法制出版社2006年版,第295页。

德国法的方式对可以宣读的例外情形予以明确，以此彰显笔录宣读的严格限制，同时在这些情形之外也可保留法官根据特殊情形的裁量权。由此，第一，证人出庭后无法回忆起案发情况的，可以以帮助回忆的目的宣读笔录；第二，证人出庭后拒绝作证或者精神极度不正常无法作证的，也可以宣读庭前证言；第三，证人出庭后应当口头作证，如有特殊情形需要宣读笔录的，由证人提出申请，并由审判长裁定。

在笔者的调研中也发现一个有趣现象，C 市 S 区公安机关重视警察出庭作证的问题，专门制定了警察出庭作证的相关规定，但是在规定中有一项要求，即警察出庭作证所作陈述应当与庭前笔录相一致。笔者以为这就违背了证人出庭作证的程序目的，如果证人出庭后在法庭上的陈述完全照搬笔录，那么仍旧违背了实质上的直接审理主义，宣读笔录只能是在作证不能等情形下，比如无法回忆、精神影响以及拒绝作证等特殊情形。而要求警察出庭作证必须与庭前证言相一致，又如何体现作为定罪基础之证据产生于法庭的基本要求呢？

第四节　其他类型笔录资料的规制

一、被告人庭前供述的运用与规制

被告人供述是我国《刑事诉讼法》明确规定的证据种类之一，而且在司法实务上，案卷笔录中相当一部分就是由被告人供述笔录组成的，刑事判决所认定之事实基础也在很大程度上依赖于被告人庭前供述，即使是被告人在法庭上翻供的情形下亦是如此。那么，被告人庭前供述在什么样的情况下具有证据能力？法庭又何以认定被告人庭前供述而不是当庭陈述呢？被告人庭前供述是否应当予以限制，又如何限制呢？这一问题的研究，在我国刑事司法中有其现实意义。

(一)两大法系对待被告人的不同态度

在对待被告人的态度上,英美法当事人主义国家与大陆法职权主义国家差异显著。在当事人主义国家,由于受到"被告为证人不适格"理论的影响,长期以来被告人在审判中是不能宣誓并陈述的,这一理论的主要基础是为了避免戕害被告行使不自证己罪的自由。直至19世纪结束前,美国各州才基本废除"被告为证人不适格"之法律,并准许被告在审判中宣誓作证。在当事人主义国家,被告人可以选择不陈述意见,仅坐于审判席上"观看"审判;如果选择陈述意见,那么则坐于证人席上,与一般证人没有区别,须宣誓并接受交叉询问。[①]

在职权主义国家,被告人一向被视为证据来源,被告人被认为是最了解真相的人,若不令其在审判中有陈述的机会,等于丧失了发现真实最可贵的证据资料。不同于英美法系国家被告人以证人身份宣誓作证,在大陆法系国家,被告人在审判中"陈述"而非"作证",无须宣誓,若为虚伪陈述,也不受伪证罪的处罚。[②]

因此,在英美法系国家,被告人作为证人出庭作证后,其庭前陈述也适用传闻规则,不能作为证据。但是如果庭审中被告人的陈述与审前的陈述不一致,那么可以用审前陈述来质疑被告人的当庭陈述,以此来攻击被告人的可信性。不过,庭前陈述只能作为弹劾证据,不能作为实质性证据。相比于英美法系国家以传闻规则来限制被告人的庭前陈述,在大陆法系国家,因为被告人一般不被认为是证人,并不适用传闻规则,且在大陆法系国家,被告人也被视为证据来源,故其庭前笔录的处理方法远比英美法系国家复杂,下面将予以详述。

[①] 参见王兆鹏:《美国刑事诉讼法》(第二版),北京大学出版社2014年版,第607—608页。
[②] 参见王兆鹏:《美国刑事诉讼法》(第二版),北京大学出版社2014年版,第611—612页。

（二）被告人庭前供述笔录的证据能力

在大陆法系国家和地区，包括进行当事人主义改造的日本和我国台湾地区，被告人并不是证人，比如日本关于传闻法则的规定，基本是以"被告以外之人"作为主体的，被告人庭前供述不适用传闻法则，故并不是当然不具有证据能力。[①]

在德国，《刑事诉讼法》第254条第1款规定，为查证自白，准许宣读讯问笔录。宣读可以替代对被告人自白时在场的法官、书记员的询问。据学者的考证，这里规定的宣读不仅是一种询问救济，而且也是一个法官自由心证可以依据的文书。[②] 对于第254条第2款先前陈述不一致的情况下宣读，也并不是仅仅作为弹劾证据，只要在法庭上以适当的方法提出，即可以作为实质证据。[③]

在日本，《刑事诉讼法》第322条规定，被告人书写的供述书或者在庭审以外作出的供述笔录（比如检察官笔录、法官笔录、辩解笔录等），这些笔录在陈述的内容是承认对被告人不利的事实或者在特别可以信赖的情形下，可以作为证据。但是，如果对该笔录是否是在强制状态下所作出的存在疑问时，不能作为证据。可见，庭前供述笔录并不是如传闻规则的要求，当然不具有证据能力，只有在对该笔录是否

[①] 以我国台湾地区"最高法院"判例说明：被告甲于警询中系以犯罪嫌疑人之身份供陈：其与乙共同谋议，二人共乘摩托车至案发地点，找被害人丙借钱未果，乙即取出手枪，对空鸣枪，并对丙称："好胆你就走，我不想对你开枪。"旋即持枪押抵丙打开其摩托车置物箱，抢走其中四百元等财物，乙并叫甲骑丙之摩托车离开等语。判决认为甲自白本件犯罪事实属于真正，依据侦查警询笔录之内容，认为被告甲有罪。唯于开庭时否认警询笔录之真正性，认为其于侦查中及原之陈述均与警询笔录不符，且警询笔录并无较可信之情况，径以之作为证据并不适当，应认无证据能力云云，主张应排除被告甲警询自白之证据能力。判决理由认为：被告自己审判外之言词供述不在传闻法则适用之范围内。且依据刑事诉讼相关规定第156条规定，被告之自白，非出于强暴、胁迫、利诱、诈欺、疲劳讯问、违法羁押或其他不正方法，且与事实相符者，得为证据，故被告之自白须出于任意性及真实性。参见台湾地区"最高法院"2009年度台上字第3881号判决。

[②] 《德国刑事诉讼法典》，李昌珂译，中国政法大学出版社1995年版，第104页。

[③] 大部分的德国学者认为，笔录和文件本身只要是根据德国《刑事诉讼法》第253、254条的规定在审判中恰当地提出，就可以成为书面证据。参见托马斯·魏根特：《德国刑事诉讼法》，岳礼玲、温小洁译，中国政法大学出版社2004年版，第186—187页。

在强制状态下所作出的存在疑问时，才不具有证据能力，故被告人庭前笔录之证据能力视其是否系自愿性而定。

在我国台湾地区，刑事诉讼相关规定第 156 条第 1 项规定，被告之自白，须非出于强暴、胁迫、利诱、诈欺、疲劳讯问、违法羁押或其他不正之方法，且与事实相符者，始得为证据。本条第 3 项规定，被告陈述其自白系出于不正之方法者，应先于其他事证而为调查。因此，只有被告任意性之自白始有证据能力，"法院"才能采为认定犯罪事实之裁判基础，而且在自白是否出于任意性有疑义时，应先对自白之任意性为调查。在决定自白是否出于任意性时，应就客观之讯问方法及被告主观之自由意思，综合全部事实而为具体之判断。[①]

由此可见，被告人庭前供述笔录的证据能力并不适用于传闻规则，而是承认被告人自由意志之下作出的庭前陈述具有证据能力。不过各个国家和地区禁止取供的方法不一，故具体的哪种情形下应当排除，哪种情形下具有证据能力也并不一致，但基本的方法是以自由意志下的供述保障供述之真实性，因此违背供述自愿性或者任意性的供述笔录就不具有证据能力。至于取供方法以及非法排除的问题，非本书讨论的重点问题，故在此不作展开，唯明确被告人供述笔录并不适用于传闻规则，而庭前供述具备了任意性或者是自愿性的即具有证据能力。[②]

（三）被告人庭前不一致供述笔录作为实质证据

根据我国《刑事诉讼法》第 50 条的规定，犯罪嫌疑人、被告人

---

① 参见台湾地区"最高法院"2007 年度台上字第 3102 号判决。
② 此处仍需明确的一个问题，是被告人庭前供述笔录的证据能力虽得以承认，但在不同的司法制度下，仍需注意录取笔录之主体的不同。从德国《刑事诉讼法》的规定来看，被告人供述的法官笔录具有证据能力，而非法官笔录是不具有证据能力的；在日本，这一录取的主体范围有所扩张，也涵盖到了检察官；在我国台湾地区，这一录取的主体又得以扩张，即警察录取之被告人庭前笔录也具有证据能力。

供述和辩解是我国《刑事诉讼法》规定的法定证据种类之一。又根据《解释》第96条关于被告人翻供后庭前供述的认定方法，被告人庭前供述与当庭供述不一致的，只要庭前供述具备"可信性的保障"，那么就可以作为实质证据，当然更可以作为弹劾当庭陈述的证据使用。

在关于"可信性的保障"之判断方法上，可以借鉴本书前述关于证人庭前陈述"可信性"的判断方法，在此不再赘述。唯需注意的是随着讯问过程录音录像制度的建立，在判断庭前供述"可信性"的情况下，可以通过讯问录音录像再现讯问当时的"外部状况"，并对"可信性"作出较为准确的判断。①

二、笔录类证据的运用与规制

根据我国《刑事诉讼法》第50条的规定，勘验、检查、辨认、侦查实验等笔录是法定的证据种类之一，经查证属实的，可以作为定案的根据，我国学者从学理上将这类证据称为笔录类证据。②

这一类证据的制作主体是司法警察、检察官乃至于法官，他们对勘验、检查、辨认、侦查实验等侦查行为的过程和结果予以记录并形成勘验、检查等笔录。这些证据材料在境外的司法区被视为传闻证据，在例外情形下也可以作为证据。

比如日本《刑事诉讼法》第321条第1款第3项关于法官勘验笔录，是记录法院或法官的勘验结果的文书。这些笔录无条件地具有证据能力。因为这些文书中的陈述，是在陈述时保障了反询问权的情况

---

① 关于讯问录音录像对被告人讯问笔录之证据能力认定的担保问题的讨论，参见董坤：《违反录音录像规定讯问笔录证据能力研究》，《法学家》2014年第2期，第127—139页。

② 参见龙宗智：《进步及其局限——由证据制度调整的观察》，《政法论坛》2012年第5期，第6页；又见马明亮：《笔尖上的真相——解读刑事诉讼法新增笔录类证据》，《政法论坛》2014年第2期，第50页。

下作出的。与此不同，日本《刑事诉讼法》第 321 条第 1 款第 4 项关于侦查机关的勘验笔录，就要求笔录的记述者，在庭审中作为证人接受询问并陈述自己正确地制作了笔录的情况下，该笔录才可以作为证据。可见侦查勘验笔录之所以不是天然具有证据能力，是因为它无法保障被告人的反询问权，只有笔录的记述者出庭接受反询问之后，才可以具有证据能力。

在我国台湾地区，这些勘验、检查等笔录是作为特信文书等传闻例外情形。比如刑事诉讼相关规定第 159 条之四规定：除显有不可信之情况外，公务员职务上制作之记录文书、证明文书亦得为证据。从"事实审法院"的态度来看，是大幅度地容许实施刑事诉讼程序的公务员审判外所制作的个案调查、勘验等文书纳入特信性文书中。在台湾学者看来，这些笔录列入特信性文书并无不妥，但是仍旧指出，如当事人表示同意，且"法院"认为适当者，固可容许作为证据，唯当事人有争议者，仍应就待证事项传唤制作该文书之公务员到庭依法调查，始为适合相关规定。① 也就是说仍应当受到被告人对质诘问权的规制。

笔录类证据在我国刑事程序中的规定较为简单，只是从立法上列举了勘验、检查、辨认、侦查实验等笔录，作为证据种类之一，且对其也不作记述者身份不同之区分。不过，笔者以为，从法律规定来看，既然笔录类证据是法定的证据种类之一，那么当然就具备证据能力。但是，如果辩护方对这些笔录性证据提出异议的话，那么就应当保障被告人的对质诘问权，传唤笔录的记述者出庭接受质问。这样做不仅是对被告人对质诘问权的保障，同时也符合其他国家和地区的普遍要求。

---

① 陈运财：《传闻法则及其例外之实务运作问题探讨》，《台湾本土法学杂志》2007 年 5 月，第 137 页。

三、行政执法机关收集的笔录资料的运用与规制

在刑事诉讼中，证据的合法性要求证据的形式以及证据收集的主体、方法和程序应当符合法律的规定。① 因此，证据的收集应当在法律规定的适格主体下进行，否则所收集证据的证据能力是存在问题的。依照我国《刑事诉讼法》的相关规定，法律上明确赋予调查取证权的主体包括国家专门机关（侦查机关、检察机关、人民法院）、辩护人与诉讼代理人、刑事自诉案件中的自诉人和被告人，除此之外，其他机关和个人均非调查取证权之法定主体。② 不过，在司法实务中，行政执法机关在执法过程中往往也会收集相关证据资料，并在引入刑事诉讼程序后作为证据使用，由此导致这些证据资料的证据能力受到质疑。

2012 年《刑事诉讼法》修订时注意到了这一现实问题，并在修法中对行政与刑事证据的衔接作出了明确规定。根据现《刑事诉讼法》第 54 条第 2 款，行政机关在行政执法和查办案件过程中收集的物证、书证、视听资料、电子数据等证据材料，在刑事诉讼中可以作为证据使用。从立法规范来看，这些证据资料主要是物证和书证等实物证据的范畴，并不涉及笔录资料的问题。不过，《人民检察院刑事诉讼规则》将行政机关收集证据之类型进一步拓宽：行政机关在行政执法和查办案件过程中收集的鉴定意见、勘验、检查笔录，经人民检察院审查符合法定要求的，可以作为证据使用。需要注意的是，这里并不包括行政机关在调查过程中所收集到的证人证言、当事人陈述等笔录材料。故而对于《规则》所明确的鉴定意见、勘验、检查笔录等经检察院审查符合法定要求的，可以作为证据使用，承认其证据能力；而其他言词证据的笔录原则上不承认其证据能力，如有必要则需在刑事程

---

① 陈光中主编：《刑事诉讼法》（第四版），北京大学出版社 2012 年版，第 153 页。
② 万毅：《证据"转化"规则批判》，《政治与法律》2011 年第 1 期，第 153 页。

序中另行收集。那么，如何理解和看待刑事诉讼相关法律规范对笔录资料所设定的行政与刑事证据的衔接方式呢？

第一，行政机关所收集的勘验、检查笔录等证据资料。这一类证据资料属于《刑事诉讼法》所规定的笔录类证据，按照《规则》的衔接方法，只要检察机关认为符合法定要求的，即可作为证据使用，实现"证据接力"。可见，从规范的角度来看，并没有对这一类证据材料有过多限制，而是与实物证据相类似，它们可以直接作为证据使用。对此，笔者以为，这一类笔录性证据，在被告方没有异议的情形下固然可以作为证据，但是在被告方有异议的情形下，仍应当落实和贯彻直接言词原则，并保障被告人对质诘问的机会，要求笔录的制作人到庭接受质证和询问。而且，这一由被告人对质诘问后方取得证据能力的衔接方法，也是日本《刑事诉讼法》和我国台湾地区刑事诉讼相关规定要求的基本方法。不过，需要注意的是，在司法实践中也有行政机关所收集之言词证据笔录是以现场勘验笔录的形式存在的，比如在现场勘验的同时也将相关的询问笔录记入勘验笔录中，并以勘验笔录的形式实现行刑衔接[①]，对此应当注意甄别。

第二，行政机关所收集的鉴定意见。在实务中，行政机关所收集的鉴定意见也可能表现为其他的形式，比如各种检验报告，如《血液酒精含量检测报告》、涉税案件中的《税务稽查报告》等[②]，还比如交通肇事案件中的《车辆技术检验报告》等。这些由行政机关所收集的鉴定意见由于是在诉讼外的环境中形成的，可能存在一些不够严格和不合规范要求的情形，直接将其作为证据使用虽然可以提高诉讼的效率，但是对被告人而言是不公平的，而且从事实认定来看也可能是不

[①] 参见董坤：《论行刑衔接中行政执法证据的使用》，《武汉大学学报（哲学社会科学版）》2015年第1期，第57页。

[②] 刘广明、张广志、郑国成：《税务稽查报告不能直接作为刑事诉讼证据使用》，《检察日报》2008年11月2日第3版。

准确的。因此，对这些鉴定意见的运用仍应当保障被告人对质诘问的权利，由鉴定人出庭接受质证和法庭的询问，而且也与《刑事诉讼法》关于鉴定意见之鉴定人出庭作证的要求相衔接。

第三，行政机关所收集的当事人陈述、证人证言等言词证据笔录。行政机关在调查过程中常常会对当事人、其他知情人进行询问并形成询问（调查）笔录，在之后的侦查过程中这些询问笔录会移送侦查机关作为案卷证据材料。从诉讼证明的角度来看，这些询问笔录形成于案件调查初期，对案件事实而言具有很强的证明价值。但是也是由于这些询问笔录不是在侦查过程中形成的，缺乏《刑事诉讼法》及相关程序规定所赋予的被调查人的权利保障，因而不具备刑事证据的合法性条件，不为《刑事诉讼法》及《解释》所采用。2012年《人民检察院刑事诉讼规则（试行）》第64条第3款也采取了类似态度，要求"人民检察院办理直接受理立案侦查的案件，对于有关机关在行政执法和查办案件过程中收集的涉案人员供述或者相关人员的证言、陈述，应当重新收集"；考虑到相关询问笔录的证明价值，在例外情形下，查明收集程序合法，并且有其他证据相印证的，也可以作为证据使用。① 后来，由于人民检察院直接受理立案侦查案件范围的调整，2019年《人民检察院刑事诉讼规则》删除了该款的规定，未再明确关于行政机关所收集的当事人陈述、证人证言等言词证据笔录例外采纳

---

① 2012年《人民检察院刑事诉讼规则（试行）》第64条第3款允许了以下例外情形："确有证据证实涉案人员或者相关人员因路途遥远、死亡、失踪或者丧失作证能力，无法重新收集，但供述、证言或者陈述的来源、收集程序合法，并有其他证据相印证，经人民检察院审查符合法定要求的，可以作为证据使用。"但是，许多研究指出该例外情形过于宽泛，且在实务中常常被滥用，成为规避规则的捷径。比如学者在调研中发现，"一起受贿案中，检察机关起诉时直接将行贿人在纪检双规期间所作证词作为证据移送人民法院，法院要求检察机关重新制作该证据，但检察机关称行贿人到外地出差，路途遥远，赶不回来。结果第二天下午，负责该案的法官回家时，在半路上遇到该行贿人，法官很诧异地问：不是说你出差了吗？行贿人颇为尴尬地说：我正准备出差……"。参见万毅：《检察机关证据规则的修改与完善》，《中国刑事法杂志》2014年第3期，第66页。

的相关规定。因此，无论从证据理论上，还是从证据运用实务来看，该类言词证据笔录在刑事诉讼中不具备证据能力，不能直接作为证据使用。但是，基于诉讼证明的需要，实务中该类证据并不是没有证据意义，一方面，该类询问笔录等证据材料虽然不能作为认定犯罪事实的依据，但对于侦查机关基于行政机关移送涉嫌犯罪线索进而作出立案决定是可以采用的证据材料；另一方面，侦查机关在实践中对于有证明价值的询问笔录，往往通过重新收集相关陈述的方式予以取证，事实上，只要存在可以重新收集的情形，该类证据对于诉讼证明的价值依然存在。

四、其他类型笔录资料的运用与规制

其他类型笔录资料指的是除了前述已讨论之书面笔录外的其他笔录资料。这些笔录资料的常见形式包括，公安机关出具的到案说明、与案件相关的各类情况说明，以及其他与案件事实有关的书面材料。那么，如何认定这些笔录性资料的证据能力？

在司法实践中，经常会遇到公安机关出具被告人到案说明、情况说明等书面材料的情形。到案说明一般是对被告人抓获经过的描述。情况说明则范围大得多，有的是对工作进行的说明，有的是对案件情况的说明，比如自首立功，有的是对刑事程序中不具有违法情况的一般说明，等等[①]，比如前文所引安某文运输毒品案的指控证据存在大量侦查人员的情况说明。这些关于相关问题的说明性文书，如何认定其证据能力呢？笔者以为，对于这些说明性的书面材料，应当作一区分。如果是办案民警就其亲身经历而对案件相关待证事实所作的声明，那么办案民警是以证人的身份对相关情况予以陈述，比如对自首、立功

---

① 黄维智：《刑事案件中"情况说明"的适当定位》，《法学》2007年第7期，第154页。

相关亲历事件的证明，或对其讯问过程的描述，等等，其书面说明材料是其人证之替代品，属于《刑事诉讼法》第192条所规定的人民警察以证人身份出庭作证情形，故而在规制方法上也应与证人证言笔录相一致，例如在安某文运输毒品案庭审中，侦查人员就涉案疑似毒品的送检出具情况说明，并出庭陈述证明送检的过程。如果这些书面材料不具有对亲历之事件的陈述或说明的性质，而仅是公务上之书面记录或证明文件，比如证明被告人曾于何时在何地因何事服刑的书面说明，那么在我国的证据理论中是属于书证的类型，自应具备证据能力。

除此之外，实务中也可能存在一些难以归类的书面笔录材料，对此，笔者以为可以借鉴我国台湾地区刑事诉讼相关规定第159条之四关于特信文书的规定，将这些在法律规定上没有明确其证据类属的书面材料纳入特信文书之中，承认其证据能力：（1）除显有不可信之情况外，公务员职务上制作之记录文书、证明文书；（2）除显有不可信之情况外，从事业务之人于业务上或通常业务过程所须制作之记录文书、证明文书；（3）除前二款之情形外，其他于可信之特别情况下所制作之文书。另外，诚如台湾地区学者陈运财教授的观点，在赋予这些书面材料以除显有不可信之情况外的证据能力的情况下，当被告方对其真实性表示异议时，仍应就待证事项传唤制作该文书者到庭依相关规定进行调查，保障被告人的对质诘问权。

本章小结

庭审中心主义和审判中心主义要求，"事实证据调查在法庭，定罪量刑辩论在法庭，裁判结果形成于法庭"，这与以侦查案卷笔录为中心的司法现实截然不同，故而走向审判中心主义就必须首先变革当前的笔录中心主义，实现对庭前笔录资料的合理规制。

由于笔录中心主义是多重因素合力的结果，故而在规制庭前笔录的方法上也应当提出相应的多重措施。一方面，注重司法体制与观念的转变，在体制上破解司法的一体化倾向，凸显审判的核心地位；在观念上接受消极的实体真实主义，渐进式地实现对司法实践的影响。另一方面，在立法规范与司法现实的层面上，注重承继传统和立足已有的制度安排，以直接言词原则的贯彻和被告人对质诘问权的保障为基本方法，因应司法现实问题，完善立法规范，进而实现对庭前笔录的合理规制。

其次，被告人对质诘问权的构建模式，应借鉴《欧洲人权公约》公正审判权之最低保障的对质权要求，并以欧洲人权法院相关判例所确定的对质权规则为内容。对质诘问权的构建，在时机上，只要有适当机会，则不论是在审查起诉还是审判阶段都可进行；在诘问的方式上，应保障其实质内涵，即"当场面对面"进行对质；在范围上，应当是全方位的和充分的；而关于在"谁"的面前进行对质诘问的问题，我们提出在我国除了法官，还可以构建在检察官面前进行对质诘问的程序，一方面体现检察主导的功能，且与审判中心并不背离，另一方面也有助于缓解实践中证人出庭作证的司法困难。

再者，以被告人对质诘问权的保障，统筹已经初步建构的证人出庭作证制度，从而限制和规范证人庭前证言笔录的运用。其一，原则上明确未经被告人对质诘问的证人庭前笔录不具有证据能力；其二，证人庭前笔录虽然未经对质诘问，但在例外情形下也可以作为证据，这些情形包括证人有合理理由不出庭的、证言不具有唯一或决定性意义的、被告人有机会行使权利而未行使的、控辩双方同意的；其三，探讨了在证人出庭的情况下，庭前笔录的运用问题。

最后，对于其他类型的派生性资料的规制。其一，关于被告人庭前供述的证据能力，不适用传闻规则，而适用自愿性或任意性规则；其二，笔录类证据一般情形下具有证据能力，但是被告人对该类证据表示异议的，笔录的制作者仍应当出庭接受诘问；其三，对于行政机关所收集的鉴定意见、勘验检查笔录等资料，在特定的情形下承认其证据能力，实现"证据接力"；其四，对情况说明以及其他与案件事实相关的笔录材料，其合理规制也应以直接言词原则的贯彻和被告人对质诘问权的保障为基本方法。

结语　回顾与展望

本书对实务中的笔录中心主义这一司法现状进行了研究。研究的出发点是以现实问题为导向的，即在立法规范上，我国《刑事诉讼法》及相关的司法解释对待庭前笔录持一开放的态度，在司法实务中则表现出笔录中心主义现象，具体表现为庭前笔录而不是当庭举证对事实的认定起到了决定性的作用，进而指出笔录中心主义的核心问题是被告人对质诘问权制度性保障的缺乏。那么庭前笔录在立法规范上的宽松和司法实践中的运用不受限制，其背后存在着怎样的经验与逻辑呢？本书经过深入分析指出了体制、观念、立法规范以及司法困难等多方面的原因，进而提出应当注重司法体制与观念的转变，在承继传统并立足现实的基础上，以直接言词原则的贯彻和被告人对质诘问权的保障为基本方法，实现对庭前笔录资料的合理规制。

本书研究的一些结论

在对境外司法制度下庭前笔录之限制与运用的比较研究中，发现两大法系国家限制书面笔录资料的缘由是一致的，即对其真实性的担忧，不过，大陆法系是以庭审法官的直接调查为基本立场的，英美法系国家则是以当事人双方的对质诘问为基本立场的。这也造就了两大法系国家在规制庭前笔录的基本方法上选择了不同的进路。因此，在规制方法的选择上，不能以规制方法本身论优劣，而应当从不同的历史背景、制度逻辑等方法之外的背景因素中思考。

在对我国刑事审判以笔录为中心的司法现实及其本质和问题的研究中也发现，笔录中心主义与控辩式庭审方式、程序的公正性以及真实发现之间是存在冲突的，而且这些冲突的核心问题是被告人对质诘问权的制度性缺失，对质诘问不具有权利的根本属性且得不到保障。因此，对笔录中心主义的变革应当注重被告人对质诘问权的保障。

本书研究中的不足

本书的研究还存在许多问题，一是在比较研究中，对德国、法国等大陆法系国家以直接言词原则规制书面笔录资料的具体途径受制于德语和法语的制约以及英文资料的相对缺乏，相关的研究仍有诸多不足之处。二是在规制各类庭前笔录运用的具体途径上，既需要立足现实，因应司法困难，同时也要兼顾理想，因此相关的应对措施在可行性上还不够成熟，而且在对庭前笔录限制的"度"的把握上也有待进一步完善。

笔录中心主义与我国刑事诉讼制度有着高度的契合性，对其进行变革并不是一蹴而就的，而是一个长期和渐进的过程。本书的研究对我国规制书面笔录资料的基本方法和实现的具体路径提供了一些粗浅的看法，不过这些规制方法的有效运作仍然有赖于司法体制与观念的逐步转变，否则再完美的立法规范也会在司法的实践面前苍白无力。幸运的是，司法体制与观念的问题早已被提出，而其转变也正在进行当中，因此，完全有理由相信，随着司法改革的不断推进和深入，庭前笔录资料的法庭运用会逐步得到规制，笔录资料不再对案件事实的认定起到决定性的作用，庭审中心主义的"事实证据调查在法庭，定罪量刑辩论在法庭，裁判结果形成于法庭"之理想也终会成为现实，以审判为中心的诉讼制度改革也会越来越近。

参考文献

中文著作

陈光中主编:《刑事诉讼法》(第四版),北京:北京大学出版社,2012年。

陈朴生:《刑事证据法》,台北:台湾三民书局,1979年。

陈瑞华:《刑事审判原理论》,北京:北京大学出版社,1997年。

陈瑞华:《论法学研究方法》,北京:北京大学出版社,2009年。

陈卫东、谢佑平:《证据法学》,上海:复旦大学出版社,2005年。

陈一云:《证据学》(第三版),北京:中国人民大学出版社,2007年。

樊崇义:《刑事诉讼法实施问题与对策研究》,北京:中国人民公安大学出版社,2001年。

何家弘主编:《证据法学研究》,北京:中国人民大学出版社,2007年。

李心鉴:《刑事诉讼构造论》,北京:中国政法大学出版社,1997年。

林山田:《刑事诉讼法》(第五版),台北:台湾五南图书出版有限公司,2002年。

林钰雄:《严格证明与刑事证据》,台北:台湾学林文化事业有限公司,2002年。

林钰雄:《刑事诉讼法》(下册),北京:中国人民大学出版社,2005年。

刘学敏:《欧洲人权体制下的公正审判权制度研究——以〈欧洲人权公约〉第6条为对象》,北京:法律出版社,2014年。

龙宗智、杨建广:《刑事诉讼法》,北京:高等教育出版社,2004年。

南英等主编:《刑事审判方法》,北京:法律出版社,2013年。

孙长永:《日本刑事诉讼法导论》,重庆:重庆大学出版社,1993年。

汪振林:《日本刑事诉讼模式变迁研究》,成都:四川大学出版社,2011年。

王进喜:《刑事证人证言论》,北京:中国人民公安大学出版社,2002年。

王兆鹏:《美国刑事诉讼法》(第二版),北京:北京大学出版社,2014年。

武延平、刘根菊等主编:《刑事诉讼法学参考资料汇编》,北京:北京大学出版社,2005年。

颜飞:《书面证言使用规则研究——程序法视野下的证据问题》,北京:中国法制出版社,2012年。

易延友:《中国刑诉与中国社会》,北京:北京大学出版社,2010年。

袁红兵、张丽岐:《刑事诉讼法学》,北京:时事出版社,1987年。

中文译著

〔美〕米尔建·R. 达马斯卡:《漂移的证据法》,李学军等译,北京:中国政法大学出版社,2003年。

〔美〕米尔吉安·R. 达马斯卡:《比较法视野中的证据制度》,吴宏耀等译,北京:中国人民公安大学出版社,2006年。

〔美〕米尔伊安·R. 达玛什卡:《司法和国家权力的多种面孔》,郑戈译,北京:中国政法大学出版社,2004年。

〔美〕希拉里·普特南:《理性、真理与历史》,童世骏、李光程译,上海:上海译文出版社,1997年。

〔美〕约翰·W.斯特龙主编：《麦考密克论证据》（第五版），汤维建等译，北京：中国政法大学出版社，2004年。

〔法〕贝尔纳·布洛克：《法国刑事诉讼法》，罗结珍译，北京：中国政法大学出版社，2009年。

〔英〕杰奎琳·霍奇森：《法国刑事司法——侦查与起诉的比较研究》，张小玲、汪海燕译，北京：中国政法大学出版社，2012年。

〔德〕拉德布鲁赫：《法学导论》，米健、朱林译，北京：中国大百科全书出版社，1997年。

〔德〕托马斯·魏根特：《德国刑事诉讼法》，岳礼玲、温小洁译，北京：中国政法大学出版社，2004年。

〔瑞士〕萨拉·J.萨默斯：《公正审判——欧洲刑事诉讼传统与欧洲人权法院》，朱圭彬、谢进杰译，北京：中国政法大学出版社，2012年。

〔日〕六本佳平：《日本法与日本社会》，刘银良译，北京：中国政法大学出版社，2006年。

〔日〕松本一郎：《检察官的客观义务》，郭布、罗润麒译，《法学译丛》1980年第2期。

〔日〕松尾浩也：《日本刑事诉讼法》（下卷），张凌译，北京：中国人民大学出版社，2005年。

〔日〕田口守一：《刑事诉讼法》，张凌、于秀峰译，北京：中国政法大学出版社，2010年。

〔日〕土本武司：《日本刑事诉讼法要义》，董璠舆、宋英辉译，台北：台湾五南图书出版公司，1997年。

黄风译：《意大利刑事诉讼法典》，北京：中国政法大学出版社，1994年。

李昌珂译：《德国刑事诉讼法典》，北京：中国政法大学出版社，1995年。

罗结珍译：《法国刑事诉讼法典》，北京：中国法制出版社，2006年。

宗玉琨译注：《德国刑事诉讼法典》，北京：知识产权出版社，2013年。

Claus Roxin：《德国刑事诉讼法》，吴丽琪译，台北：台湾三民书局，1998年。

中文论文

蔡清游等：《台湾传闻证据规则研讨会》，《月旦法学杂志》2003年6月。

陈光中、陈海光、魏晓娜：《刑事证据制度与认识论——兼与误区论、法律真实论、相对真实论商榷》，《法学研究》2001年第1期。

陈光中、曾新华：《刑事诉讼法再修改视野下的二审程序改革》，《中国法学》2011年第5期。

陈海平：《死刑案件二审开庭审理的现在与未来》，《中国刑事法杂志》2011年第12期。

陈朴生：《刑事诉讼制度于实体真实主义之影响》，载台湾"中华"学术院：《中国学术与现代文化丛书》（九），台北：台湾文化大学出版部1983年版。

陈瑞华：《意大利1988年刑事诉讼法典评析》，《政法论坛》1993年第4期。

陈瑞华：《案卷笔录中心主义——对中国刑事审判方式的重新思考》，《法学研究》2006年第4期。

陈卫东：《以审判为中心：当代中国刑事司法改革的基点》，《法学家》2016年第4期。

陈运财：《刑事诉讼制度之改革及其课题》，《月旦法学杂志》2003年9月。

陈运财：《传闻法则及其例外之实务运作问题探讨》，《台湾本土法学杂志》2007年5月。

但伟、姜涛：《侦查监督制度研究——兼论检察引导侦查的基本理论问题》,《中国法学》2003 年第 2 期。

邓陕峡:《我国刑事笔录类证据制度探析》,《证据科学》2013 年第 1 期。

董坤:《违反录音录像规定讯问笔录证据能力研究》,《法学家》2014 年第 2 期。

董坤:《论行刑衔接中行政执法证据的使用》,《武汉大学学报(哲学社会科学版)》2015 年第 1 期。

高通:《论无罪判决及其消解程序——基于无罪判决率低的实证分析》,《法制与社会发展》2013 年第 4 期。

顾永忠:《"庭审中心主义"之我见》,2017 年 11 月 20 日,http://www.chinacourt.org/article/detail/2014/05/id/1296882.shtml。

郭松:《透视"以侦查案卷为中心的审查起诉"》,《法学论坛》2010 年第 4 期。

何家弘:《走出"笔录"的误区》,《检察日报》2001 年 3 月 8 日。

何家弘:《刑事庭审虚化的实证研究》,《法学家》2011 年第 6 期。

黄东熊:《直接审理主义与传闻法则——兼论刑事诉讼相关规定第 159 条,165 条第 1 项,及第 196 条之解释》,《中兴法学》1978 年 4 月。

黄维智:《刑事案件中"情况说明"的适当定位》,《法学》2007 年第 7 期。

李滨:《情理推断及其在我国刑事诉讼中的运用检讨》,《中国刑事法杂志》2015 年第 1 期。

李昌盛:《对质诘问权在欧洲人权法院的实践及启示》,《湖北社会科学》2011 年第 12 期。

李建明:《刑事证据相互印证的合理性与合理限度》,《法学研究》2005 年第 6 期。

李文伟:《论德国刑事诉讼中直接言词原则的理论范畴》,《山东社会科学》2013 年第 2 期。

李学灯：《中国法上唯一传闻法则——评刑诉法第 159 条》，《法令月刊》1972 年第 9 期。

李郁：《缺少强制性规定，北京刑案证人出庭作证率不到 1%》，2017 年 12 月 17 日，http://news.sohu.com/20070417/n249489090.shtml。

林俊益：《我国传闻法则之研究》，《法官协会杂志》2003 年 12 月。

林钰雄：《德国证据禁止论之发展与特色》，《律师杂志》第 232 期，1999 年 1 月。

林钰雄：《证人概念与对质诘问权——以欧洲人权法院相关裁判为中心》，《欧美研究》第 36 卷第 1 期。

林钰雄：《直接审理原则与证人审判外之陈述》，《台湾本土法学杂志》2000 年 1 月。

林钰雄：《盖上潘多拉的盒子——释字第五八二号解释终结第六种证据方法？》，《月旦法学杂志》2004 年 12 月。

林钰雄：《共犯证人与对质诘问——从欧洲人权法院裁判看台湾释字第 582 号解释之后续发展》，《月旦法学杂志》2005 年 4 月。

刘广明、张广志、郑国成：《税务稽查报告不能直接作为刑事诉讼证据使用》，《检察日报》2008 年 11 月 2 日。

刘计划：《逮捕审查制度的中国模式及其改革》，《法学研究》2012 年第 2 期。

龙宗智：《论刑事审判中对书面证言的运用》，载陈光中、江伟主编：《诉讼法论丛》第 4 卷，北京：法律出版社，2000 年。

龙宗智：《中国作证制度之三大怪现状评析》，《中国律师》2001 年第 1 期。

龙宗智：《印证与自由心证——我国刑事诉讼证明模式》，《法学研究》2004 年第 2 期。

龙宗智：《徘徊于传统与现代之间——论中国刑事诉讼法的再修

改》,《政法论坛》2004 年第 5 期。

龙宗智:《论书面证言及其运用》,《中国法学》2008 年第 4 期。

龙宗智:《进步及其局限——由证据制度调整的观察》,《政法论坛》2012 年第 5 期。

龙宗智、孙末非:《法官澄清义务研究》,《南京大学法律评论》2014 年春季卷。

马明亮:《诉讼对抗与笔录类证据的运用》,《证据科学》2013 年第 1 期。

马明亮:《笔尖上的真相——解读刑事诉讼法新增笔录类证据》,《政法论坛》2014 年第 2 期。

苗生明:《新时期侦查监督工作特点与定位》,《检察日报》2013 年 7 月 22 日。

施鹏鹏:《刑事诉讼中的证据自由及其限制》,《浙江社会科学》2010 年第 6 期。

孙长永:《日本起诉状一本主义研究》,《中国法学》1994 年第 1 期。

孙长永:《审判中心主义及其对刑事程序的影响》,《现代法学》1999 年第 4 期。

孙长永:《日本和意大利刑事庭审中的证据调查程序评析》,《现代法学》2002 年第 5 期。

孙长永:《珍视正当程序,拒绝辩诉交易》,《政法论坛》2002 年第 6 期。

台湾地区"最高法院"2013 年度第 13 次刑事庭会议:《被告以外之人于侦查中未经具结所为陈述之证据能力》,《法规人·判解集》第 22 期。

万毅:《证据"转化"规则批判》,《政治与法律》2011 年第 1 期。

万毅:《检察机关证据规则的修改与完善》,《中国刑事法杂志》2014 年第 3 期。

王亚新：《纠纷秩序法治——探索研究纠纷解决和规范形成的理论框架》，《清华法律评论》（第二辑）。

王永杰、高敏、朱晋峰：《我国刑事诉讼关于书面证言规范的不足与完善——以"两高"等的相关规定为中心》，《政治与法律》2010年第12期。

王兆鹏：《论最新修正"刑事程序法"之传闻法则》，《万国法律》2003年4月。

王兆鹏：《2011年刑事诉讼相关规定发展回顾》，《台大法学论丛》第41卷特刊（2011）。

王振河：《谈谈书证及书证材料的特性》，《政法论丛》1995年第3期。

魏胜强：《错案追究何去何从？——关于我国法官责任追究制度的思考》，《法学》2012年第9期。

吴巡龙：《台湾地区采传闻法则的检讨》，《月旦法学杂志》2003年6月。

吴巡龙：《对质诘问权与传闻例外——美国与台湾地区裁判发展之比较与评析》，《台湾法学杂志》2009年1月。

颜飞：《论对质诘问权与书面证言的使用——以欧洲人权法院相关判决为中心的考察》，《西南民族大学学报（人文社科版）》2009年第6期。

晏向华：《诉讼制度：符合国情才是最好的》，《检察日报》2004年1月5日。

张宝生：《审判中心与证据裁判》，《光明日报》2014年11月5日。

张宝生：《事实、证据与事实认定》，《中国社会科学》2017年第8期。

张建伟：《从积极到消极的实质真实发现主义》，《中国法学》2006年第4期。

张卫平：《事实探知：绝对化倾向及其消解——对一种民事审判理念的自省》，《法学研究》2001年第4期。

张永泉:《书证制度的内在机理及外在化规则研究》,《中国法学》2008 年第 5 期。

章礼明:《日本起诉书一本主义的利与弊》,《环球法律评论》2009 年第 4 期。

郑未媚等:《法治中国视野下的刑事程序建设——中国刑事诉讼法学研究会 2014 年年会综述》2017 年 12 月 20 日,http://www.cssn.cn/fx/fx_xsfx_990/201401/t20140120_948137.shtml。

周洪波:《比较法视野中的刑事证明方法与程序》,《法学家》2010 年第 5 期。

左卫民:《中国刑事案卷制度研究——以证据案卷为重心》,《法学研究》2007 年第 6 期。

左卫民:《地方法院庭审实质化改革实证研究》,《中国社会科学》2018 年第 6 期。

左卫民、赵开年:《侦查监督制度的考察与反思——一种基于实证的研究》,《现代法学》2006 年第 6 期。

外文著作

Bohlander, Michael, *Principles of German Criminal Procedure*, Hart Publishing, Oxford and Portland, 2012.

Delmas-Marty, Mireille, and J. R. Spencer, *European Criminal Procedures*, Cambridge University Press, 2002.

Esmein, A., *A History of Continental Criminal procedure with Special Reference to France*, Little, Brown and Company, 1913.

Kamisar, Yale, Wayne R. Lafave, Jerold H. Israel and Nancy King, *Modern Criminal Procedure*, West Group, 9th ed. 1999.

Roberts, Paul, and Adrian Zuckerman, *Criminal Evidence*, Oxford University Press, 2004.

Twining, William, *Rethinking Evidence: Exploratory Essays*, Cambridge: Cambridge University Press, 2006.

Whitman, James Q., *The Origins of Reasonable Doubt: Theological Roots of the Criminal Trial*, Yale University Press, New Haven, 2008.

Wigmore, John Henry, *A Treatise on the Anglo-American System of Evidence in Trials at Common Law*, Vol. 3, Little, Brown and Company, 1923.

外文论文

Coudert, Frederic R., "French criminal procedure", *Yale Law Journal* 19, 1909-1910.

Damaska, Mirjan, "Structures of Authority and Comparative Criminal Procedure", *Yale Law Journal* 84, 1975.

Finegan, Sharon, "Pro Se Criminal Trials and The Merging of Inquisitorial and Adversarial Systems of Justice", *Indian International and Comparative Law Review* 7, 1996.

Fisher, Stanley Z., "'Just the Facts, Ma'am': Lying and the Omission of Exculpatory Evidence in Police Reports", *New England Law Review* 28, 1993.

Goldsteint, Abraham S., and Martin Marcus, "The Myth of Judicial Supervision in Three 'Inquisitorial' Systems: France, Italy, and Germany", *Yale Law Journal* 87, 1977-1978.

Grande, Elisabett A., "Italian Criminal Justice: Borrowing and Resistance", *American Journal of Comparative Law* 48, 2000.

Hermann, Frank R., and Brownlow M. Speer, "Facing the Accuser: Ancient and Medieval Precursors of the Confrontation Clause", *Vir. J. of Int'l L.* 34, 1994.

Hodgson, Jacqueline, "The Police, the Prosecutor, and the Juge D'instruction: Judicial Supervision in France, Theory and Practice", *British Journal of Criminology* 41, 2001.

Illuminati, Giulio, "The Frustrated Turn to Adversarial Procedure in Italy (Italian Criminal Procedure Code of 1988)", *Washington University Global Studies Law Review* 4, 2005.

Langbein, John H., "Continental Criminal Procedure: 'Myth' and 'Reality'", *Yale Law Journal* 87, 1978.

Levine F. and June Louin Tapp, "The Psychology of Criminal Identification: The Gap from Wade to Kirby", *University of Pennysylvania Law Review*, 1973.

Mack, Raneta Lawson, "Its Broke So Let's Fix it: Using a Quasi-inqusitorial Approach to Limit the Impacy of Bias in the American Criminal Justice System", *Ind. Int'l & Comp. L. Rev.*, 1996.

McKillop, Bron, "Anatomy of a French Murder Case", *American Journal of Comparative Law*, Summer 1997.

McKillop, Bron, "Readings and Hearings in French Criminal Justice: Five Cases in The Tribunal Correctionnel", *American Journal of Comparative Law*, Fall 1998.

Panzavolta, Michele, "Reforms and Counter-Reforms in the Italian Struggle for an Accusatorial Criminal Law System", *North Carolina Journal of International Law* 30, 2005.

Skolnick, Jerome H., "Deception by Police", *Crim Just Ethics*,1982.

Smith, "The Hearsay Rule and the Docket Crisis: The Futile Search for Paradise", *A. B. A. J.* 54, 1969.

Trouille, Helen, "A look at French criminal procedure", *Criminal Law Review*, Oct 1994.

Weinstein, Jack B., "Probative Force of Hearsay", *Iowa Law Review* 46, 1961.

Weigend, Thomas, "Is the Criminal Process About Truth?: A German Perspective", *Harvard Journal of Law & Public Policy* 26, 2003.